"十四五"职业教育国家规划教材

职业教育国家在线精品课程配套教材
新形态一体化教材

U0770924

你我职业人

（第二版）

● 主 编 倪淑萍 顾 骏

● 副主编 黄 欣

中国教育出版传媒集团

高等教育出版社·北京

内容提要

　　本书是"十四五"职业教育国家规划教材，同名课程获评职业教育国家在线精品课程。全书贯彻落实党的二十大关于"加快建设高质量教育体系，发展素质教育"的相关要求，坚持立德树人根本任务，有机融入课程思政元素，以案例介绍为主要内容，以培养学生对职业教育和多种职业的正确认知、情感和态度为目标。

　　职业是职场的展示窗口，全书通过 17 个不同职业的窗口，让今天的职业人与未来的职业人进行对话。通过大量生动鲜活的案例，帮助未来的职业人形成对现代职业的整体感受，深刻理解"职业之道""职业之德""职业之艺""职业之术"，提高对职业教育的认知和认同，树立对职业教育的信心和兴趣，激发在职业中成长的自觉性和主动性，在国家需要、社会需求和个人发展的交汇点上找到人生的参照和努力的方向。

　　本书配套建设了在线开放课程和相关数字化资源，学习者可登录"智慧职教"网站的 MOOC 学院搜索"你我职业人"课程进行在线学习，教师可登录"高等教育出版社产品信息检索系统"（http://xuanshu.hep.com.cn/）免费下载本书配套的 PPT 等教学资源。

　　本书既可作为高职院校（专科层次、本科层次）和应用型本科院校学生了解职业教育和职场生涯的通识读本，也可作为广大社会人士了解职业教育和现代职业的参考用书。

图书在版编目（CIP）数据

　　你我职业人 / 倪淑萍，顾骏主编. -- 2版. -- 北京：高等教育出版社，2025. 9. -- ISBN 978-7-04-063716-8

　　I. G717.38

　　中国国家版本馆CIP数据核字第2025H6C316号

NI WO ZHIYEREN

策划编辑　王蓓爽	责任编辑　王蓓爽	封面设计　王　洋	责任绘图　杨伟露
版式设计　童　丹	责任校对　刁丽丽	责任印制　张益豪	

出版发行	高等教育出版社	网　　址	http://www.hep.edu.cn
社　　址	北京市西城区德外大街 4 号		http://www.hep.com.cn
邮政编码	100120	网上订购	http://www.hepmall.com.cn
印　　刷	唐山嘉德印刷有限公司		http://www.hepmall.com
开　　本	787mm×1092mm　1/16		http://www.hepmall.cn
印　　张	13.75	版　　次	2021 年 11 月第 1 版
			2025 年 9 月第 2 版
字　　数	250 千字		
购书热线	010-58581118	印　　次	2025 年 9 月第 1 次印刷
咨询电话	400-810-0598	定　　价	38.80 元

本书如有缺页、倒页、脱页等质量问题，请到所购图书销售部门联系调换
版权所有　侵权必究
物 料 号　63716-00

"智慧职教" 服务指南

"智慧职教"（www.icve.com.cn）是由高等教育出版社建设和运营的职业教育数字教学资源共建共享平台和在线课程教学服务平台，与教材配套课程相关的部分包括 MOOC 学院、职教云平台和 App 等。用户通过平台注册，登录即可使用该平台。

- 资源库平台：为学习者提供本教材配套课程及资源的浏览服务。

登录"智慧职教"平台，在搜索框中搜索"你我职业人"，找到金华职业技术大学建设的课程，点击"加入课程"即可学习课程资源。

- 职教云平台：支持任课教师对本教材配套课程进行引用、修改，再发布为个性化课程（SPOC）。

1. 登录职教云平台，在首页单击"新增课程"按钮，根据提示设置要构建的个性化课程的基本信息。

2. 进入课程编辑页面设置教学班级后，在"教学管理"的"教学设计"中"导入"教材配套课程，可根据教学需要进行修改，再发布为个性化课程。

- App：支持任课教师和学生基于新构建的个性化课程开展线上线下混合式、智能化教与学。

1. 在应用市场搜索"智慧职教 +"App，下载安装。

2. 登录 App，任课教师指导学生加入个性化课程，并利用 App 提供的各类功能，开展课前、课中、课后的教学互动，构建智慧课堂。

"智慧职教"使用帮助及常见问题解答请访问 help.icve.com.cn。

第二版前言

    为贯彻落实党的二十大关于"加快建设高质量教育体系，发展素质教育"等文件精神和党的二十届三中全会关于推进教育、科技、人才体制机制一体化改革的重要部署，适应新质生产力发展对高素质技能人才的新要求，编者结合教学实践反馈和读者意见，完成了《你我职业人》的再版修订工作。

    新版教材紧扣职业教育类型定位，遵循教育教学规律和学生成长成才规律，在编写理念、内容选取、呈现形式、团队组建等方面形成了如下特色与优势。

    秉持铸魂育人理念，思想性强 本教材落实立德树人根本任务，以提升学生的职业素养为导向，聚集职业人，彰显职业性，强化价值观，突出思想性。围绕学生的困惑点、需求点，采取今天职业人与未来职业人对话的方式，以真实案例为载体，说故事、讲道理，教做事、讲做人，寓价值引领于知识传授和能力培养之中，让学生立体感知未来的职业世界，树立学习信心，激发职业成长的自觉性和主动性，在国家、社会和个人的交汇点上找到价值追求。

    突出通识教材定位，融合性高 本教材以跨学科、跨专业、跨行业相融合的"项链模式"开发教材内容，紧扣信念、价值、创新、规则四个关键词，构建"道""德""艺""术"四大板块，使其既各有侧重，又彼此呼应，从不同角度概括现代职业对从业者的要求。用职场真实案例构筑职业情境，以问题驱动展开每讲内容，打造情境链、问题链，深挖职业活动的思政着力点和生长点，实现职业素材与学习方式的有机融合，旨在拓宽学生视野，增强其专业认知，培养其职业兴趣，对其进行职业启蒙，增强其综合素质，实现通识教育的培养目标。

    服务多元立体学习，开放性大 本教材体例新颖，内容丰富，采用讲述为主、分析为辅的"对话式"形式，展现职业的普遍性和不同职业的特殊性，方便学生学习理解；坚持"需求牵引，应用为王"，以"原创性、立体化、全覆盖"

为建设目标，配套建设微视频、教学课件、教案、习题库等丰富立体的数字化学习资源，在线开放课程"你我职业人"已上线国家职业教育智慧教育教学平台，丰富多样的教学资源构建了立体化的学习空间，可以满足不同形态的教学需求。

集合编写团队优势，引领性好　本教材编写团队名师荟萃，由 20 余名来自金华职业技术大学、上海大学、杭州职业技术大学的专家、教授组成，涵盖全国模范教师、国家教学名师、全国五一劳动奖章获得者等国家级人才和省级优秀教师、教坛新秀、省级专业带头人、技能大师等。他们既是相关专业的"资深教师"，也是所在行业的"职场高手"，有着丰富的教育教学和教材编写经验，确保教材编写的高品质和优质量。

本教材为"十四五"职业教育国家规划教材，被多所高等职业院校和本科院校选用，自出版以来广受好评。本教材结合实际教学需要对全书内容进行优化完善，重点对第一讲、第六讲、第十一讲、第十二讲、第十四讲进行修订，更新了数据与部分案例，增强了教材的时效性和适用性。

本教材在编修过程中，得到了金华职业技术大学领导与同事的支持与协助，以及上海大学刘寅斌副教授、杭州职业技术大学教务处副处长徐振宇教授的热心参与，他们还承担了第一讲、第八讲的编修工作。

尽管我们力求完善，但书中难免存在不足之处，敬请广大师生和读者不吝赐教，惠予指正，以便再版时完善。

编　者
2025 年 4 月

导读

　　《你我职业人》是今天的职业人与未来的职业人之间的系列对话。

　　同学们在课堂或实训场遇到的老师都是职业人，他们既是教育界的职业人，也是所讲授专业的职业人。在这本书里可以见到护士、汽车维修工、工程造价师、软件程序员、软装设计师、掌勺大师傅、旅行团导游、中药药剂师、机电工程师、养殖专家、网红等，共有17位职业人与同学们一起交谈，话题广泛、信息众多，既有理论知识、职场技能，又有人生道理。

　　每个职业都是职场的展示窗口，通过17个窗口，同学们作为未来的职业人可以对现代职业的全貌有一个初步感受。

　　今天的职业人想告诉未来的职业人，人生理想的实现离不开个人努力，更离不开国家发展的大趋势，一滴水只有汇入江河、流入大海，才不会干涸；一个人只有融入时代的洪流，才能到达个人职业生涯的巅峰。党的二十大明确提出了新时代新征程中国共产党的使命任务，吹响了实现中国式现代化的进军号，只有将自己定位在国家发展、民族复兴的大业之中，同学们作为未来的职业人才有可能在建设国家、服务社会的过程中实现自己的人生理想，前程可期，前景如画。

　　今天的职业人想告诉未来的职业人，人生的起点固然重要，但更重要的是终点。有人把人生看作百米赛跑，只有发令枪响时快速出线，才有机会夺冠。但对大多数来人说，人生更像是一场马拉松，出发时获得先机虽有意义，但撞线时所处的位置更加重要。

　　书中给大家讲述的老师和老师介绍的学长，不少是从中职毕业就开启了职业生涯的，他们依靠不懈努力和持久钻研，最终攀上职场乃至人生的高峰。今天，他们以真正的"双高"职称——既有学校的高职称，又有所讲专业的高职称——和企业家身份，为同学们提供丰富又全面的经验分享。

马拉松只跑了半场，身后已留下一个个人生的里程碑。

起点，还会被谈起，但没有自卑，有的是自尊、自信和自豪！

今天的职业人想告诉未来的职业人，大学阶段选择专业很重要，要想在未来的职场上获得成功，完成相关专业的系统学习和具备扎实的基础知识更重要。专业再有市场，如果不努力学习，理想的职业岗位也不会自来。

在现代职场中，专业与职业要求一一对应的情形不是没有，但一个专业适应多个职业、一个职业接纳多个专业的情形更多。这本书里有不少例子说明：只要学好了，原本不如意的专业也能"有心栽花花就开"，原本不对口的专业也能"无心插柳柳成荫"。

"有志者，事竟成。"看似不对口的专业，如果学好了，并且能够灵活运用，往往会让人在职场上"如虎添翼"。

今天的职业人想告诉未来的职业人，从进入职业院校学习的那天起，同学们就要开始对未来的职业生涯进行思考和规划。在高考备考的紧要关头，大多高中生都听老师和家长说过："不要怕苦，冲刺一年，考上大学就好了！"其实这是为了激励备考的学生而在人生长远的大目标里分出的一个眼前的小目标，并不是说人生的拼搏止步于高考。马拉松途中只有补给点，没有休息站，更没有安乐窝。伴随大学录取通知书的到来，小目标已成过去，大目标开始展现：职业生涯浮出地平线。

同样是学习，高中和大学的风格截然不同。假如把高中学习比作吃盒饭，什么时候吃、吃什么、吃多少、吃多久，大多由老师决定；那么大学就是吃自助餐，什么时间吃、吃什么、吃多少、吃多久，主要由学生自己决定。进入大学后，如果仍然等着老师安排，不会自己选择，那就会营养不良。

　　高中毕业时，同学之间虽有差距，但不大；而大学毕业时，同学间可以相差很大。这主要是因为学习方式的不同。

　　大学校园里有许多学习机会，不仅有理论课和实训课，还有图书馆、实验室、学生社团和实习单位，只不过这些都具有"自助餐"的属性，这本书也是如此。善加利用，会有意想不到的收获；视而不见，则不利于成长；而饥不择食，就可能落下虚胖的后果。学会选择是必须的，而一切选择始于目标的确定。即便不能明确未来的职业人生，也要对未来的职业生涯有心理上的准备。

　　这本书里有许多真实案例，展示了优秀学生如何在校园里制订和实施职业计划，他们取得的成绩，除了在靓丽的成绩单，还有荣誉证书、技能等级、比赛奖牌、发明专利，等等。所有这一切都来源于他们入学后及时开启的职业生涯规划。

　　此外，今天的职业人要给未来的职业人一个说明。不同行业的职业人集中在一起，跟同学们交流，一定会选自己熟悉的职业和擅长的角度进行介绍。对于非本专业的同学而言，理解起来或许有些难度，但好处是可以观察到多个原本未必会关注的职业。在有限的时间里了解更多的职业，感受现代职业的共同性，是高职学生应当努力做到的。如果同学们由此对某个职业有了特别的兴趣，可以去学习相关课程，或者直接向相关老师求教。

　　党的二十大已经确定战略目标，从二〇二〇年到二〇三五年基本实现社会主义现代化，从二〇三五年到本世纪中叶把我国建成富强民主文明和谐美丽的社会主义现代化强国，这两段时间恰恰覆盖了同学们的专业学习和职业生涯。作为二〇三五年基本实现社会主义现代化的重要建设者和直接受益者，你们将亲眼见证国家经济实力、科技实力、综合国力的大幅跃升，人均国内生产总值迈上新的大台阶，达到中等发达国家水平；实现高水平科技自立自强，进入创新型国家前列。中国希望满满，职业人机会多多。

最后，编者还想和未来的职业人说一句话。《你我职业人》对任何一个职业的描绘都是不完全的，充其量只是一个体量较大的片段。未来职业人要用自己的职场经历把某个片段扩展开来，将所有片段拼合，真正把握现代职场的特点和要求，照亮和成就自己的职业生涯。

衷心希望以后在再版的《你我职业人》中闪现出今天读者的身影，你们将成为学弟学妹们的标杆！

顾 骏

2022 年 8 月

目录

「职业之道 / 001

003　　第一讲　你看的是"病",还是"人"?
017　　第二讲　你会"种地"吗?
029　　第三讲　看看你能成网红吗?
040　　第四讲　未来已来,你准备好了吗?

「职业之德 / 053

055　　第五讲　如何在利益博弈的夹缝中活得滋润且坦荡?
069　　第六讲　修车和修己,哪个在先?
079　　第七讲　关爱生命也是生财之道?
088　　第八讲　睡着了还能赚钱?

「职业之艺 / 097

099　　第九讲　职业只是手艺吗?
108　　第十讲　中药是"穷讲究"吗?
118　　第十一讲　设计产品还是传承文化?
132　　第十二讲　我也能创新吗?

「职业之术 / 141

143   第十三讲   功德碑还是耻辱牌?
154   第十四讲   药品的质量是检验出来的吗?
166   第十五讲   规则只是用来约束人的吗?
177   第十六讲   职场规则是自找麻烦吗?
186   第十七讲   如何在规则的博弈中守住底线?

「后记 / 197

「致谢 / 205

01 职业之道
篇首语

现代职业千姿百态，各有不同。每一个职业有自己的道理，所有职业也有共同的道理。掌握一门职业的道理，可以成为一个行业中的高手，而悟透了所有职业的共同道理，则可以在不同行业中如鱼得水，即所谓的"一通百通"。

职业活动的本质是人与人的交往，无论产出的是产品还是服务，最终都是为了满足人的需求，职场的专业性不仅体现为规模化，也体现为个性化。因人而异，既指消费者各有所好，"百货中百客"；也指与物品所体现的物性相比，截然不同的人性。产品再精美、服务再周到，只要不符合人性，就很难找到市场。"你看的是'病'还是人"，用护理专业的眼光，让我们看到职业之道要以人为本。

在职场上，每个职业人都希望获得最大回报，要实现这个目标，只有一个办法，那就是尽量让自己的职业表现达到更高的水平。职业水平代表着专业化程度，只有精准把握职场的各项要素，才能以优质的产品或服务让消费者满意，从而在交换中获得更高的回报。因此，不断学习、精益求精成为职业活动的实践准则。"你会'种地'吗"告诉我们，如今农民都在走向专业化，遑论其他职业！

职业源于分工，分工离不开交换。职业人以自己的专业表现，与其他职业人进行等价交换。"一分耕耘，一分收获"，这个道理在职业领域展示得淋漓尽致。不要幻想"天上掉馅饼"，坐享其成、不用付出就能得到高回报的职业是不存在的，因为这违背了等价交换原则。"看看你能成网红吗"，即便是网络达人，其由流量带来的收益与风险也成正比，并非人们想象得那么轻而易举。网红同样需要从小事做起，付出最大的努力。

职业自诞生以来，就在持续演进。新的职业不断产生，旧的职业次第退出，这一动态过程从未停止。今天人类来到了职业发展的转折点：人工智能在各个领域中得到越来越广泛的应用，这将开启一个人与人工智能同台竞争职业资格的全新时代。只有不断提升自己，始终保持压倒性优势，才能不被人工智能取代。未来的职业人需要时时自问："未来已来，我准备好了吗？"

学习目标

① 掌握现代职业的基本要求，明白"三百六十行，行行出状元"的真正含义和职业道理，增强专业学习的信心和兴趣，提升对职业的理解分析能力。

② 增强对职业教育和职业的认知和认同，树立正确的职业观，培养工匠精神和"不看出身，只问拼搏"的职业素养。

③ 涵养刻苦钻研、精益求精、为国家发展多作贡献的职业精神。

你看的是"病",还是"人"?

你看的是"病",还是"人"?这不是一个新鲜的话题。纵观医学和护理学的发展,围绕这个命题的理论争辩从未间断。临床上也常有直观的体现:某人切切实实经历着痛苦,却无法通过仪器和化验而观测或检验到病因;有的人不曾有任何身体不适的感受,却被检查出来身患疾病,如一些癌症的早期症状。因此,医生看的是"病"还是"人",这一问题真值得探讨。

在临床医学中,医生或医院凭观测和检测结果做诊断,而病人则根据个人感受来判断,两者在疾病叙述和解释上从一开始就存在分歧。在整个医疗过程中,前者较多地着眼于医疗技术的可行性和有效性,而后者在技术因素之外,还受制于现实条件,特别是经济能力,医患矛盾的产生就同上述两者的不一致乃至冲突有关。

世界的复杂之处在于,生活中不只有一套标准是合理的,站在不同的立场或从不同的角度看待,两套甚至多套标准都是可以成立的。未来的职业人需要站在职业的立场上,运用不同的视角,理性地看待任何职业都必定存在的技术主导和服务主导的矛盾。

提出"看的是病还是人"这样尖锐的问题,不是为了挑战和质疑技术在医疗行业的话语权,而是为了解读医学的科学性与人文性、生命的伦理性和世俗性,以及疾病的经验性和约定性之间的关系,引导学生叩问医护职业的重要问题,加深对"医学是什么""护理是什么"等问题的认知,提高学识或见识,努力成为具有人文情怀的复合型高素质技术人才。

一、"救死扶伤":护理职业靠什么保障?

在"看病还是看人"的问题上,首先当然是看病。病是一种生理现象,治病属于科学的领域,技术自然是第一需要。

1."救死扶伤"是一门技术活

护理工作是医疗卫生事业的重要组成部分,在维护和促进人民群众的健康方面发

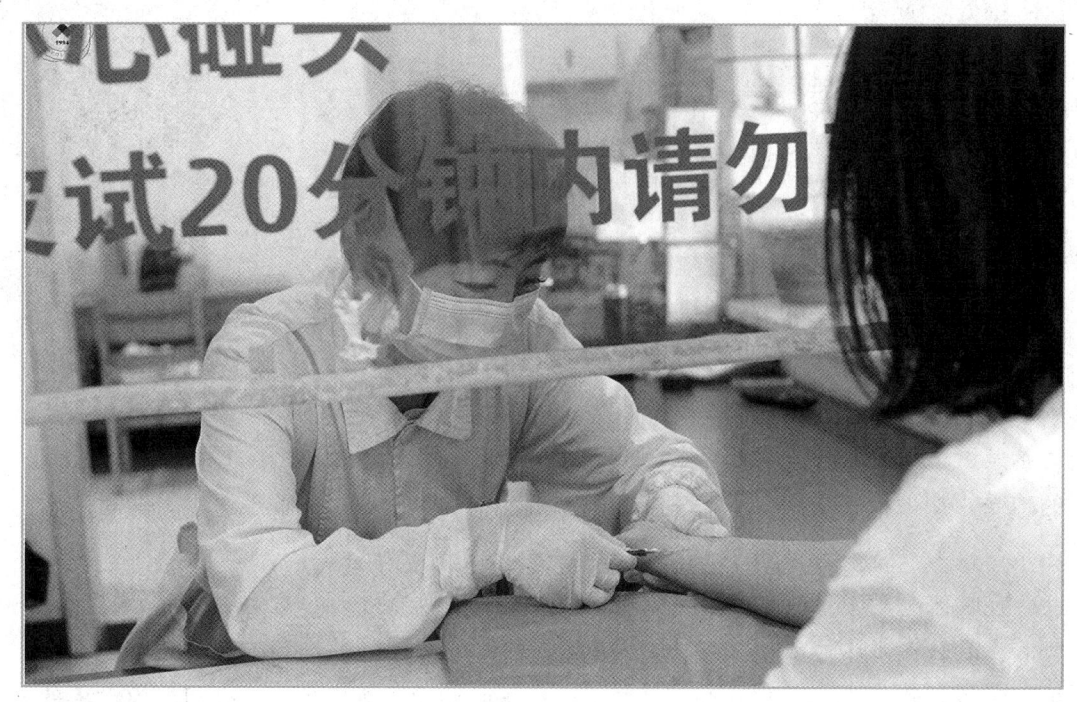

▲ 图1-1　医护人员工作的场景

挥着不可替代的作用，广大护士肩负着救治生命、减轻痛苦、提供健康支持的专业职责（图1-1），这是社会给护理这个职业的定位和期望。

一个人选择一个职业，如果被人问起缘由，或许只是起因于人生中的一个瞬间。小时候，我的好朋友小梅喜欢用气球爆裂后残留的胶皮制作小气球。有一次，她像平时那样操作，把胶皮绷紧，贴在嘴唇上，用力吸气，想利用口腔内的"负压"让胶皮形成空囊，不料用力过猛，将整块胶皮吸进了气管。只见小梅手捂脖子，说不出话来，很快就脸色发紫，倒在地上，一动不动。事出意外，所有小朋友都吓呆了，等反应过

来叫来大人，已经来不及了。这件事让我深受刺激，在好长一段时间里，我都会问自己："如果我是医生，我能把好朋友抢救过来吗？"

中学毕业后，我考上了卫校。通过学习，我了解到这是异物堵塞气道，因窒息导致的严重缺氧，1分钟后病人就会意识丧失、陷入昏迷，随之心脏停止跳动。如果立刻采取海姆立克急救法，可能在几秒内救人一命，而这种急救技术需要操作者及时判断、准确定位和正确用力才能达到救命的效果。

只要是在医院急诊室工作过的人，对技术的重要性都有深刻的体会。技术超群的医护人员通力合作，争分夺

秒，与死神赛跑，挽救病人生命。时间长了，就可以见证技术发展带来的生命红利。例如，以前百草枯中毒病人的死亡率超过90%，后来随着血液净化技术的发展，死亡率逐渐下降，目前抢救成功率已达60%。

刚参加工作的年轻护士往往会有让自己终生难忘的"第一次"。我在急诊室第一次做气管插管时，就因为方法不当、用力过大，不仅导致开放气道的操作失败了，还造成病人牙齿掉落。幸亏护士长以精湛的技术及时相助，才救下病人的生命。这次惨痛的经历让我记住了"精湛的技术是救死扶伤的基石"这个朴素又坚实的真理。

自此以后，我在实训室勤学苦练，注重每一个操作细节，不敢有任何松懈。有一天晚上，轮到我值班，一连来了7个危重症病人，都需要气管插管，因为有技术在手，心中不慌，所以我的所有操作全都一次成功。在场的医生看在眼里，事后由衷地对我说："你真了不起！"因为技术过硬而得到肯定，我高兴了好几天，强烈体会到作为一名医护人员的自信和骄傲！

我虽已从事护理工作多年，但仍然对当年惊心动魄的一幕记忆犹新。急救车送来一位因大出血而休克的危急病人，需要马上输液输血，但因为周围静脉萎陷，护士找不到静脉血管，无法开放输液通路，所有的抢救措施犹如重装大军困于高城之下无所施展，医生焦急万分。随着时间流逝，病人的生命体征不断衰弱，那一刻，我前所未有地感受到职业之重、生命之重！同样的案例如果发生在今天，一旦发生开放静脉通路遇阻，就可以改变抢救策略，在1分钟内开放骨髓通路，开辟另一条生命通道。

技术的发展给生命带来了更多保障，医护人员必须坚持终身学习，及时掌握各种新知识、新技术，这是履行救死扶伤神圣职责的基本前提。

凡在重症加强护理病房（ICU）工作过的护理人员，都会认识到技术的重要性。ICU是最近30年才逐渐发展起来的科室，在那里有医院最先进的仪器设备，能对危重症病人提供先进的技术支持，如挽救了许多重症心肺功能衰竭病人的体外膜肺氧合技术（ECMO），该仪器是用于代替病人心脏和肺脏功能，无论原理还是操作都十分先进。正是因为这些先进的机器和相应的技术操作，才让ICU医护人员在抢救生命时及时高效，信心倍增。

每当人们谈到急救护理时，眼前通常会出现这样的画面：病人突发心脏疾病，心电监护仪发出尖锐的报警声，一个装备齐全、操作娴熟的医护小组迅速集结，有条不紊地展开营救：有人负责胸外按压，有人提供呼吸支持，有人开放用药通道使用药物，有人负责体外除颤，有人指挥协调……几分钟后病人心跳恢复，小组成员发自内心的欣喜完全驱散了紧张后的疲惫。医护人员高超的技术和完美的操作让抢救病人如同探囊取物，易如反掌。

其实，这样的情境更多地见于影视作品，反映了一种幸存者偏差现象。在现实生活中，实施胸外心脏按压时，病人发生肋骨骨折的概率非常高，心肺复苏的成功率大约只有 15%。再先进的机器、再高超的技能，都只是抢救成功的必要条件，远远不算是充分条件。

因此，在医学院校的课堂上，老师们对学生的要求近乎苛刻。学生在学习心肺复苏这项技术时，不仅有时间的要求——必须在 10 秒内准确判断并决定采取的措施，2 分钟内完成 150 次有效的胸外按压和 10 次人工呼吸；还有按压深度和按压频率的要求——学生们会在实训室的模型上进行成百上千次的练习。

2. 技术是"护理"职业人的基本要求

护理作为一个职业，有其职业要求和需要获取的执业资格。选择护理专业就意味着要经过系统的课程学习和严格的技能训练，满足学分、实习等学历认定的要求后，再通过执业医师考试，才能成为一名职业护理人。正是因为护理人员高超的知识和技能水平，人们才敢把性命相托、健康相交。在医护类专业的教学和实践过程中，必须首先培养学生"时间就是生命"的意识和娴熟的医护操作技术。在极端情况下，一分钟甚至一秒钟都足以决定病人的生死！具备娴熟的护理操作技能是对护理人员的基本要求。学生在校内要苦练各项操作技术，每项操作考核过关后方可进行临床实习，在实习过程中更是每科必考，反复训练才能达到要求。毕业工作后仍然需要经历每月一小考、每年一大考，永无止境，直至退休。

护士每天都可能投入生与死的战斗中，从死神手里抢救生命。因为人的生命只有一次，哪怕千分之一、万分之一的失误，都可能造成严重的后果。

护理专业是这样，其他专业也是如此。金华职业技术大学一共有 64 个专业，每一个专业都有科学合理的课程设置和考核要求，完成课程学习后，很多专业都有岗位实习（实践）的要求，只有在通过各种执业考试后，学生方可以合格的身份成为一名职业人（图 1-2、图 1-3）。

二、"终极关怀"：职业内涵为什么要有人性温度？

你看的是"病"还是"人"

在当代的护理教育、研究和医疗体制中，"人文关怀"是高频词汇，常常有激荡的话语亮点，却无清晰的学术面目；有个体思考、批评路径和倡导高度，却无概念辨析、边界廓清和系统建构；上课无理论支撑，研究无规定路径，临床无标准判定。在不少师生眼里，"人文关怀"是文字游戏，是浩瀚星空中的一弯新月，虽然引人遐想，却远不如昏暗的路灯来得实用，更能解决问题。

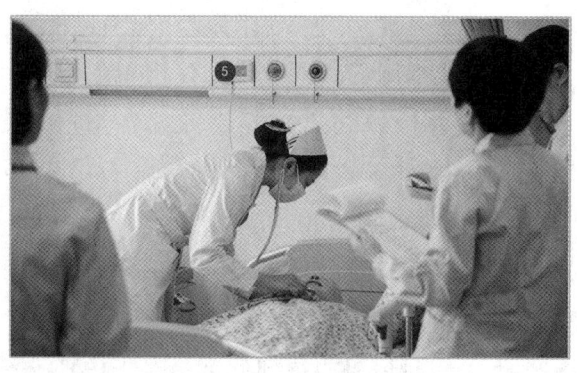

▲ 图 1-2　严格的实践教学场景 1

但医护人员始终相信，没有人文关怀，纵有技术的翅膀，护理行业也飞不高、飞不远。在形而下的知识和技能教育之上，一定要有形而上的人文教育，而且这种教育必须采取具象的形态，让学生看得见、摸得着，这样学生才能在逐渐感悟、不断反思的过程中内生出足以支撑职业生涯的信念和情怀。具备人文素养对于医护人员而言尤为重要，每天行走在生死边界的白衣天使更需要精神力量的支撑。

1. 安慰也有"疗效"

我刚到医院脑外科工作时，就碰到因车祸导致颅脑外伤的病人。这位受伤的小伙子一直很烦躁，不肯配合治疗，导致血压升

▲ 图 1-3　严格的实践教学场景 2

高、颅内压升高。因为使用镇静剂会抑制呼吸，所以护士只能想办法让他安静下来，该用的方法都用了，还是解决不了问题，最后只好使用约束带。正在这时，一位老护士走过来，什么都没说，只是将病人抱进怀里，轻轻地拍着他的背，告诉他"我们都在"，病人很快就安静下来，随后血压、颅内压也下来了，后面的治疗开始有条不紊地展开。

多年以后，我已经成长为护理专业的教授。在课堂上，我多次以这个案例组织学生展开讨论：病人为什么会就此安静下来？为什么老护士能想到，我就没想到？一个人生病时最渴望得到什么？对于护理人员来说，在技术之外有没有其他重要的素质？

每次同学们都会热烈发言，各抒己见，最后总会达成几点共识：只有充分评估、了解病人的需求，才能提供最有效的支持。要充分考虑病人的心理需求，在职业活动中要注意经验的积累和学习，要时时从病人的角度出发考虑其对医护服务的需求，而不仅仅是提供技术层面的服务。

2."病"和"人"：不同思维的起点

其实，无论哪个科室，医护人员都有无奈的时候：医疗技术手段有限，结果不尽如人意。这时，无关技术的人文思考就会产生。在许多人看来，人文思考是一个高深的哲学命题，涉及复杂的理论体系，但在一线护理人员看来，这更多的是一份源自体验的发问和追思。

若医护专业教育持技术优先和注重学术的价值观念，并以此作为评判标准，人文的知识与素养既无关于消灭细菌病毒，也决定不了病人的预后走向，更不能扩充科学理论层面的知识架构、丰富操作层面的动作训练，充其量只能起到辅助的作用。

但"人文关怀"真的是无用的学问吗？细细分析，却不尽然。从前文那些案例中我们不难发现，有时候"说不清道不明"的人文关怀能解决大问题，这就引导我们思考"人"的复杂性和技术的局限性，反思当代社会很多服务类专业过度追求技术，而在面对"人"这一服务对象时难免出现精神关怀缺失的问题。

人文关怀并不神秘，作为一种理念，它主张以人为中心。今天的医患矛盾表面上看是病人的主观体验与医护人员的科学检测之间的分歧，本质上是"病"与"人"的思维差异及技术与人性的碰撞。医护人员在评估病人病情、采集病史的过程中重视机器的检测，忽视病人的叙述；医护人员对疾病的理解指向生物化、客观化，漠视症状背后复杂、立体的社会心理和文化内涵，这就是关注"病"与重视"人"的差异。

3. 实践与反思：培养人文情怀的主要路径

护理的服务对象是人，是生命。客观性、严谨性、科学性是职业原则，没有价值倾向的、冷冰冰的机器提供的证据高度符合这些原则，因此很多时候医护人员会更相信机器报告，而不是病人喋喋不休的倾诉，这是医学生们一直以来所接受的教育理念。但对于病人而言，最迫切的需求是倾诉主观体验，然后获得帮助和关怀，常常表现为极度个性化的心理活动，其中最常见的是私人化的痛苦与体验所致的恐惧与无助。这需要护理人员耐心沟通、仔细梳理，才能从种种迹象中揣测出病人的真实意图。这是一个吃力不讨好的过程，其结果也只有一半的胜算。从这个角度分析，似乎相信机器的报告，从"病"的角度去思考和实施操作更轻松且更具实用价值。

病人首先是"人"，这是基本前提，其背后的所有社会关系、经济基础、性格习惯都与"病"的表现有着紧密联系，各个因素不可分割。护理人员要想让技术处置与人文关怀同频共振，就需要在知识储备、生命价值、反躬自省等方面付出努力，这种蜕变很难仅从人才培养模式的改革和课程教学内容的重构中得以实现，而是需要在实践中通过体验、感悟和积累才能完成。每一位职业人需要根据自己的认知能力、价值取向，建立各自有序、有益、有趣的职业生活，通过职业实践中的观察、体验和反思来培养人文关怀。

在护理专业的学习和临床实践阶段，有如何评估并处理病人常见的心理和精神问题等学习内容，如孤独、绝望、痛苦等，至于如何应对疾病带来的死亡恐惧，更像某种职业"禁忌"。国际重症监护学专家肯·赫尔曼写过一本名为《生死思考》的书，其中写道："在重症监护室各式高新科技和挽救生命的行为背后，隐藏的是个人的绝望深渊。"大多数病人离开了重症监护病房后就再也没有康复。病人对那段时光的记忆扭曲失真，只剩下焦虑、沮丧、幻想和噩梦。许多人出院后与家人关系破裂，滥用酒精或药品，还有相当数量的人患上创伤后应激综合征。这些人大脑并没有受损，但性情大变，饱受噩梦和癔症的折磨，更别提那些照顾他们的家人。在技术如此发达的今天，医护人员仍无法解释这些变化从何而起，又该如何应对。

健康护理的首要目的是挽救生命，但那些经历过死亡威胁的康复者的精神问题有时是生命难以承受的。护理学和医学一样，不仅要关注技术目标，还要关注关于疾病、痛苦、残障、健康的社会认知及千姿百态、变化万千的个人体验。

正是这种基于临床实践基础上的感悟和反思，有时会让护理人员非常痛苦。因为，在整个医护系统里面，个人只是渺小的一分子，无法改变这一切。在当今学校的专业课上，老师也很难引导学生们去体会、沉思生命背后的沉重和无奈。老师只是引渡人，就让时间给学生们答案吧。

4. 己所不欲，勿施于人：普世立场对护理的启示

对于人文关怀的普世性的认知，医护类专业有天然优势。因为生老病死是人生的必然，每个人都有发言权。人生如此简单，要么在医院，要么就在去医院的路上。每个人都可以回忆起这样的场景：生病了，感觉很不舒服，当时最渴望的是什么？

不出意外，大家会给出这样的答案：希望那个最懂自己的人守候、陪伴在身边。

为什么？

懂自己者，知自己所需。懂自己者，投自己所好。

一切幸福在于心有灵犀的默契。

一切美好在于别人给的正是自己想要的契合。

我曾经因为口腔疾病做了一个小手术，先生请了假在家陪我。口腔手术虽然不复杂，但术后疼痛肿胀，只能接受流质饮食。先生不是学医的，朴素地认为手术后需要大补。于是买了虾、炖了排骨，殷勤地端到我面前。这些却让我情绪瞬间失控，直接回了娘家，留下一头雾水的丈夫和他精心准备的饭菜。

回到娘家后，妈妈马上就做了炖肉糜稀饭，那一刻才是病人最幸福的时刻。什么都不用说，妈妈自然知道我最想要什么，这就是需求被满足的幸福感。

生病时，人的心理会特别敏感脆弱。只要想一想自己生病时的感受和体验，用同样的心情去思考患者的需求，就不难理解患者对医护人员的期待。

"己所不欲，勿施于人"，这是最普世的价值观。从了解病人的体验和分享开始，自我追问，什么是康复、治愈？什么是同情、悲悯？什么是关怀、扶助？什么是人道主义？自然不会觉得普世价值空洞无物。医护人员不仅要追问生命的意义、躯体疾病的感受，同时要对普适性的职业价值和意义提出灵魂之问。

史铁生曾对康复做了这样的描述："让不能行动的人重新可以行动，使不能工作的人重新能够工作，为丧失谋生能力的人提供生存保障，这无疑是非常重要的。但是，若仅此而已，只能算作修理和饲养，不能算作康复……康复的意思是指：使那些不幸残疾了的人失而复得做人的全部权利、价值、意义和欢乐，不单是他们能够生存、能够生产……因为只有人才不满足于单纯的生物性和机器性，只有人才把怎样活着看得比活着本身更要紧，只有人在顽固地追问并要求着生存的意义。"

随着微生物不断被发现，疾病的种类越来越多，护理人员不仅要有救死扶伤的职业使命，还要认真学习、苦练技能。除此之外，生命的温情也需要呵护，病人的心理也需要关注。有一句话说得好："有时去治愈，常常去帮助，总是去安慰。"这才是护理职业的真正内涵。

三、"仁心仁术"：职业需求如何引导技术向善？

在中华传统文化中，医护职业评价甚高，有"是乃仁术""修合无人见，存心有天知"之类的箴言，这就是文化在价值规范层面引导职业的体现。

爱，让生命如此丰盈

1. 选择陷阱引发的终极思考

小李和小王同是呼吸内科的护士，年龄相当，资历相近。小李是技术操作能手，动作利索，专业知识扎实，参加各类比赛经常获奖，但性格大大咧咧。小王在操作方面不如小李，静脉输液有时要打两针才能完成，但她耐心、细心，对病人嘘寒问暖，对病人及其家属也十分热情，能及时关注病人的情绪变化，和科室的其他医护人员相处非常融洽。每次科室评选"最美护士"，小王都会被选上；每次技能比赛，小李都能获奖。如果现在需要在两人之间挑选一位作为责任护士，病人会选谁？为什么？

这是一个非黑即白的选择陷阱。

技术和人文关怀并不互相排斥，而是互相补充、互相支撑的关系。疾病是肉体的痛苦，也是心灵的伤害，任何医疗救助都是人与人之间身心救助的过程。有时候需要技术来拯救生命，有时候需要人性的光芒为心理提供依靠，"仁心仁术"从来都是一体两翼不可分割的，为什么不能将二者融合呢？

在护理教育过程中，经常会发现有些学生动手能力强，但对病人的关爱不够，对于这样的学生，老师应该在人文关怀层面给予额外的引导、培养；而有些同学表现出很强的同理心和同情心，但动手能力不强，这就要多给他一些机会，反复练习以提升其实践能力。真正的职业人应该同时具备专业素质和人文关怀，面对不同的病人和场景，根据需求提供有针对性的专业医护服务。

2. 职业发展需要传承和创新

金华职业技术大学的护理专业发轫于1915年创办的金华福音医院高级护士职业学校，距今已有百余年的历史。1996年，浙江省唯一的"全国重点卫生学校"——金华卫校在办学阶段率先入选浙江省高职教育护理专业试点。21世纪以来，历经高职国家级示范专业、省级重点专业、省级特色专业、省级优势专业、省级名专业、省级示范性中外合作办学专业和首批全国职业院校养老服务类示范专业点等项目建设的锤炼，金华职业技术大学的护理专业已跻身全国高职一流专业前列。在专业发展过程中，一代又一代的护理职业人秉承护理职业精神，传承"上善若水"的专业文化，精

▲ 图 1-4　医护专业教育教学场景 1

益求精锤炼技能，同时结合时代发展和技术变化新需求，勇于探索、敢为人先，延续职业的良性发展。

金华职业技术大学结合专业人才定位和培养目标，梳理"仁心仁术"的专业内涵和要素，将"仁心仁术"的职业精神融入人才培养全过程，将其基本要素有机融入于教育教学的各个模块中，有效整合各种教育教学资源，形成基于"仁心仁术"人才培养的路径和方法。师生在教学和生活过程中以此为标准形成事事践行、时时践行的文化自觉（图 1-4、图 1-5）。

陆月林，一位年逾百岁而不"退休"的护理人，一位在教育战线上辛勤耕耘了近 80 年的护理教师，一位视"病人利益高于一切"的护士，她用平凡而炙热的人生向我们展示了"仁心仁术"的真正内涵。

陆月林出身书香门第，18 岁时，突患的重伤寒将她掷在生死边缘，是护士的及时发现和抢救拯救了她的生命。从那时起，陆月

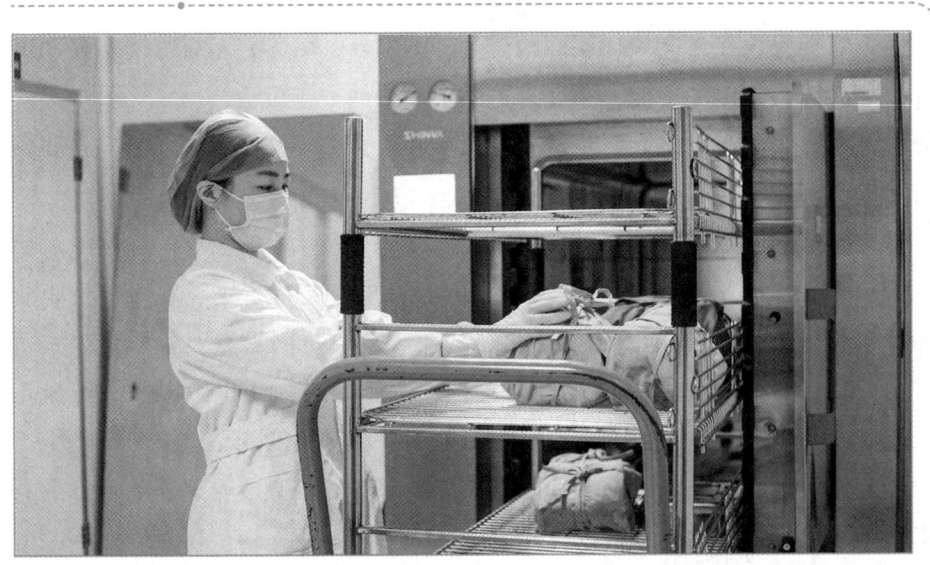

▲ 图 1-5　医护专业教育教学场景 2

林便决定了自己的人生目标——当一名充满爱心的护士。天遂人愿，她踏进了上海协和高级护士职业学校的大门，经过三年半的寒窗苦读，她掌握了扎实的护理基础知识和熟练的操作技术，毕业后留校任教。1947 年，她调任金华福音高级护士职业学校，担任过学校的校长、教务处主任，也做过普通教师；她担任过医院的护理部主任，也做过普通的护士。不管在哪里，无论从事什么岗位，她对护理事业都热情不减，献身护理事业的理想也从未改变。

陆月林是一位护理事业的践行者，更是一位护理事业的传承者。她始终把培养人才视为义不容辞的使命，悉心指导年轻的护理老师，只要有空就去听年轻老师的课，一字一句地帮助其修改教案，指导教学方法。

每一个熟知她故事的人都能从中感受到个体生命与护理事业息息相通、紧紧相依的深厚情怀，感受到朴实奉献的人生真谛，感受到普通榜样的崇高力量，并深深为之动容。每一份执着的追求必蕴含着深沉的爱，正是这种职业的传承才让我们的护理专业有了今天的成就。

四、角色冲突：医患矛盾原因何在？

医患关系是一个十分复杂的问题。在医患矛盾中，一方面，患者认为权利受到伤害，怨气冲天；另一方面，医护人员认为自身的合法权利得不到尊重和保护。伤害患者身心、情感的案例层出不穷，伤害医护人员、致死致伤的案件屡屡发生。

究竟是谁之过？

民谚中有"话不投机半句多"之说，这是将交流的失败归咎于"彼此心意不同"。那么，如今的医患沟通是否存在这样的问题呢？

首先，医患双方对疗效的期待和对医学功能的解读存在巨大落差，这是造成"话不投机"的重要原因。长期以来，技术至上的媒体宣传将世人引入医疗万能与完美康复的误区，更别提那些过度夸大医疗效果的广告。这些信息都提高了百姓对医疗治愈、康复程度和进展的期望值，使实事求是的临床评估和治疗成为难以接受的现实，甚至被认为是医护人员无能和失职的托词，而治疗失败结果的告知则成了医患冲突的导火索。近年来，社会仇医情绪发酵，医护人员的从业风险加大，为了保护自身安全、维护职业尊严，医生与患者的沟通越来越少，最终医患矛盾似乎进入恶性循环。

其次，医疗服务不能成为单纯的商业活动。哈佛大学查尔斯·罗森伯格教授在其专著《照护陌生人》中写道："现代医患关系本质上是'陌生人'对'陌生人'的求助与救助，也是一次'陌生人'之间涉及药品与医疗服务的交易活动。"他一直不能理解的是，健康的人们生活在适意、温情的家庭与社区之中，享受着来自亲人和朋友的照顾与心灵抚慰，一旦生病，在承受躯体和心理痛苦之际，要撤离原来的亲情支撑，从原来的生活圈中退出，把自己交给一群完全陌生的人，去接受各种仪器冰冷的接触和无情的解读，这难道不是"雪上加霜"吗？

于是，病人对医护人员既期望用尽量小的支付来获得超值的服务，同时又以"华佗在世""妙手回春"的标准来要求医护人员，期望他们能身怀绝技，又以慈悲为怀，成为绝对的"毫不利己、专门利人"的群体。但是，处在市场机制下的医护人员乃至医疗机构根本无法扮演"人道主义先行者"的角色。现代医学本质上无法逆转生命的衰亡、死亡的降临，也难以杜绝医疗过程中的失误与无效治疗。在其他商业交易中，失败的结果可能是项目清盘、支付归零，但医疗服务不一样，它需要病人承担治疗失败的悲痛甚至生命逝去与医疗成本支出的双重后果。因此，一旦出现意外，人们就会无法承受。

最后，医学是一门"顶天立地"的学科，一方面高耸入云，站在一个时代的科学与技术的尖端；另一方面深入大众，与每一个人的生老病死息息相关。医学的深度和广度容易让从业者与大众之间产生知识理解上的"鸿沟"。当代医学技术的发展可以用"一日千里"来形容，但是职业标准、职业忠诚和职业道德很难同步发展。纵使困难重重，我们仍然呼吁全社会对医护行业的尊重与信任。医患矛盾是一场两败俱伤的博弈，不仅造成社会的医疗恐慌与敌视，更造成弥漫性的职业焦虑，这对医护行业乃至全社会的发展都是极为不利的。

医护人员应反思自身是否从民生福祉、社会和谐的角度来调整技术的适应性，来规划适度、有效的技术应用水平，来思考是否应更多地从人文关怀层面端正自己的职业形象。在治疗和护理每一个病例的细节中渗透科学、技术、社会、心理、人文的多元关怀与全面提升，体现仁心仁术的协同共进。倘若现代医学停止发展的脚步，那绝不是因为技术上无路可走，而是缺乏对人性的关切与解读。社会要求在技术飙升与人文抚慰之间实现一份平衡，创造一种和谐。护理人员的眼里不能只有疾病，而没有痛苦；不能只有疾病的病理机制，而没有心理的健康判断标准；不能只有救助技术，而没有心灵的洞察和抚慰；不能只有对疾病的探寻，而没有人文关怀的自觉与领悟；不能只有职业操作，而没有职业信仰；不能只有专业精神，而没有职业精神。

五、换位思考：如何保持健康的职业心理？

健康的职业心理是人们在职业活动中表现出的认识、情感、意志等心理倾向或个性心理特征，而健康的职业心理是在职场环境熏陶下，个体对工作的不同看法经过长期的修养逐步内化的一种心理结果，是职业心理的最佳状态。

同理心又被称为换位思考、神入、共情，是指站在对方立场设身处地地理解他人。在人与人的交往过程中，能够体会他人的情绪和想法、理解他人的立场和感受，并站在他人的角度思考和处理问题，主要体现在情绪自控、换位思考、倾听能力及表达尊重等方面。

护理人员在工作中需要以同理心与病人交往，通过揣摩他人的心理、情绪和感受，做出相应的行为来达到一种理想的沟通效果。这个过程一般有四个步骤：观察—感受—需求—反馈与回应。

同理心在服务类行业很重要，但在过程中要注意把控"度"。

首先，"同理"他人不是"同情"他人。"同情"通常和"可怜""怜悯"等词汇相近，带有居高临下的色彩，容易被对方视为负面的态度；"同理"则强调双方的平等。

其次，"同理"他人不是简单地"赞同"他人。"同理心"是用一种"我维护你说话的权利，努力理解你说话的内容，但不一定同意你的观点"的态度来与人沟通交往。

最初我在神经外科工作时，第二个月就遇到一个病人死亡的情况，小伙子才27岁就因为脑外伤去世了，这是我经历的第一个死亡病人。在与病人的姐姐一起给死者做最后整理时，我不停地流泪，不能自已，感叹生命之脆弱、人生之无常！

随着时间的流逝，我对死亡的感受也逐渐淡化，工作中也不会再因为死亡而轻易影响情绪。在抢救病人时永远会全力以赴，但对结局则能泰然处之，这是每一位医护人员必经的心路历程。这并不是说医护人员变得越来越冷血、越来越没有人情味，而是人类的心理防御机制在起作用。同样的疼痛，人的感受阈值会越来越高。

六、因人而异：说真话还是说假话？

一个人得了绝症，生命只剩下几个月，医护人员是该告诉他真话，还是用善意的谎言来安慰他？

其实，生活中没有绝对的对与错，如何处理要视病人的具体情况而定。面对一个坚强的病人，其希望在有限的时间内去完成一些未了的心愿，医护人员不妨如实相告。而面对一些心理脆弱、敏感的病人，告知真话会让他受到极大的打击，甚至可能让其产生轻生的念头，那就需要给予善意的谎言。总之，医护人员要充分评估病人的性格、心理特点、社会支持系统等，然后做出最佳选择。

如果说，真话具有残酷性与现实性，那么善意的谎言就可以解读为一种人文关怀。职业活动中要有技术、责任、爱心，还需要有智慧。医护人员面对死亡这个沉重的话题，有很多两难的情境，也有很多的争论，而脱离了具体的"人"的争论没有任何意义。只有在职业活动中充分考虑"人"的元素，从最有利于"人"的角度出发，才能实现病人利益的最大化。

其他职业活动中是不是也同样存在这样的两难情境呢？我们又该如何去思考和解决这些问题呢？

七、职业伦理：护理学生的终极使命是什么？

护理人员是生命的见证者，在新生命诞生时，他们是迎接者；在治疗疾病的过程中，他们是生命的拯救者和痛苦的疏解者；在衰老的进程中，他们是生命质量的维护者；在患者临终时，他们是抚慰者和送别者。

学生总要离开学校，开始自己的职业生涯。护理人员在漫长的职业生涯中要学会建立自身的职业伦理，在建立服务关系的过程中要具备充分的自信、互信与他信，在努力学习技术的同时谨记人性的关怀，恪守职业底线。要以人为本，追问"什么是护理""什么是医学"；反思疾病之轻、人性之轻；探寻疾病体验的意义，追问医患矛盾的终极原因，扭转"见病不见人，技术是唯一解决方案"的职业偏见。

总之，护理要回归人性化与艺术化，实现德、行、技、艺的统一。

缅怀陆月林先生

金职五代护理人
薪火相传

问题思考：

1. 作为新时代的护理职业人，除技术之外还需要具备哪些素养？
2. 如何理解医护人员"有时治愈，常常帮助，总是安慰"的说法？

第二讲

你会"种地"吗?

「主讲人」

今天的中国农村正在发生翻天覆地的变化,不是开玩笑,虽然今天农村人进城还要过几道门槛,但城里人要想去农村,几乎连门都没有。当你进入农村拥有土地后,你会种地吗? 在判断自己会不会种地之前,最好先了解一下现在的农村是如何种地的。

一、种地也需要学习?

有人说,世界上有两个非常重要的职业,却不需要学习,也不需要执业证书:一个是做父母,一个是种地。

"民以食为天"。种地关系到国家粮食安全,但我国农民整体受教育水平较低。如果种地也要学习,也要考证,他们是无法接受的。农民的爷爷奶奶虽然没上过学,但会种地,农民的爸爸妈妈没上过几天学,也会种地,年轻人还需要上大学专门学种地?

不过仔细想想,从爷爷奶奶到爸爸妈妈,虽然种的还是那块地,但农业技术有了很大的发展。同样是种菜,爷爷奶奶这一代人把菜种在露天的土地里,靠天吃饭,如果老是下雨、病害多,菜就会烂在田里。爸爸妈妈这一代人把菜种在大棚里,有了遮蔽,还有滴灌,不怕下雨,也不怕不下雨。到今天,种菜可以采用无土栽培、立体栽培技术,在同一块田中,过去种一茬,现在可以种三茬。真到种菜的时候就会发现,如果没有系统学过蔬菜种植,没有学过无土栽培,真不敢说自己会种菜了。

有一位"农民",从蔬菜学专业毕业已经30多年,算得上是专家了,却说自己越来越不会种菜,因为今天种蔬菜要学的东西实在太多了。现代农民要学栽培技术,掌握不同的环境适合种植的品种、播种时间、肥料类型、病虫害防治、采收时间等,不学就无法跟上时代发展的步伐。而这还只是栽培技术这一个方面。

能让地里长出蔬菜,虽然不错,但自己种自己吃的只能叫产品。靠地里这点蔬菜产品满足了不了家庭多样化的需要,必须卖掉一些,换成钱,购买其他物品或服务,才能满足更多的生活需要,这时产品可以称为商品。商品一定同市场和销售有关。于

▲ 图 2-1　科学栽培

当今中国谁在种地

是，蔬菜种出来之后怎么卖的问题就来了。同样的菜，一斤有卖 5 毛钱的，有卖 1 元的，有卖 10 元的，销售方式不同，收益也就不一样，如果不学习相关知识，卖便宜了，则太吃亏。

仅会种地、会销售还不行，因为蔬菜涉及食品安全和健康，菜种得好，不但要产量高，还要绿色、有机、富有营养，这又是一门学问（图 2-1）。

消费者对蔬菜的要求越来越高，不仅老专家遇到新问题时要说不学习不行，就连在大学里学过三四年农业专业的毕业生，没有"活到老，学到老"的精神，也会跟不上时代的发展。

二、现在谁在种地?

重农固本乃安民之基。在任何时代的任何时期，都会强调农业的重要性。农业是人类最古老、最传统的产业，被归为"第一产业"，是人们衣食温饱须臾不可离开的产业，承载着保人民安康、保家国稳定、保经济繁荣、保社会发展的重大使命。

既然农业这么重要，那么现在又是谁在种地呢?

大家对农民的第一印象是：一群生活在农村，习惯了日出而作、日落而息的农耕生活，日复一日、年复一年在田间劳作的人。他们皮肤黝黑，穿着朴素，头戴笠帽，赤脚下地，一说话就露出憨厚的表情。

这纯粹是臆想！

事实上，今天的农村远非我们想象的那么简单。随着乡村振兴战略的实施，中国农业正在从传统农业转向现代农业，"三农"（即农村、农业、农民）的产业格局正在发生巨大变化，城与乡的关系也在经历深刻变革。

一方面，传统农民靠经验指导生产，靠人力、畜力等传统生产要素为主要手段，靠增加产量来实现收益增长，种田难挣到钱，与工商业的务工人员的收入差距悬殊，青壮年纷纷进城务工，从农村走向城市。

2023 年，全国外出务工的农民约为 2.99 亿人，打工经济已成为当前农村一道独特的风景线。现在许多农民家庭的收入来源主要是打工，而不是种田。

举个例子，种水稻 1 亩地① 产量约为 500 公斤②，假设稻谷单价每公斤 2 元，毛收入 1 000 元，除去各项开支，如农机耕地 50 元、肥料种子成本 200 元、机器收割 50 元、浇地水费 50 元，辛辛苦苦几个月只剩下 650 元，如果把农民自己的劳动成本算进去，直接就亏本了。之所以还有人种地，是因为农民自己也要吃饭。

在这样的情况下，现在农村里主要是老人、留守妇女和儿童，光靠他们是没有办法种好地的。习近平总书记说："手中有粮，心中不慌，在任何时候都是真理""要把保障粮食安全放在突出位置""中国人的饭碗任何时候都要牢牢端在自己的手上"。如果仅靠老人、留守妇女和儿童，把饭碗牢牢端在自己手上是很难的。

菜贱伤农。金华莴笋种植面积很大，一年有 8 万亩，行情好时农民效益就高，莴笋生长期 70~80 天，亩产 4 500~5 000 公斤，单价在 2 元 / 公斤，1 亩地产值就有 9 000~10 000 元。而一包种子成本 2 元，一包肥料 100 元左右，种下之后不需要太多管理，病虫害也少，农民收入还是可以的。但行情不好时就只有 0.1 元 / 公斤，菜烂在田里，农民也不去收割，因为卖完都不够支付收割花去的劳务费用。在这样的情况下，明年种不种？有农民说："不种了，亏本。"也有农民说："还种，说不定明年行情又好了呢？大家不种，只有我种，就赚了。"无论种还是不种，每个农民的决策都带有盲目性，因为他不知道别人种不种，只能碰运气。

以前农民因缺少知识，盲目种菜，跟风种地，市场风险很大。如果想把中国的饭碗牢牢端在自己的手上，必须提高农民的科技素养，为他们提供较准确的供需信

---

① 1 亩地约等于 666.67 平方米。

② 1 公斤等于 1 千克。

▲ 图2-2 新农人助力农业发展1

息，使其能按市场需求调整种植结构，合理配置种植类型和面积。

另一方面，现在农村出现了一种喜人的景象，一批受过良好教育的"80后""90后"大学生回到农村，为传统农业转型注入了新鲜血液和能量。他们习惯"跳出农业做农业"，成为引领新农民、发展新农村、托起新农业的一支生力军（图2-2、图2-3）。

这批大学生有一个新名字——新农人，在浙江他们被称为"农创客"。金华职业技术大学园艺技术专业2011届毕业生郭斌就是其中一员。

郭斌毕业后，创办了占地120亩的

▲ 图2-3 新农人助力农业发展2

浙江省温州市平阳县康馨果园，春天举办桃花旅游节，果园里有桑葚、桃子、枇杷、蓝莓等水果供游客采摘品尝。此外还养了鸡、鸭等家禽，一年四季有土鸡、鸡蛋、自酿的蓝莓酒、桑葚酒等出售，年收入达 100 多万元。与传统农民不一样，他经营农业既有观光、又搞加工，既搞农业、又搞旅游，实现了产业融合，拉长了产业链，产生叠加效益。

三、未来农业是怎样的?

未来农业应该是现代农业，即插上科技翅膀的农业。目前来看，至少有两项技术将在农业上得到广泛应用。

第一项是生物技术，它将带来更多的优质高产新品种。被誉为杂交水稻之父的袁隆平长期从事杂交水稻的研究工作，攻克多项关键技术难题。2013 年，他带领科研团队攻关的国家第四期超级稻百亩示范片"Y 两优 900"中稻平均亩产达 988.1 公斤。科学家们培育出了许多优质品种，不仅产量高、品质好，而且更安全、更营养。

第二项是数字技术。数字技术在农业上的应用解决了传统种地的劳累问题。原来施肥浇水需要人到田里作业，难免日晒雨淋。现在利用物联网技术，可以实现肥水一体化，手机上按一下 App 里的相应按键就可以自动浇水。以前给 1 亩地施肥需要 1 个小时，现在在手机上一按，100 亩、200 亩的施肥工作就由机器完成了，这大大提高了工作效率，而且也不需要农民露天干活，还能实现科学精准施肥，这就是智慧农业。

今天，随着越来越多的数字技术在农业上得到应用，农民们的体力活少了，劳动条件改善了，将来 5G、云计算、大数据等技术会促使农业进一步走向现代化。

以番茄工厂化生产为例。过去农业"靠天吃饭"，现在无论刮风下雨还是阴天都不受影响，光照不够，可以用 LED 灯补光。不要小看番茄的工厂化生产，这里集成了潮汐育苗、双杆整枝、嫁接育苗、智能化环境调控、熊蜂授粉、智能劳动力管理、肥水一体、病虫害综合防治等技术。工厂化生产番茄，每平方米产量 40 公斤，是传统生产的 4 倍多，劳动生产率提高了 1 倍多，亩产值提高 4~6 倍，用水量减少 50%，农药使用减少 50%，生产出来的产品更安全。

农业一定会走向规模化、品牌化、智能化，最终的目标是生产出安全健康的产品。未来的农业是粮食安全之业、三产融合之业，也是绿色发展之业。

蔬菜既可以种在盆子里，也可以立体栽培，还可以种在墙壁上，就像绿饰，在这样的环境中工作极其舒服，周围是一片绿色，干干净净的，从业者像白领一样

▲ 图 2-4 使用无人机喷洒农药

上班，完全颠覆了人们对农业的刻板印象。

未来，随着劳动力成本不断上升，农业一定会用机器替代人。现在雇人下地劳作，成本太高。使用机器则可以24小时连续作业，喷药用无人机，收割用收割机，由卫星导航，自动操作（图2-4）。

蔬菜还可以这样种。南瓜挂起来，刻上几个字，更有文化内涵，有了"福""寿"等字样，南瓜就能卖个好价格。

未来的番茄植株，一株可以结几百个番茄。以前草莓种在地上，现在立体栽培，让人看着更有食欲。成熟的草莓状如空中瀑布，从上面挂下来，人在下面走，恍如置身于童话世界，绝对可以成为观光旅游项目。

原来饲养奶牛的牧场被改建成"乳牛的家"，变成一个旅游观光点，消费者坐小火车进来，不只是买牛奶，还可以观赏整个生产过程，增加知识，增强对食品安全的认识。同样，养猪场也可以成为旅游点，家长买猪肉产品，小朋友买饲料喂小猪。农业产业链拉长了，可以卖牛奶、卖猪肉、卖饲料，还可以卖门票。

莲花园里种着莲花，产出莲子，消费者不仅观赏莲花、购买莲子，还可以购买用荷花提炼而成的精油和制成的化妆品，堪称"神农的家"。

稻草、麦秆统称为"秸秆"，以前用来喂猪或垫猪栏，现在可以制成工艺品，废物利用。

未来的农业是一个有看点、有奔头、有前程的产业！

未来的农业一定是有看点的，它具有"接二连三"的功能。在经济学里，农业是第一产业、工业是第二产业、服务业是第三产业。未来，作为第一产业的农业通过与第二、第三产业的深度融合，实现"1+2+3＝6"，演化出农业的新业态，即所谓的"农业＋"。

一旦形成全产业链的业态，农业、渔业、林业将与旅游、文化、健康养老等产业协同发展，依托农业龙头企业，聚集有利于农业发展的诸多要素，"农业＋"的效应即将显现，"农业＋旅游＋文化＋养老＋教育＋亲子"等，不一而足。

例如，农业＋养老。中国正在迅速进入老年社会，养老问题越来越突出，老年护理是其中一个环节。事实上，还可以用绿色、健康的方式养老。老人参与农业活动不是靠种出来的产品来养活自己，而是体验一种休闲的生产生活方式。现在流行的养生理念，在园艺上被称为"园艺疗法"。抑郁症患者到园艺场种种菜、种种花、浇浇水，有助于缓解症状。

与老人相对的是儿童，农业也能为亲子教育提供空间和内容。现在城市里建有蔬菜公园或花圃，小朋友可以去那里观察和认识各种植物，甚至亲自参与劳作，这样既可以增长知识，又能提高劳动能力，对孩子的全面成长大有裨益。

所有这些"看点"都会为农业增效、农民增收、农村发展注入新动能。

未来的农业一定是有奔头的农业。种地不再"靠天吃饭"，而是"靠脑吃饭"，农业成为真正藏富于民的产业，既可满足人们吃得饱、吃得好的需求，更能实现人们吃出健康的愿望。种得好、卖得好，务农成为一种享受。作为农业旅游项目，共享农庄可能成为一种时尚，感兴趣的人可以共同投资、共同享有。

未来的农业更有前程。农业是国之根本，农业的发展水平是一个国家综合实力的体现。党的二十大报告中强调："全面推进乡村振兴……坚持农业农村优先发展，坚持城乡融合发展，畅通城乡要素流动……扎实推动乡村产业、人才、文化、生态、组织振兴。"国家政策好，农民的积极性就会越来越高。现代农业不仅有干头，而且还有说头、有看头、有赚头，进而形成"农村有看头、农业有奔头、农民有盼头"的发展格局。未来农业将从"吃饭产业"变成"健康产业"，实现"人民增寿、农民增收、产业增效"的愿景，"稳、增、优、绿、新"的未来农业从"输血式"农业转换发展成为"造血式"农业，凭借粮食稳产、收入增长、结构调优、方式转绿、动能向新等诸多成果，实现农业生产的可持续发展。

四、"种地"会成为一个有吸引力的职业吗？

农业和农村变了，农民自然也会变，未来"种地"等同农业有关的活动，都将成为一种名副其实的职业。

1. 从身份到职业：未来农民如何定位？

新农民有自己的定义：新农民是健康食品和原材料的生产者、现代农业产业的经营者和美丽乡村的建设者。

未来的农民是一个职业，从业者将完成从身份到职业的转变。现如今，大多数人依然认为农民不是可致富、有尊严、有保障的职业。随着时间的推移，农村土地必然发生转移，伴随着城乡户籍制度的改革与土地流转制度的推进，土地逐渐集中在少数懂经营、会管理的现代农民手中，他们告别传统靠经验种田的农业生产方式，依靠现代化的机械设备、科学的管理方式和高效的科学技术来经营农业，成为现代化的新农民。这是一群把农业作为主业来经营，以农业经营收入为主要经济来源，并在技术上达到较高水平的职业人。未来的现代化农民不再是一种身份，而是一种职业，成为中国未来农业及农业生产、经营的主力。

新农民包括三种类型："生产经营型"是指以家庭生产经营为基本单元，充分依靠农村社会化服务，开展规模化、集约化、专业化和组织化生产的新型农业生产经营主体，主要包括专业大户、家庭农场主、专业合作社带头人等；"专业技能型"是指在农业企业、专业合作社、家庭农场、专业大户等新型农业生产经营主体中，专业从事某一方面生产经营活动的骨干农业劳动力，主要包括农业工人、农业雇员等；"社会服务型"是指在经营性服务组织中或从事农业产前、产中、产后服务的农业社会化服务人员，主要包括跨区作业农机手、专业化防治植保员、村级动物防疫员、沼气工、农村经纪人、农村信息员及全科农技员等。

2. 未来新农民的特征

未来新农民具备全新的理念、较高的素质、出色的能力，通过经营农业，可以获得较为可观的收入。

（1）理念新。未来的农民用新技术、新设施实现规模化生产，用信息手段培育品牌、开拓市场、增强市场竞争力，把安全、可持续作为最重要的追求目标。

（2）素质高。未来的农民除了具备"有文化、懂技术、善经营"的基本素质，更要"知政策、守法纪、有组织"。其中，"有文化"是基础和前提；"懂技术""善经营"是从事农业的工作能力，有了前者的基础，才会更好地掌握和运用技术；"知政策"和"守法纪"是他们的重要标志;"有组织"则体现了其自觉性和主动性。

（3）能力强。未来的农民具备适应由农业科技进步所带来的新品种、新技术、新装备的应用能力，适应农业结构调整选择优势特色产业的发展能力，适应市场变化以需定产的决策能力，适应农业规模经营集约化、企业化、组织化的管理能力，在农业生产经营中随时可能发生的自然风险、市场风险、农产品质量安全风险的应对能力，以及走向市场过程中的品牌建设能力和市场拓展能力。

（4）收入高。在市场经济条件下，效益是新农民追求的主要目标。农业的规模效益和三产融合所引发的综合效应决定了新农民的收入将比传统农民高，也会比兼业农民高。

未来农民是具有较高科学文化素质、掌握现代农业生产技能、具备一定经营管理理念和市场开拓能力的高素质创新型职业人。他们以农业生产、经营或服务为主要职业，能熟练掌握科技知识、劳动技能、管理经验、资金运作等"十八般武艺"，是收入主要来自农业生产经营并达到相当水平的现代农业从业者。

这意味着"农民"将是一种自由选择的职业，而不再是一种被赋予的身份。"身份农民"与"职业农民"的差别是：前者勉强能养家糊口，有的连这都做不到；后者则可奔小康，还能致富。

五、用什么样的思维才能种好地？

如何种好地

未来，种地是一项技术活，不学肯定不会种。常言道："贫者因书而富，富者因书而贵。"这说的就是学习的重要性。农业经营者肯定要学会农业的科技知识、劳动技能、管理经验，还要懂资金运作。

2016 年中国 G20 杭州峰会期间，为了保证食品供应的质量和安全，工作组专门选择一些基地生产的产品，现在这些产品在市场上的品牌效应已经呈现。挂着"G20特供产品"牌子的农产品尽管价格稍贵，但也广受消费者的欢迎，因为大家认可其质量。这就是为什么今天学园艺的人不仅要学会种植，还要学习经营，这样才能把产品卖出好价格。新农民学习无限，前途无限，而首先需要学习的是思维方式。由传统农民向新农民转变，不只是外在身份的转变，更是深层次内在思维方式的转变。

一是数字化思维。以前从事农业生产，无论种水果，还是种蔬菜，都是先把水果蔬菜种出来，再设法销售。能否卖得掉，就看市场环境。现在虽然也开始涉足电子商务，但仍然停留在传统农业的运作模式中。这种发展路径的弊端是产业发展规模小，很难成就大事业。

今天要采取"反弹琵琶"的发展路径，反过来从销售端开始考虑。可以先投身电子商务，开网店卖产品，有了订单和需求后，再组织农民种植。新农民要懂种植、养殖、会加工、会销售，尤其是要懂数字经济时代的营销模式。数字经济时代，链接就是生产力，对上要链接更多的农户，对下要链接更多的客户。传统农业生产的同质化太严重，新农民一定要找到差异化发展路线，主动出击，独立思考。新零售时代最关键的就是线上做营销，线下做产品和服务，因此新农民要有乡村匠人的情怀，具备数字化的思维和眼光，提升"三农"水平和竞争力。这是历史发展的机遇，也是一种责任。

二是品牌思维。现代农业不仅是数量农业、糊口农业，更是质量农业、品牌农业，发展高品质农业离不开"科技兴农、绿色优质"的质量意识。特别是在当前消费升级的背景下，有特色、无公害的优质农产品是从业者立足市场、赢得口碑的根本保障。发展新农业就要通过科技和自然农法，使其回归尊重自然、科学种植的轨道上，新的种植手段让农产品成为高品质产品。人们说到金华，就会想到金华火腿，这就是品牌效应。其实，金华还有金华佛手、金华茶花等，但这些品牌还有待打响。

三是融合思维。发展现代农业，要像发展工业产品一样，掌握其市场生命周期，眼光向外，走出田埂，用全产业链打开新市场。销售端通过前期的老客户信息建库、新客户信息录入，搭建起销售网络订单平台，每天统计线上订单，及时联络基地采摘备货。种植端引进适宜品种种植，对外销售，开放基地允许参观，发展旅游景点，拓展采摘、农活体验、餐饮休闲等领域，走链条式农业融合发展之路。

随着经济社会的发展，农业的多功能性空前延伸，农业与文化、旅游、教育等产业深度融合，新农民应该学会跨界融合的思维。以数字农业为例，可以在三个层面积极融合。第一个是数字技术深刻运用的智能农业模式，第二个是数字营销综合运用的电商模式，第三个是数字技术与农业深度融合的农业数字化产业链模式。这三个层面呈现梯次推进的状态。方兴未艾的各种新型产销衔接方式，如众筹、预售、领养、定制等，基本是依托数字技术开展的，这正是新农民的用武之地。

四是合作思维。这个时代留给单打独斗者的创业机会正在减小，一个新农民的崛起，往往是一个团队集体成长的过程。想让自己的事业长久，还是要选择志同道合的伙伴。就像农产品电商，没有专业人士，那些临时组合的"父子兵""夫妻店""兄弟连"也正在演绎着奇迹，因为这是天然的互补性团队。现代农业的供应链、产业链、价值链正在加速成形，每个新农民都不可避免地成为其中的一分子，不同的新农民之间要联合、新农民与农村经营主体要联合、新农民与其他关联行业要联合，到最后每个人都要找到适合自己的位置。

新农民尤其要尊重"旧农民"。新时代的返乡下乡创业，绝对不是替代农民，农民可以干、愿意干的事情还是要交给农民，新农民要避免与农民同质竞争，更多在生产性服务业和供应链、产业链、价值链上寻求农民干不了、干不好的领域。要尊重农村的实际情况和农民的主体地位，某种程度上与农民的关系决定着新农民事业的兴衰。

六、数字经济给农业带来了什么样的商机

走进农学院实验农场

农业，这个与自然对话的产业总是步履缓慢，却不得不面对瞬息万变的市场。数字经济大潮来袭，让传统农业有些措手不及。金华花卉苗木产业就经历了这样的彷徨期。"先种植，再销售，渐渐地涉足电子商务"是传统花卉产业惯用的模式，产业发展规模小，难成气候，而金华职业技术大学园艺 2017 届毕业生舒晓慧改变了金华花卉苗木的销售模式。

2017 年，园艺专业毕业生舒晓慧成立金华市景程苗木合作社，先后在金华澧浦苗木城一期、二期开设源东苗木批发中心和舒馨园艺经营部。原本金华澧浦花木城里主流的销售方式是"坐商"，即卖家坐在自家铺子里，等待买家上门，能不能有生意只能"望天收"。而舒晓慧认识到在数字经济时代，数据就是生产力，为此将新老客户信息建库，搭建起销售网络微信朋友圈，每天拍摄各种小视频发朋友圈，尽可能展示自家的花卉苗木。花卉苗木这个行业，每一单生意都很大，最怕碰到骗子，原本买家不登门看货，根本就不敢下单，看到照片也怕是假的。但舒晓慧利用小视频让买家在网上看货，这样有些原先跟她做过生意的买家就不用跑到金华来，可以看视频下单；有些买家的朋友见了，也通过网络下单，再到金华实地查看，一来一回就省了许多时间，这也让她的生意越做越大。营业额从 2017 年的 187.2 万元上升到 2018 年的 827.7 万元，2019 年突破 1 000 万元。2019 年，舒晓慧参加第五届中国"互联网+"大学生创新创业大赛（现更名为"中国国际大学生创新大赛"）获省级金奖。

这种网络销售的模式也让舒晓慧家的生意从自产自销变成了组织货源销售。自家没有的品种，就从别的苗农那里"组"来，带动了周边的苗木生产与销售，甚至有些品种还要跨省去"组"货。

为了保证质量和数量，舒晓慧组织农民种植月季、欧石竹等花卉苗木，开展花卉苗木标准化生产，由合作社统一提供种苗，按生产季节组织技术培训，走进田间地头开展技术咨询，解决农民生产上遇到的问题，随市定价，承诺以保护价统一收购，保障农民收益。这样不但自己的事业越做越大，还带动了更多的农民走上了专业化的道

路，大大提高了经济效益，履行了一个新农民的社会责任。

今天的大学生既是追梦者，也是圆梦人。追梦需要激情和理想，圆梦需要奋斗和奉献。大学生朝气蓬勃、好学上进、思维活跃，有理想、有追求、有担当，未来一定能在希望的田野上建功立业！

未来农业会怎样

问题思考：

1. 什么样的人称得上是"新农人"？
2. 数字经济会给你的未来职业带来怎样的影响？

第三讲

看看你能成网红吗？

「 主讲人 」

网红不是无根之木，如果没有专业技艺在身、没有全身心投入，就"红"不起来，也更难持久。

互联网的普及给社会生活带来许多重大变化，在职业范围内，最大的变化莫过于造就了一个新的职业——网红。

就其字面含义而言，网红是"网络红人"的简称，而就其性质而言，则是指借助互联网，通过自己的创意和表现，来吸引流量并变现为经济收入的个人。

网红产生的原因主要有以下两点：一是由于互联网提供的平台门槛较低，普通人靠自己的努力有可能一炮走红；二是互联网能量巨大，普通人一旦走红，则收益可观。

"灰姑娘"不需要"王子"，也能"从此过上幸福生活"，这一现象让普通人的谋生逻辑发生巨大改变，对年轻人尤其是大学生产生了难以抵御的吸引力乃至诱惑。一时间，"我也要当网红"成为许多人的愿望。

看到网红成功的人很多，但了解网红真实工作和生活状态的人很少。所以，让大学生知道作为职业的网红到底是怎么一回事，是很有必要的。

一、网红也像明星，前呼后拥？

2019年，上海大学刘寅斌副教授受韩国外交部和新浪微博国际部的共同邀请，作为2019年第11届中国人气博主访韩交流团的唯一学术成员前往韩国，进行为期五天的访问交流。

这次活动的中方代表，除了新浪微博官方的工作人员和刘教授，其他成员都是微博上相关行业的顶级网红，在微博体系中，他们一般被称为"微博达人"。根据活动安排，中方代表团会和韩国的网红进行座谈。启程之前，交流团一行就对这次活动充满好奇（图3-1）。

首先，刘教授想近距离观察一下这些中国顶级网红的生活和工作状态到底是什么

▲ 图 3-1 2019 年第 11 届中国人气博主访韩交流活动合影

样的。在微博上，他们遥不可及，仿佛不食人间烟火，所以就特别想看看他们在日常生活中到底是什么状态。普遍的预设是：他们和普通人差不多，最多不过长得好看些、有某种特长，而这些特长又被互联网做了放大处理，仅此而已。然而与她们一起待了几天之后，他发现这个预设错得离谱。

整个团队在首尔机场集合，成员从北京、上海、广州、深圳各地飞来。等所有人都到齐后，大家惊奇地发现，整个团队除刘教授之外没有一个男士。

这些微博上顶级的网红年收入远高于普通人，主要集中于母婴、旅游、时尚、童装和漫画等行业。出行时，网红人手一个沉甸甸的大包。

她们包里的东西各有不同，但有十几件东西是必备的：两部及以上的苹果手机，一部最高配的华为手机用于夜晚拍星星、月亮和灯光夜景，一个自拍杆，一个小三脚架，一个大三脚架，一个收音器，一个单反相机，一个微单，一台笔记本电脑，一台 iPad，两到三块充电电池，还有若干连接线及其他物品，林林总总几十样东西，装满了一个大包。

除了以上必备物品，每个网红的包里还有各自的"利器"，甚至还有无人机和其他神奇的装备。这么多东西都放到一个包里，可想而知有多沉，而且行走时必须小心翼翼，以免碰坏包里的东西。

二、网红身材姣好，摄入量极少？

这不是笑话，而是一个非常严肃的问题。没错，人都要吃饭，可是这群网红却不怎么吃饭。不为减肥，只是因为没时间。

这次出行，韩国外交部为了推广韩国美食，安排导游带交流团一行去了各种各样富有代表性的餐厅。有时，承办方恨不得让大家一天吃六顿，就为展示韩国的特色美食。

面对美味的食物，网红们居然很少动筷。对她们来说，吃饭的环节不是休息的时间，而是工作的时间。到了吃饭时，刘教授才意识到，参与这次出访最大的价值就是给网红们当演员，而且是唯一的演员。

吃饭时，表面上大家坐成一排或者围成一圈，其乐融融，但其实只是为了拍照和拍视频。拍完合影，网红就开始工作，小三脚架、大三脚架，一个个立了起来，也有网红手拿自拍杆开始解说。需要的话，无人机也会飞起来。刘教授的任务是按照网红们拍摄的要求，坐在指定位置上，将各种饭菜都装模作样地吃上一口，还不能吃多了，只能吃一口。

吃的时候，边上一定会有人拿着摄像机或者手机问："好吃吗？"

"嗯，非常好吃。"

拍完这张，换个角度，再吃一口，再拍下一张。从这头吃到那头，每个菜吃一口，很快就吃撑了。网红们不是一点都不吃，而是吃得极少，因为她们的关注点在于如何让网友们感觉到食物的美味。

三、网红作为职业，工作是什么样的节奏？

访问期间，韩国外交部安排了一辆豪华大巴全程陪同。平时跟着旅行团出行，交流团一行经常是上车睡觉、下车活动筋骨。但是，网红们在干什么？

她们不睡觉。上车以后，网红们纷纷拿出笔记本电脑或者手机，忙着修片、剪视频、配音频，做抖音版本、微信版本、微博版本，三个版本都要自己动手做。

一会儿工夫，她们已经剪完视频准备发布。发布之后还要盯数据，如果发现没有浏览量，就会调动多个账号，转发到各种群聊中，同时会动用公司的各类资源推广内容。为了提高效率，她们一般都直接通过语音安排工作。一群中国网红坐在韩国的车里，指挥中国的团队干活，如此场景实在有意思。

来到下一个景点，刚一下车，她们又马上进入了新的工作状态，开始各种拍摄，拍视频、拍vlog、拍照片，很是辛苦。然而，她们到了晚上比白天还精神。

这次访问，除了首尔，交流团一行还去了一个只有17万人的小城市——安东。在韩国，安东非常有名，如果你看过韩国的历史剧，就知道很多名门望族都来自安东。安东这个城市被称为韩国儒教之乡，类似于中国的曲阜。交流团到达安东的那晚，住在临江半山腰的韩屋里，晚饭后，网红们齐刷刷地坐在投影幕布前，正在评论白天各自拍的视频和照片。没想到，来韩国旅行，她们居然还带着投影仪！

她们把白天拍下的视频和照片投影在幕布上，彼此点评着："这段视频好！""那张照片没有意义。"在这样一个美丽的异国夜晚，一群来自中国的网红姑娘，争分夺秒地进行业务交流。其间，她们还交流了与广告商的合作事宜：你的广告多少钱，我的多少钱，为什么我的价格比你低；为什么你能和广告商直接对接，而我只能从广告公司手里接订单，我们有没有可能形成一个联盟，跳过广告公司直接接单，这样流量大、丰富性够、利润也高。

第二天一早，刘教授6点半左右起床，想着是不是该叫上姑娘们一起去看朝霞？转念一想，算了，她们太辛苦。结果刘教授刚走到大门口，网红们扛着相机等各种设备有说有笑地回来了。她们不吃饭也就罢了，难道连觉也不用睡？刘教授当时只有一个感觉：她们真的不是一般人。

四、网红个个是"疯魔"？

从韩国回来后，有多位博主被刘教授邀请到上海大学为学生做分享。

亲子旅行博主小D是一家央媒的特约记者和特约摄影师，她来上海大学讲课前，很多学生已看过她的视频和微博。上课时，有学生提问："小D老师，我超级喜欢您拍的视频，太有创意了！我好奇的是，您每天都有好几个视频要发布，需要那么多的创意，这些源源不断的创意都是怎么产生的？有团队专门做这件事吗？"

小D说："我是创意的主要生产者，我每天，请注意，是每天，平均拍摄的时间是6~8小时，处理视频和照片的时间是7~8小时。大家算算，这就15小时了。"小D接着说："我每天都在不停地拍摄和处理素材，几乎随时随地都在思考，这些内容未来可以用在什么地方，可以进行什么样的组合，可以和以前的哪些素材合并在一起，应该怎么编号。当你投入的时间足够多、当你全身心地做一件事情、当你把自己的才智调用到极致时，创意像源源不断的泉水，自然而然就会产生。我每天看视频、拍视频、剪视频，量变产生质变，可能就是这个道理。"

小 D 说完，又有同学提问："小 D 老师，按照您刚才说的，您这一天有十五六个小时在工作。日常生活中有各种各样的琐事，我很难想象，您是怎么工作这么长时间的，您还有别的事情，例如生育，这总不能也一天工作十五六个小时吧？"同学说完，大家哄堂大笑，小 D 也笑了。

小 D 笑着说："那我就跟大家讲讲我是怎么生孩子的吧！生我女儿的那天，医生说得剖宫产。就在医生要推我进产房的时候，我叫住医生，说我要和老公说几句话。"小 D 笑着对同学们说："如果是电影或电视剧的桥段，这个时候我应该对老公说什么？"

有个同学举手回答："你可能会说，如果出现意外，一定要保住我们的孩子。你也可能会说，如果遇到最坏的情况，你一定要对孩子好，否则我不会原谅你的。"

话音未落，全班同学笑得前仰后合，小 D 也乐不可支。她说："刚才这位同学没少看电视剧。你看，就这桥段，用了多少年了，各位同学未来有拍电影的，可千万别再拍这样的桥段了。"

小 D 接着说："但事实上，我告诉我老公，快去把我的微单相机拿来，我要第一时间从我的视角拍下孩子出生的视频和照片。大家想想，有哪个产妇从这个视角拍过视频？况且我还是个难产的产妇。在那会儿，我觉得特别兴奋，预测这肯定会是个好作品。"

"结果，很遗憾，我被医生制止了。医生训斥我：'你当产房是你家的客厅，可以随便折腾？胡闹！人命关天，你还要拍视频和照片！'"

"我当然没拍成视频和照片，至今都觉得遗憾。"

以前梨园行里有一句老话："不疯魔不成活。""疯魔"就是人一旦投入，甚至分不清自己是唱戏的，还是戏中人。"疯魔"的人是把职业当成人生乐趣，甚至是唯一的人生乐趣，并从中获得快乐。当然，我们不是主张每个人都变得疯疯癫癫，但是，大家如果找到自己喜欢的人、喜欢的事、喜欢的工作，至少在年轻的时候，值得为此"疯魔"一回。

还有同学说："小 D 老师，我看到您的女儿今年 4 岁了，去过很多国家，中国也走遍了。她从很小就跟着您全球旅行，看各种各样的山水，做您的女儿好幸福呀！我们一生都未必能看到的东西，她在那么小的时候就全部领略了。"

小 D 笑着回答说："你看，这就是每个人的视角不一样，得出的结论完全不同。你想的是诗和远方，你想的是游山玩水，你想的是旅行，可我想的真不是这些。对我来说，只有作品才是第一位的。我为什么要带着我的女儿去那么多国家、去那么多地方、看那么多的风景呢？没错，我想让她增长见识。大家想想，这世界上，什么最可爱、什么最美丽、什么最有意思？真的是山水？景色？我觉得都不是，归根到底，人是最有意思的。而小朋友又是最可爱、最有意思的人。那些壮丽的河山、秀美的风景、宏伟的建筑，看多了会觉得枯燥，会觉得千篇一律，会觉得缺乏灵动和人的气息。而一旦有了一个可爱的小朋友，不管是坐着还是站着，所有的风景都活了，所有的风景都可爱了，所有的风景都有意思了，甚至所有的风景都有故事了。"

五、网红是"平地一声雷"？

让我们再来认识一位全网有着 1 000 多万粉丝、视频累计播放量超过 2.7 亿的 UP 主，同时，他是一名从业近 30 年的东北乡村兽医，他就是全网最火的兽医——"L兽医"。2023 年 5 月，L兽医的儿子小 L 发了一条视频，记录了父亲给一头误吃耗子药的牛进行抢救的过程。有着丰富短视频剪辑经验的小 L 让日日下乡给牲口看病的老父亲在网络上一夜走红。小 L 用视频记录父亲修牛蹄、洗牛胃、剥胎衣等的日常工作，使很多人开始了解乡村兽医这个职业。

L兽医为什么会红？因为大家对基层乡村兽医如何工作充满好奇。在城里，兽医是给小猫小狗看病；而在乡村，猪、马、牛、羊、鸡……兽医能治各种动物的病。与城里整洁卫生的宠物医院相比，乡村兽医的看诊环境十分简陋，甚至可以说是又脏又乱。作为基层乡村兽医，L兽医的服务对象是养殖户们，"患者"是各种牲畜，"病房"是牛棚、猪圈、鸡圈……L兽医每天凌晨五点出诊，夜里十点才回家，电话从早响到晚，一直在帮村民解决牛的助孕、接生、诊疗等问题。他出诊不收钱，用药、手术、接生才收钱。碰到手头不宽裕的乡亲，也同意先赊账。

"说干兽医又脏又累，对我来说无所谓。各个行业都要有人做，老百姓需要，就是好职业。"L兽医说这行很苦，干下去不容易。但通过短视频，L兽医也看到了更多希望。"现在这个职业很受老百姓欢迎，而且国家对'三农'问题也很关心。"乡亲们对L兽医的认可让他觉得自己这么多年的辛苦工作很值。在网上火了，但这未改变 L兽医为乡亲们继续服务的心，"以后还照样给牛看病，继续用真心换真心，继续做'乡村守护人'"。L兽医从职业中获得巨大的人生乐趣，30 年的从业之路既治愈动物，也治愈自己。

六、网红有哪些共同的特质？

在这些取得巨大成功的网红身上，的确有一些常人难以企及的特质。我们一起来看看，网红们都有什么基本特质？

今天的网红，既有普遍意义上的大众网红，也有各种领域的专业网红，如旅行达人、母婴博主、考研培训老师等。未来各个领域里将会出现更多的网红。

刘教授有一位来自上海网络科技有限公司的朋友，他是新浪微博最早的创立者之一，也是所在公司的早期投资人之一，微博上市后实现财务自由。我们非常钦佩他的投资眼光，我曾经问过他，你怎么能在那么早就预判这家公司会成功？他说，那是因为我投资了几十家这样的公司，数量足够多，总有一家会成功。

其实，今天各位看到的各个领域的顶级网红，他们不但需要有超人的能力、常人难以企及的勤奋、强大的团队，还需要有足够的运气，以及敏锐的感知能力。他们能够迅速感知用户的变化、市场的变化，技术的变化、需求的变化，以及人身上细腻的情感，同时具备快速学习的能力，适用于各种地方、各种场景。

除了快速学习，网红还有一个特点，就是始终保持稳定的交付能力。做网红不能光学习，学习之后要有产出。产出必须是持续的、稳定的、高效的，不能今天很高兴，就写1万字，明天情绪不高就不写东西了。如果每天都在产出，但量太少也不行。

七、不做网红，也能胜似网红？

就传媒和传播而言，网红这个词有其时代特征。传媒造星从来没有停止过，在广播时代，有讲故事的孙敬修老爷爷、说评书的单田芳先生；在影视剧时代，有数不清的影视明星；到了网络时代，网络明星就应运而生。

传媒造星是大势所趋，网络明星成为网红，并形成独具特色的网红经济，网红经济不断走向产业化和职业化，也是商业必然。李白有一句诗："天生我材必有用。"怀才不遇的人引用这句诗的时候，潜台词是"太冤了，我这么有才的人怎么什么机会都没有"。在今天的传媒时代，你会发现那些真正有才华的人很难被埋没，连被忽略的可能性都很低。

机会往往垂青那些真正有准备的人。不管身处何方、无论家世如何，只要有一技之长、只要有过人之处，一个人的价值就会被网络无限地、快速地放大。

还有一位名叫王磊的人也来过刘教授的课堂，这个人是中国当下影视剧和广告行业顶级的食品造型师，他上课的题目叫"你的眼睛一定吃过我做的菜"。但凡看过肯德基、麦当劳、哈根达斯、星巴克的广告，那就一定看过他的作品。

什么叫食品造型师？肯德基的香辣鸡腿堡，如果直接从店里拿个实物过来拍广

▲ 图 3-2　食品造型师在学校作交流

告，那一定很不上镜。在屏幕上呈现时，汉堡上面放多少颗芝麻，几颗白的，几颗黑的，怎么分布，都要仔细考虑，这就需要由食物造型师制作专门用于拍摄广告的食物模型。

例如，拍一个哈根达斯的冰激凌广告，拍摄时要用激光，容易导致冰激凌融化，所以需要造型师制作假冰激凌代替（图 3-2、图 3-3）。王磊在课堂现场制作了一支冰激凌，有学生问："老师，我能吃一口吗？"有学生说："这冰激凌看上去太棒了，太想吃一口了！"王磊说："最好别吃。"下课后，那个同学偷偷尝了一口。我问味道如何，他做了一个一言难尽的表情。

王磊是上海一所普通职业学校的毕业生，有人问过他："为什么初中毕业去读了一个职高？"要知道他的父母、爷爷奶奶及外公都从事电影行业，结果他初中毕业却去学了烹饪。他说，是因为童年时

▲ 图 3-3　食品造型师展示冰激凌造型过程

代看过的一部动画片——《中华小当家》，引起了他对烹饪的强烈好奇。上职高的第一天，他们拿着几十斤的锅在那里练，第一节课下来，很多人哭了。因为他们很疑惑，我们来上课就学这个？上职高的孩子大多数心里都有很强的挫败感，觉得别人上高中，我们却练举锅，因此心情很郁闷。王磊却说："我第一节课拿着锅时瞬间觉得，这就对了，特别高兴。"他虽然瘦，但有肌肉。别人练着练着很苦恼，他却很高兴。

在厨师学校毕业后，王磊如愿以偿地进入一家五星级酒店当了两年厨师助理。厨师助理要切葱，把葱切得很细很细；厨师助理要剥蒜，把蒜剥得足够精致；厨师助理还要切辣椒，把辣椒切得更细。工作虽然琐碎，但他干得很高兴，后面因为机缘巧合，他进了广告行业，现在成了行业里顶级的食品造型师。

有一次，他和陈可辛导演合作。导演请他去品鉴小熊蛋糕，看看哪个大厨做出来的东西在电影里拍出来更好看。他去看了一下，说："都挺好吃的。"陈可辛问他："哪个好看？"他还是说："都挺好吃的。"导演不明白他的意思，就说"那就你来做一个吧"。于是，他回家真做了一个，所有大厨都说这个最好看，但是不能吃。他说他做的东西只负责好看，但是不能吃。以前这个行业里有一个日本大师，在他们同台竞技了一次之后，那个日本的大师就经常主动跑到上海给他"打下手"了。

那天王磊在课堂上说，当我的作品第一次出现在电影里的时候，爷爷终于说："可以，这也是一条路！"电影中经常有做菜的镜头，屏幕那么大，食物直接呈现在屏幕上太难看，必须让造型师来做。

王磊出门会带很多道具，过安检时经常会被拦截，因为这些道具包括各种各样的液体和化学物质。他所做的东西都很好看，至于他做菜是否好吃，业内评价是可以吃。他也是受过专业烹饪训练的，手艺还不错，只不过不是专长。所以他来讲课时，大家一下子明白了，毕业院校不一定是"985"，学历不一定是研究生，只要有一技之长，也可以在自己的领域里发光发热。

再来认识一位金华职业技术大学的"网红校友"——全国"最美教师"祝响响（图3-4）。

祝响响曾就读于金华师范学校（金华职业技术大学师范学院前身）961班，现任浙江省金华市浦

看"网红校友"如何
走"教育共富"之路

江县郑宅镇中心小学正高级教师，曾获全国最美教师、全国优秀教师、浙江省教书育人楷模、浙江省万人计划教学名师、浙江省特级教师、浙江省"春蚕奖"、浙江省教坛新秀等30余项荣誉称号。从教26年间，她支教的足迹遍布全国十几个教育欠发达地区。2013年，因为在贵州省黔西南州的一次支教经历，大山深处的学子成了

▲ 图 3-4　金职大学生代表与祝响响访谈

她的新牵挂。"在我有能力的时候，我一定会想要去帮助农村的孩子。"这些年来，她参与贵州、四川等地支教送教 130 多次，首创"云教研""云课堂"等项目，积极传播先进的教育理念，助力薄弱地区的教育发展，让更多的孩子们共享优质教育。

8 年前，祝响响主动申请成为一名山村女教师，去的还是浦江县最偏远的山区学校——檀溪镇中心小学，成为浦江县"一校两区"办学模式改革第一个"吃螃蟹"的人。她把自己的全部精力倾注在山区孩子身上。每天早上 5 点多起床，安顿好家中孩子后就匆匆赶往近 40 千米外的学校上班，夜里常常 10 点

之后才能回家。在祝响响城区和山区之间日复一日地穿梭中，檀溪镇中心小学也不断变样，学校综合考核年年攀升，从全县 27 所小学的倒数上升到全县第 6 名，成为当地城乡教育均衡发展的样板。

"响响老师"成了檀溪镇里的名人。学生们叫她"校长妈妈"，爱找她说心里话，老教师们也全力支持"响响校长"的一项项改革举措，村民们更是说，浦江是把最好的学校办到了自己家门口。山区的孩子们、家长们都成了"响响老师"的"粉丝"，"响响老师"也成为当地的红人。

八、无论网红与否，如何无愧于时代？

这是一个充满机会的时代，对于真正有才华的人来说，这是一个非常美好的时代！

这个时代尊重才华、尊重个性、尊重每个人的每一个闪光点，只要自己足够强，这个时代会让你足够亮。

最后，我们会看到成功者都有以下三个特征：

第一，要有平常人无法企及的天赋。

第二，要有普通人无法超越的努力。

第三，要有一般人难以忍受的坚持。

当这些要素综合在一起的时候，成功就离我们不远了。

今天，在网红这个领域有一个说法，叫"机会主义者必败"。对于那些只想从大时代的红利中分一杯羹、拼命挤上时代列车的追风者而言，更多时候只会被时代抛弃，这可能就是追风者的代价。

现在做直播，确实门槛很低，但是要做成有商业价值的网红直播，门槛是非常高的。未来会有更多、更新、更多样的网红出现，方法很多，形式也很多，但成功的道路永远只有一个——"唯进步，不止步"。

唯进步　不止步

三百六十行，
行行出状元

问题思考：

1. 网红成功的要素有哪些？

2. 为什么说"机会主义者必败"？

第四讲

「主讲人」

未来已来，你准备好了吗？

　　《中国制造 2025》指出，以加快新一代信息技术与制造业深度融合为主线，大力推动十大重点领域突破发展。完善多层次多类型人才培养体系，促进产业转型升级，培育有中国特色的制造文化，实现制造业由大变强的历史跨越。浙江省是制造大省，《中国制造 2025 浙江行动纲要》中明确表示，到 2025 年要将浙江省建成国内领先、有国际影响力的制造强省，并重点发展机器人与智能装备、新能源汽车与交通装备、新材料等 11 大产业。

　　"机器换人"计划是浙江省为提升产业水平、打造浙江新竞争优势而规划的重大战略部署，以浙江省金华市的制造业为例，金华地区的汽摩配、磁性材料、门业是浙江省"机器换人"的试点行业。金华市是"中国汽车摩托车产业基地"，早在 2012 年，全市共有汽车、摩托车及零部件生产企业约 1 700 家，从业人员将近 20 万，涌现出了青年、众泰、康迪等一批整车骨干企业和万里扬、今飞等关键零部件企业。通过多年培育和发展，全市新能源汽车产业已经形成以青年、众泰、康迪、绿源、信阳、尤奈特、金大等企业为代表的新能源整车制造和电机、电控、电池等关键零部件制造的产业体系。2013 年，金华市成为"国家新能源汽车推广应用示范城市"。2016 年 1 月，"金华新能源汽车小镇"列入省级特色小镇创建名单，小镇总投资 153 亿元。为了推进产业结构调整、转变工业发展方式，金华市政府提出重点培育"先进装备制造业"等五大千亿产业，出台了系列"机器换人"扶持政策，《2023 年浙江省工业企业数字化改造水平评估报告》显示，金华市工业企业数字化改造覆盖率为 81.22%，列全省第一梯队。由此可见，金华市制造业的劳动密集型生产方式正被自动化制造取代，而产业的转型升级亟须大批智能制造方面的高素质技能人才作为支撑。

　　由金华市的制造业发展现状推及浙江省、全中国，甚至全世界制造业的发展趋势，可看出自动化、智能化技术带来的制造业的全面升级。

一、以七十年为尺度，看见了什么？

在 20 世纪 50 年代的上海，最受市民欢迎的嫁妆是缝纫机。对于那个时候的上海人来说，缝纫机就是未来。但是现在大多数人家里已经看不到缝纫机了，70 年前所谓的"未来"已经被淘汰了。以此观之，今天的"未来"到时又会是怎样的一番情景呢？

我们离未来有多远

有一款机器人，名叫阿特拉斯（Atlas），是由美国波士顿动力公司设计并制作的。2016 年上半年，波士顿动力公司第一次把阿特拉斯的动作视频公布在网上，这款机器人初次出现在大众面前时还无法吸引观众的眼球，机器人拖着长长的"尾巴"为其主机供电。随着时间的推进，阿特拉斯不断改头换面。半年后，阿特拉斯减掉了它的"尾巴"，不再步履蹒跚，它能实时调整行走姿态，还能在雪地上自由行走。

在后面的几年中，阿特拉斯从未停止它升级的脚步，从雪地上自主起身，到轻推旋转门，再到搬运货物，它都能做得完美无缺。但是，设计者仍未满足。他们希望阿特拉斯不仅能完成普通人的动作，如行进间翻越障碍，更希望它能完成那些大部分人都做不了的动作，如前空翻。

2018 年年底，波士顿动力公司又发布了新一代的阿特拉斯视频。在视频中，阿特拉斯可以在几个高低不同的木箱上轻松跳跃，保持平衡。2019 年的阿特拉斯可以像专业体操运动员一样，做出体操运动中各种高难度的动作。2023 年，阿特拉斯还在升级，它可以模仿人类的动作，从事部分工作。

从 2016 年到 2023 年，阿特拉斯从一个"站不稳，靠线撑"的机器人变成了在某些领域内甚至超越人类的机器人。如果再过 10 年，阿特拉斯会不会就是"终结者"中的 T-800？

二、从 1.0 到 4.0，智能制造如何走来？

工业 1.0 是"蒸汽时代"，时间跨度为 18 世纪 60 年代至 19 世纪中期，即第一次工业革命时期。这是一个以珍妮纺纱机的出现为起点、以蒸汽机作为动力机被广泛使用为标志、以机器生产代替手工劳动的时代。这不仅是一次技术改革，更是一场深刻的社会变革，经济社会从以农业、手工业为基础转型到以工业化大生产和全球贸易为主的新模式。

　　19 世纪中期，欧洲国家和美国、日本的资产阶级革命或改革相继完成，促进了资本主义经济的进一步发展。19 世纪 60 年代，第二次工业革命开始，科技发展直接对人类的生产生活方式产生了广泛且深远的影响，各种新发明、新技术大量涌现。第二次工业革命以电力的广泛应用为显著标志。1866 年，德国人西门子制成了第一台直流发电机；到 19 世纪 70 年代，实际可用的发电机问世。电力成为补充和取代蒸汽动力的新能源。随后，电灯、电车、电影放映机相继问世，人类进入"电气时代"，也就是工业 2.0 时代。

　　在这一时期，以汽车生产流水线为例可以发现生产方式的变化。20 世纪初，亨利·福特发明了能将汽车零件运送到装配工人所需要地点的环形传送带，并进行了历史性的实验。汽车底盘被固定在钢索上，用绞盘拉动钢索，把汽车拖过整个厂区，6 名工人跟着钢索的移动，边走边拾起沿途置放的零件，用螺栓固定在汽车底盘上。实验成功了，但遇到一个难题。装配线的高度怎么确定？为此又进行了多次实验，确定了装配线的高度与数量。

　　装配线的运行速度也需要科学确定。先快一点，再慢一点，总要找到既有效率，又让大多数人能适应的速度。还要通过各种实验，以确定一条装配线上需安置多少工人、每道工序应相隔多远、插螺栓的工人是否需要顺手安上螺帽、是否让原先安螺帽的工人将螺栓拧紧等，流水线上的每一个细节都需要通过实验来确定。最终，每辆汽车的装配时间从原来的 18 小时 28 分钟，缩短到 1 小时 33 分钟。这是人类历史上从未有过的高效生产，造就了人类历史上第一种大规模量产的廉价汽车——闻名世界的 T 型汽车。汽车时代来临了。随着工人成为机器的一部分，大规模生产进入新阶段。

　　工业 3.0 也就是第三次工业革命，是人类文明史上科技领域的又一次重大飞跃。20 世纪科技方法论从实证分析向系统综合转型，人工智能、微电子技术的发展引发计算机、电讯等信息产业革命（即信息革命、资讯革命）。同时，21 世纪的产业结构将转型为系统生物工程的生物（化学）物理联盟工业模式，也就是将生态、遗传、仿生和机械、化工、电磁的工程，利用材料、能源、信息，整合为机器的生物系统（进化、遗传计算）、生物材料（纳米生物分子、工程生物材料）和基因工程生物体等。计算机科学理论源自动物通讯行为、神经系统的控制论、信息论研究，关于细胞内、细胞间通讯行为的探索促发了系统生物科学与工程的发展，未来的材料、能源与信息全方位生物产业前景可期。第三次科技革命以原子能、电子计算机、空间技术和生物工程的发明和应用为主要标志，是一场涉及信息技术、新能源技术、新材料技术、生物技术、空间技术和海洋技术等诸多领域的信息控制技术革命。

同前两次技术革命相比，第三次科技革命有三个特点：第一，科学技术在推动生产力的发展方面起到越来越重要的作用，科学技术转化为直接生产力的速度加快。第二，科学和技术密切结合、相互促进。随着科学实验手段的不断进步，科研探索的领域也在不断拓展。第三，科学技术各个领域之间的联系加强。在现代科技发展的情况下，出现了两种趋势：一方面学科越来越多，分工越来越细，研究越来越深入；另一方面学科之间的联系越来越密切，相互联系渗透的程度越来越深，科学研究朝着综合性方向发展。此外，从 1980 年开始，微型计算机迅速发展。电子计算机的广泛应用促进了生产自动化、管理现代化、科技手段现代化和国防技术现代化，也推动了情报信息的自动化，以全球互联网为标志的信息高速公路正在缩短人类的交往距离。同时，合成材料的发展、遗传工程的诞生，还有信息论、系统论和控制论的发展，也是这次技术革命的结晶和重要的推动力量。

工业 4.0 是利用信息化技术促进产业变革的时代，也就是智能化时代。这个概念最早出现在德国，于 2013 年在汉诺威工业博览会上正式推出，其核心目的是提高德国工业的竞争力，在新一轮工业革命中占领先机。随后，工业 4.0 被德国政府列入《德国 2020 高技术战略》中所提出的十大未来项目。该项目由德国联邦教育局及研究部和联邦经济技术部联合资助，投资预计达 2 亿欧元，旨在提升制造业的智能化水平，建立具有适应性、资源效率及基因工程学的智慧工厂，在商业流程及价值流程中整合客户及商业伙伴，其技术基础是网络实体系统及物联网。

"工业 4.0"主要分为三大主题：一是"智能工厂"，重点研究智能化生产系统及过程，以及网络化分布式生产设施的实现；二是"智能生产"，主要涉及整个企业的生产物流管理、人机互动及 3D 技术在工业生产过程中的应用等。该计划将特别注重吸引中小企业参与，力图使中小企业成为新一代智能化生产技术的使用者和受益者，同时成为先进工业生产技术的创造者和供应者；三是"智能物流"，主要通过互联网、物联网、物流网整合物流资源，充分发挥现有物流资源供应方的效率，而需求方能够快速获得服务匹配，得到物流支持。

随着"工业 4.0"在制造业中逐渐扩散，越来越多的传统岗位被所谓的自动化设备和机器人替代。机器人已经来到我们身边，我们该怎么办？

三、机遇与挑战，如何应对？

人类的发展就是一个把握机遇、战胜挑战的过程。机遇和挑战往往是一体两面，机遇伴随挑战，挑战隐含机遇。人工智能时代，更大的机遇和更大的挑战仍将结伴而

▲ 图 4-1 制造业专业教学实践场景

来（图 4-1）。

1. 三个关键词

有一句话说得很有道理，再厉害的机器人也只是非常听话，做事情很仔细、很认真的孩子，总需要有人告诉他，要做什么、用什么去做、怎么做。当机器人离我们越来越近的时候，每个人对自己的职业发展应该紧紧围绕上面三个问题做出规划。

制造业有三个关键词：控制、服务和设置，对应的正是刚才三个问题。第一个关键词是控制，就是人要控制机器，职业人要做控制机器人的人，而不是被机器人替代的人。第二个关键词是服务，机器人只是一个手臂，但是机器人要写字时、要拿起杯子时，都需要通过特定的配套工具来协助完成上述动作。因此，职业人可以从事机器人配套工具的设计与制造工作。第三个关键词是设置，现在的汽车生产线上遍布机器人，但如果没有对机器人进行有效的设置，而是让机器人自由地走动，那么生产线就无法正常工作。因此，需要有人对机器人进行调试，使其各司其职。

2. 在机器人时代，职业人的定位

在人工智能时代，人类的部分工作会被机器人取代，有些会被保留，还有些会被创造出来。未来的职业人应该选择后两种岗位。

第一个是产品设计者。产品设计人

员是永远无法被机器人或是自动化设备替代的。

第二个是工艺编写者。生产工艺是指生产工人利用生产工具和设备,对各种原料、材料、半成品进行加工或处理,最后使之成为成品的工作、方法和技术。它是人们在劳动中积累起来并经过总结的操作技术经验,也是生产工人和有关工程技术人员应遵守的技术规程。好的生产工艺是生产低成本、高质量产品的前提和保证。

第三个是系统支撑者,也就是说控制机械手的人。

第四个是跟踪服务者。其中又分为三类,一是技术服务,二是采购销售,三是企业管理者。

这四类岗位分别对应现代制造业生产流程的主要板块。

产品设计者对应产品设计,工艺编写者对应生产工艺,系统支撑者对应制造环节,跟踪服务者对应技术支持。在采购销售环节中,原先许多需要人工完成的工作都已被机器人替代,如特殊时间段的客服、常见问题的回答都已实现无人化。但是,上述环节的工作内容相对固定,如果碰到需要发挥想象力和创造力的场合,机器人就无法替代人工。因此,对于设计者、编写者、支撑者及服务者来说,需要具备机器人无法具备的能力。

产品设计者要学会最基本的机械设计,然后进行想象和创造。其实,从钻木取火到现在的机器人,机械这个行业已经发展了上千年,前人提供了许多机械设计案例,后人需要做的是在此基础上进行改进、升级和优化。

工艺编写者需要掌握基础的机加工能力,并将传统的机加工工艺与现在的自动化设备相结合,对不适合的环节进行重新编写、重新设计、重新开发,形成新的、适合自动化设备的自动化生产工艺。

系统支撑者要学会典型的控制方法。无论是电气控制,还是电子控制,都是现阶段前景较好的职业。越是"活"的东西,越需要人的智慧。

产品检测者也是服务者,需要掌握多方面的技术能力。例如,手机突然死机或是没有声音、甚至手机后盖掉下来了等情况下的技术问题的解决能力。作为产品检测者或是技术支持者,面对的问题是千奇百怪的,需要在掌握技术后根据不同的情况变换解决方式。

3. 制造业爬坡,职业人成功之路

人类的伟大之处在于,在拥有智慧的前提下,还能通过反复的训练,使自己的技能更加熟练。在机械制造专业学习时,考试60分就算及格了,但在制造行业工作中,做到99分还是不及格,只有满分才算及格(图4-2)。

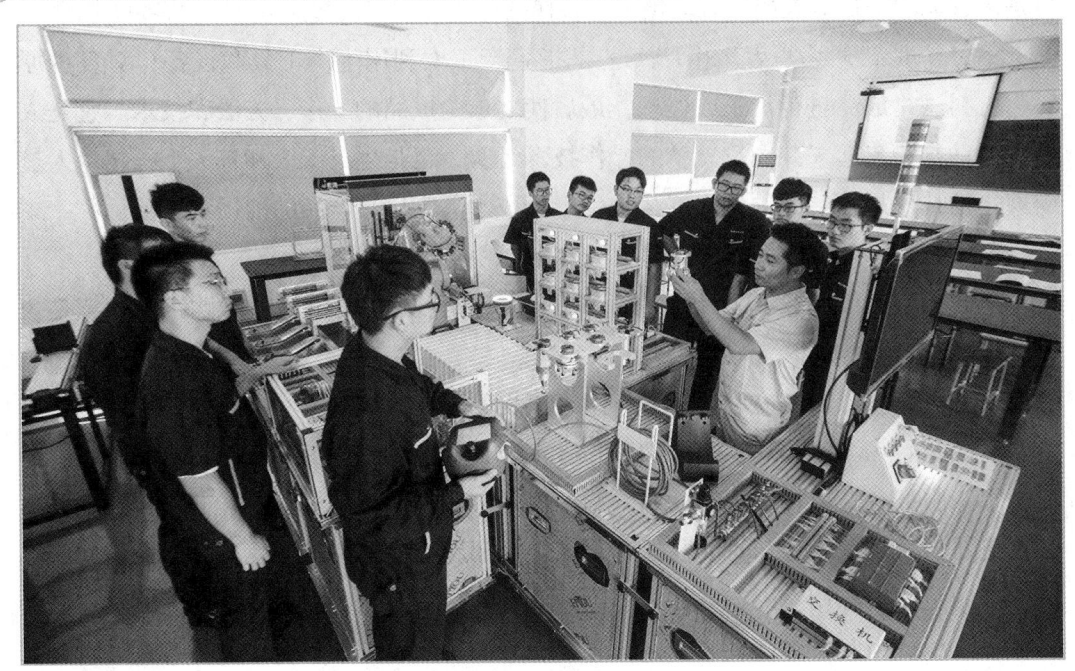

▲ 图 4-2 制造专业教学场景

在这个行业内，有一群人，他们在最平凡的岗位上默默追求职业技能的完美和极致，最终从万千人中脱颖而出，他们有一个光荣的称谓——"大国工匠"。当然，今天的我们离这个称号还比较遥远，但它仍是我们职业发展的目标。

在今天的语境中，工匠专指有工艺专长的职业人，被称为大师傅或技术能手。他们专注于某一领域的产品研发或加工过程，全身心投入，精益求精、一丝不苟地完成整个工序的每个环节。

（1）航天利器之工匠王阳。王阳是中国航天科工集团三院 111 厂数控加工车间车工班班长、特级工人技师、全国劳动模范，近 10 年来，他每年完成

工时都超过 5 000 小时，相当于干了别人 20 年的活。从 1997 年起，他就参与"神舟飞船"关键部件的生产工作，至今交付超过 6 000（套）件产品，全部一次交验成功，从未出现质量问题或延迟交付的情况，生动诠释了大国工匠坚忍坚守、精益求精的精神。

（2）潜心"铸剑励心"的航天巧匠王福利。王福利是中国航天科工三院 31 所发动机装配钳工、特级技师、全国技术能手、中国航天科工集团公司首席技师，他常把发动机系统比作装备的"心脏"，从业 30 多年来，王福利一直战斗在生产一线，潜心"铸剑励心"，为我国航天事业作出了突出贡献。作为发动机装配领域的权威专家，王福利

参与了多型号新产品研制，扫除装配过程中的"拦路虎"，出色地参与完成了"神舟十一号"载人飞船返回舱搜寻用无人机上所搭载的国内首款高空涡轮增压活塞发动机的总装任务，解决了装配难题，保障了发动机试车一次成功。2016年，他被评为中国航天科工集团公司"十大技能高手"。

（3）一个高职毕业生的技术之路。金华职业技术大学机电工程学院机制148班蔡祖发同学，于2017年毕业后入职金华的制造业企业。从在校园中跟在老师后面做事的学生，到成为企业的技术骨干、团队负责人，他仅用了3年时间。刚进企业时，他的工作只是画图纸。2018年，蔡祖发开始向电磁场等更高一级的设计、测试环节冲击。2020年，他感觉工作遇到了瓶颈，现在就职的企业技术需求已经不能适应他设计的自我技术发展规划了。短短3年，他的技术水平就超越了企业的需求。

（4）从技术转岗采购的小冯。金华职业技术大学机电工程学院机制134班冯勇同学，于2016年毕业后就职于伟星集团，在车间里干了两年的"三班倒"。2018年，公司决定在西安开分公司，冯勇选择调整自己的职业方向，赴西安参与分公司建设，负责市场采购。由于冯勇过往的工作经历都是在车间里，采购对他来说是一项全新的工作，是一个没有涉猎过的领域。为了熟悉当地的市场，冯勇每天跑市场、跑商家，熟悉材料的价格区别、波动范围。那段时间，冯勇每天的微信步数都在3万步以上。2019年，冯勇已经从一个新手变成伟星公司西安分部采购部门的骨干成员，开始带领其他新人跑市场。随着对市场的熟悉、采购销售技巧的掌握，以及管理能力的提升，冯勇也开始考虑自己的职业发展，开始为自主创业做准备。

（5）与时间赛跑的"周工"。周工是一家自动化设备设计与制作企业的老板兼技术负责人，他的起点比大部分人都低，他初中毕业后参加工作，刚开始在汽配厂做铣工，随着技能的提升，操作的设备从小铣床变成了龙门铣床。工作之余，周工自学PLC控制、机械设计等知识。周工职业生涯的第一个转折点出现在2012年，他加入金华凯力特自动化科技有限公司。在那里，周工将这些年所学的机械设计、电气控制一并运用起来，他带领5个人，一年完成7 000万元产值的自动化改造项目。"英雄不问出处"，只要在工作中足够努力，一个人的上限不可估量，学历出身限制不了有志向的职业人。

（6）年长的制造业企业厂长。金华天乙机械制造有限公司的总经理郎卫东称得上是"老工匠"，四个关键词可以总结他的经历与工作：论年龄，已50多岁；论学历，只有初中毕业；论时间，全年无休；论特点，话痨。郎卫东的企业已经办了25年，身为总经理，25年里他每天都到车间工作，全年无休。他办企业的初衷是为了赚钱，但很快发现创业并不像他想象得这么简单。随着企业规模的扩大，他的动力从"赚钱"慢慢变成"责任"。企业有 50 个员工，每个员工背后都有一个家庭，他要对这些家庭负责。一个初中毕业生，经过多年摸爬滚打，成为对所有技术环节都了然于胸的核心成员，这样的人永远不会被机器人替代。

四、三百六十行，哪一行缺得了机器人？

五轴机床上的"蛋雕"

俗话说"三百六十行，行行出状元"，将来这句话可能被改为"三百六十行，行行都有机器人"。

1. 医学领域的机器人

在医学领域，有一个闻名遐迩的机器人，叫达·芬奇。达·芬奇机器人手术系统以麻省理工学院研发的机器人外科手术技术为基础，IBM 公司、麻省理工学院和 Heartport 公司联手对该系统进行了进一步的开发和定型。达·芬奇外科手术系统是一种高级机器人平台，其设计理念是通过使用微创的方法实施复杂的外科手术。简单地说，达·芬奇机器人就是高级的腹腔镜系统，其功夫之深，能够在葡萄皮上缝合"伤口"。美国食品药品监督管理局（FDA）已经批准达·芬奇机器人手术系统用于成人和儿童的普通外科、胸外科、泌尿外科、妇产科、头颈外科及心脏手术。

2. 艺术领域的机器人

机器人在绘画艺术上也取得了不小的成绩。第一届机器人艺术大赛评委会由 2 200 多名网友及 5 名专业评委组成，其中包括艺术家、评论家及技术专家。根据人类在艺术创作中的参与程度，参加比赛的机器人分成两组：一组由人类直接参与，即人类艺术家进行绘画创作，而机器人则对其进行远程模拟；另一组则由人类设计出带有绘画技巧的软件，机器人通过这一软件"手握画笔"进行自主创作，其创作过程和一般人类的绘画几乎没有区别。但最终，评奖时并没有将两组机器人分开，而是以艺术性作为唯一标准进行评比。在本届机器人艺术大赛中，摘得季军的是来自米兰布雷拉美术学院的机器人 NoRAA。它用的颜料是一滴血，在这一作品上，我们可以看到大约 500 万个红细胞的排列和组合，机器人 NoRAA 用这滴血"画"出 18 张具有抽象性的作品。

意大利发明家研制的一款机器人——特奥特罗尼科（Teotronico）——能够弹奏钢琴。发明家马迪奥·休兹称它拥有 19 根手指，能够演奏任何旋律或歌曲。伴随着机械手指技术的飞速发展，机器人特奥特罗尼科借助额外的手指能够弹奏得比人类更快，它还可以踩着鼓点自弹自唱，从而展示其惊人的音乐能力。

3. 餐饮行业的机器人

人工智能技术每前进一小步，餐饮界就上升到一个新高度。随着各种线上点餐工具的成熟及高科技的发展，餐厅日益智能化。早在 2016 年，稻香集团在大陆的不少分店就使用了自动炒菜机，只要选取预设菜式，把材料按顺序放入，机器就能自动烹调，3 分钟后端出美味的菜品。10 多种菜式包括肉类、蔬菜和炒饭等，一般中小型机器一次可炒 4 份菜式，而大型机器一次可炒 8 份。此外，为了解决行业的工种工时偏长及近年来屡屡出现的人手短缺等问题，稻香集团于 2016 年年中决定在旗下的东莞饭店内引入更多的自动化项目，除自动炒菜机、自助蒸点心区及自动海鲜输送带外，最新款的"传菜机械人"也已经投入使用。

上海发那科机器人公司总部有这么一位厨师，它穿着白色的厨师服，戴着厨师帽，负责下面条、配汤料，背后有一个机械手臂传送原材料，还有一个绿色的机械手臂运送煮好的面条。消费者下单选择面条，确定是汤面还是拌面，分量多少，还有面的软硬程度；机器人接到指令后开始煮面，最多同时可以煮 6 碗；煮好后把面条捞出，控水，盛入碗中，动作一气呵成；随后倒上预先烹饪的浇头；最后，"服务员"——协作机器人将做好的面端出。协作机器人的安全性能良好，机器人一触碰到人，就会自动停止动作。

4. 制药行业的机器人

21 世纪是生命科学的世纪。随着制造工业的发展和装备技术的进步，制药机械设备向机电一体化、全自动化、智能化发展。高、精、尖的人工智能化设备及无人化车间在制药工业中得到广泛应用，大量自动化设备代替人工，一个车间只有 1~2 人控制。全自动装盒机完全代替了人工，在输送线上自动将药品及说明书装入包装盒，对缺药品、缺说明书的包装成品自动检测并剔除，每台机器可代替 5~8 人，速度达到 260 盒 / 分钟，不仅提高生产效率，还能避免人工错误，降低了缺药品或缺说明书的药品流入市场的概率。

粉针生产线自动包装机是一种生产粉针、冻干药品的大规模生产用自动装盒机，一次性可自动装入 50 支抗生素瓶，自动投入说明书，速度达到 40 盒 / 分钟，能大幅节省人力并提高包装效率。

TIVS-A40 型水针、冻干剂智能灯检机是在水针、粉针生产最后自动检测有无异物及包装是否有缺陷的智能设备，速度能达到 800 瓶 / 分钟。智能灯检机安装大量的伺服器、伺服电机，通过软件设计，可以自动旋转摄像，并与设计的标准要求进行比较，进而检测外观、液位及有无杂质、异物，能完全代替人工检测，可 24 小时连续生产，每台机器至少可代替 10 人，生产效率大幅提高的同时能避免人工错误。现在智能灯检机已大量用于各针剂、冻干剂制药企业。

5. 教育行业的机器人

机器人在教育行业的应用主要分为机器人教育和教育服务机器人两类。机器人教育将激发广大学生对智能技术的学习兴趣和动力，并大幅度提高学生数字素养，提升其在数字时代的竞争能力。机器人教育主要应用于组装——动力机械，如学习物理学原理、空间结构、机械传动、电与磁等；控制——智能操控，如执行机构、驱动装置、检测装置和控制系统等；竞赛——实战对抗，如按竞赛设计情境搭建机器人，并对机器人进行任务编程，学习问题解决等。随着机器人技术的不断提高，教育服务机器人在教育领域中的应用越来越广泛，教育机器人作为一个学习工具有巨大的潜力。

除了上述作为教具的机器人，教育领域的机器人还能作为学生管理环节的工具，如现在的机器人具备人脸识别功能，可以识别出上课过程中有多少同学在认真听课，有多少同学听课走神了。课后老师可以根据机器人的课堂分析报告判断学生的学习态度，机器人已经开始替代老师的部分职能。但是，人与人之间的沟通和交流是有感情的，老师可以通过感知学生的情绪变化随时调整教育方式，但机器人的教育是死板的、流程化的，无法根据教育对象的状态调整教育方式，这是人与机器人的区别。

6. 居家生活中的机器人

现在有一种配备有AI（Artificial Intelligence，人工智能）的智能音箱，如小米公司的小爱、苹果公司的Siri、华为的小艺等。这些配有AI的智能音箱可以与人类实时互动，我们提出需求，它会给出相应的反馈。许多在外打工的年轻人会给老家的父母买一台智能音箱，让其陪父母聊天。智能音箱能根据用户的搜索、浏览信息等，推送用户喜欢的内容。

7. 竞技领域的机器人

阿尔法围棋（AlphaGo）是一款围棋人工智能程序，其主要工作原理是深度学习。深度学习是指多层的人工神经网络和训练它的方法。一层神经网络会把大量矩阵数字作为输入，通过非线性激活方法获取权重，再产生另一个数据集合作为输出。这就像生物神经大脑的工作机理一样，通过合适的矩阵数量，多层组织链接在一起，形成神经网络"大脑"，然后进行精准复杂的处理，就像人们识别物体标注图片一样。阿尔法围棋用到了很多新技术，如神经网络、深度学习、蒙特卡洛树搜索法等，其实力有了实质性的飞跃。

阿尔法围棋是第一个击败人类职业围棋选手、第一个战胜围棋世界冠军的人工智能机器人，由谷歌（Google）旗下DeepMind公司戴密斯·哈萨比斯领衔的团队开发。2016年3月，阿尔法围棋与围棋世界冠军、职业九段棋手李世石进行围棋人机大战，以 4∶1 的总比分获胜。2016 年末至 2017 年初，该程序在中国棋类网站上以"大师"（Master）为名注册账号，并与中日韩数 10 位围棋高手进行快棋对决，连续 60 局无一败绩。2017 年 5 月，在中国乌镇围棋峰会上，它与排名世界第一的围棋冠军柯洁对战，以 3∶0 的总比分获胜。围棋界公认阿尔法围棋的棋力已经超过人类职业围棋顶尖水平，在 GoRatings 网站公布的世界职业围棋排名中，其等级分曾超过之前排名第一的人类棋手柯洁。

未来已来，机器人已全方位融入人类的活动领域。作为未来的职业人，你准备好了吗？

问题思考：

机器人时代，
我们能做什么

1. 机器人会给你的行业带来怎样的机遇和挑战？
2. 你所选职业的未来发展趋势是怎样的？

02 | 职业之德
篇首语

汉字有一个特点，同音字往往具有共通之处，"德"与"得"就是一对既有明显区别，又相互联系的同音字。"合乎德，有所得"，是"德"与"得"的内在联系。中国人相信"好人有好报"，不全是自我安慰，而是在长期社会生活和职场活动中总结出来的经验。做一个有道德的人，不仅是职业人应有的个人品质，也是职场成功的必要条件。

清清白白地做人，兢兢业业地做事，堂堂正正地赚钱。

市场经济服从供求规律，凡是市场紧缺的，价格就高，从业者的收益也高。信任是市场交易不可缺少的要素，但在现实生活中常常供应不足。被大家信任，不但可以支撑起一项职业，还可以为职业人带来收益。中介行业的从业者唯有保持诚信，才能"在利益博弈的夹缝中活得滋润且坦荡"。

职业活动是"主观为自己，客观为他人"，双赢既符合职场逻辑，也合乎职业人的利益。更好地理解他人，才能让自己的产品或服务被消费者认可。在现代社会中，每个人既是职业人，又是消费者，不同的场景拥有不同的身份。职业人了解消费者的有效办法之一就是换位思考。"修车先修己"，说的是从自身的体验中找到消费者的痛点并予以解决，从中可以获得意想不到的收益。

"物质决定精神，存在决定意识。"职业首先是人的谋生活动。在市场经济条件下，职场上为别人想得越多、做得越好，其产品或服务的收益应该越高，这样的正反馈才能引导职业人恪守公德，遵循规范，精益求精，勇于创新，不断增加产出、提高品质。在不仅人的生命越来越得到尊重和爱惜，而且动物的生命也越来越得到尊重和爱惜的当下，"关爱生命"背后蕴藏着珍贵的价值。

职业人需要响应消费者的需求，但消费者时常意识不到自己有什么需求。一个人即便"睡着了"，仍有数据产出，大数据分析可以从消费者的行为中找到其背后需要的驱动因素，数据在引导职业活动的同时也能给消费者带来价值。不过，要想化无用为有用，职业人必须具有分析数据的意识、方法和能力。

▌学习目标

① 理解技术对职业发展的重要性，增进"理念引领行为"的职业意识，树立正确的职业道德观。

② 坚定职业认同，激发对未来职业成长的自觉性和主动性，逐步形成积极的职业心态和良好的职业品德，提升职业自信。

③ 正确看待义利关系，树立"清清白白做人，兢兢业业做事，堂堂正正赚钱"的价值观，追求公共利益与个人利益的统一。

如何在利益博弈的夹缝中活得滋润且坦荡？

「主讲人」

相信大家都有网上购物的经历，特别是"年中庆""双十一"的时候，总有清空购物车的冲动。打开手机进入购物网站，各种优惠扑面而来，把心仪的商品放进购物车，然后盘算着把各种优惠用到极致，花最少的钱买到心仪已久的物品。一共 3 000 元，优惠 1 000 元，实付 2 000 元，一种赚到了的兴奋感油然而生。

在市场交易中，消费者要想为省钱而高兴，必须要让商家也能为赚钱而高兴，否则亏了本的商家破产了事，谁来提供让消费者高兴的机会？市场的存在说明消费者和商家实现了双赢，而双赢的前提是买卖双方的利益博弈到达了一个平衡点，在这个平衡点上，一个觉得实惠愿意买，一个觉得能赚钱愿意卖。这只是个简单的、普遍的商品交易类型，是普通人算得过来的，但其中的道理也适用于其他场景。

消费者满意与职业人满意的双赢原则同样适用于装修。例如，我刚刚买了一套毛坯房，但在装修问题上，完全是一个"小白"，我该怎么做？不停地找施工单位，告诉他："我想花十万块钱，目标是把我的房子装修成凡尔赛宫的样子。"按照现行市场定价，施工单位一定觉得你在开玩笑。单靠自己，你真能算计出哪里该用钱、哪里该省钱吗？既想达到理想的装修效果，又不愿意被施工单位赚太多钱，这很难实现。对于任何一个人而言，一次性的金额较大的交易靠精打细算很难达到目的，毕竟施工单位不会按照你的尺度来计算自己的利润。如果双方各打自己的算盘，都不肯退让，要准确找到这个利益平衡点，的确有些难度。

如果要建设大型居住区甚至完成大型公建项目（图 5-1、图 5-2），投资上百万、甚至几百亿，投资方想省钱，施工方想多赚钱，双方的利益如何协调？谁来达成双赢的目标？

他就是造价工程师。

造价工程师是工程建设活动中协调甲乙双方利益的中间人。从工作职责的角度来看，造价工程师是专门接受某个部门或某个单位的指定、委托或聘请，负责并协助其进行工程建设费用的计价、定价及管理等业务，以维护其合法权益的工程经济专业人员。

▲ 图 5-1　建筑施工场景 1

▲ 图 5-2　建筑施工场景 2

一、造价小白如何"扭转乾坤"？

认识造价师

　　我是做施工出身的，走上造价工程师的岗位不久，公司安排我做一个经济适用房基础工程结算的造价审核。那天在办公室里坐久了，刚想站起来出门走走，突然就听到有人喊："廖工在哪里？你给我出来！你为什么要克扣我那么多钱？"这是施工单位的一位负责人，他十分生气，一团怒火迎面扑来。

　　作为一个刚入职的女性，我担心对方在气头上会有不理智的言行，决定不同他起正面冲突，先暂时回避。过了一会儿，对方的声音慢慢平静，我猜是同事的安抚起了作用，这才咧了咧嘴，练习下微笑，让自己看起来不是那么尴尬。

　　走出办公室，见到这位施工方的负责人，我很有礼貌地递了杯热水过去，但还是逃不过对方兴师问罪。他说："你无缘无故扣了我那么多的钱，还我钱！"

　　我耐心解释道："看这里，你在编制结算的时候漏掉了，给你加上去了；这里的量少算了，也给你加上去。你看看，这么多钱都给你加上了。"

　　他的脸色当下有所缓和，我趁势说下去："我想再了解一下施工情况，当时你们是如何打桩的？"

　　他说："工人用风镐咚咚咚就把这个打桩的洞挖出来了。"

　　我说："果然是这样，问题就出在这里。算成本的时候，你不是按照人工挖孔，而是按机械挖孔来计算的，你知道机械挖孔和人工挖孔结算时的费用相差很大，人工挖孔的定价要比机械挖孔的定价便宜得多。既然你采用了人工挖孔，自然得按照人工挖孔来结算。即便这样，你还是有钱赚的。"

　　听我说得有理有据，他的情绪也渐渐稳定了。和施工单位谈妥之后，该向委托审核的业主汇报了。我把净核减多少钱、总造价是多少等数据如实说出，李工听了很开心，然后我接着说，但是经过现场多次核对，施工方在编制结算的时候漏掉了一些做过的内容，我对结算进行了调整。李工回应道："该调整的还是要调整的。"

　　我这个"造价小白"初出茅庐的经历说明：第一，专业问题要用专业知识来解答。我没有跟施工方起正面冲突，只是以理服人。什么是人工挖孔？什么是机械挖孔？在专业书里有明确的界定，需要做的只是勘察清楚，然后心平气和地倾听和耐心地解释。第二，巧妙沟通。我在和施工单位沟通时，先稳住施工方的负责人，告诉他结算编制时，有哪些地方漏算或少算了，再解释为什么有些地方被扣减、扣减的依据是什么。在跟业主汇报时，我先说结算审核净核减金额和结算审核后的造价金额，再解释因为结算编制不全面，存在漏算和少算的核增情况。只有业主和施工方对结算审核的结果都给予认可，该项目才算完成。

我圆满地完成了这次结算审核的任务，这可是"造价小白"接到的第一个任务。施工单位赚到了该赚的钱，业主付了该付的钱，我拿到了第一笔佣金。对我来说，佣金并不是这个项目带来的最大收获，最大的收获是信任。我收获了施工方的信任，施工方对我肯定有加："廖工脾气好、业务好。"我也收获了业主的信任，业主说"廖工现场踏勘仔细、做事实事求是"。我收获了公司领导的信任："这个小廖，第一个项目就没让我操心！"

信任助力我在职场上不断晋升。进入咨询公司之后，我的薪水年年上涨，没过几年，我就当上了单位的技术负责人。

二、高职生如何做得风生水起？

一位优秀造价师的成长之路

他是一位优秀的造价工程师。尊重本人意愿，下文以第三人称"他"来称呼。

他真正的职业发展是从独立完成政府的经济保障房项目——某宅基地置换开始的。从最初的项目概算，到项目施工过程的造价控制和结算审核，原概算一亿多元的项目，结算审核后的实际造价是 8 000 多万元。通过自己的专业能力，他为国家节约了 3 000 多万元的资金，践行了"预算不超概算，结算不超预算"的原则。做到这一点靠的是概算、预算的准确性和施工过程造价控制的合理性。因为该宅基地置换项目全过程中造价管理的成功，他获得了政府的嘉奖和相应的佣金。

现在，他是鸿雁社区项目造价控制的负责人，这个项目投资 50 亿元。鸿雁社区是浙江省政府推出的 24 个未来社区的试点之一，该社区以人民对美好生活的向往为核心，以人本化、生态化、数字化为三大价值坐标，构建未来邻里、教育、健康、创业、建筑、交通、低碳、服务、治理九大场景，最终实现美好生活零距离。

他是金华职业技术大学造价专业 2011 届的毕业生，在 2016 年，他就靠自己的收入买了房子。在不到 10 年的职业生涯中，他走得比别人更快、更远。

他是怎么做到的呢？

第一，目标明确。大一时，他参加了学校组织的职业生涯规划大赛。那时候他的目标就非常明确——要当一名造价工程师，大学三年他一直为此而努力。除了规定课程，只要与造价相关的讲座、培训、比赛，他都积极参与。在校期间，他荣获第三届"浙江五洲杯"全国高等院校广联达软件算量浙江分赛区一等奖、全国总决赛二等奖；

荣获国家励志奖学金、浙江省普通高等学校优秀毕业生称号。荣誉是勤奋的孪生兄弟，通过这些荣誉，我们可以看到他努力的身影。

第二，保持真诚。刚上大一时，他并没有给大家留下多少印象，也许是因为他不爱说话，喜欢默默干活。2009年，流感大暴发，学院有十几位同学被隔离，需要志愿者送饭、送水、量体温。在别的同学还犹豫是否要报名当志愿者的时候，他已经自告奋勇穿上防护服进入隔离区，半个月之后，在最后一名同学离开隔离区后，他才离开。相比进去时，他明显瘦了、黑了，但他依然微笑着，不多说话。老师开始关注他，这个同学真诚、有爱心，值得好好培养。每次上课他总是坐第一排，老师组队带学生参加与造价相关的技能大赛，他第一个报名。大三应该出去实习了，他主动跟老师说："老师我要去实习，可以帮我推荐实习单位吗？"

老师说："去金华最大的事务所吧，那里业务多、机会多。"

实习结束后，他又说："老师我想回家乡工作。"

老师说："没问题，那里老师有一个朋友，你可以去找他。"

然后他就到当地最大的造价事务所工作。

在从业之路上，除了需要自己努力，还需要贵人的帮助。那贵人是怎么来的？不是天上掉下来的，而是用真诚换来的。

第三，懂得感恩。他参加工作后，经济收入稍微好了些，就立刻加入公益助学机构"我们的自由天空"（OFS），深入湖南、广西等地偏远山区走访并结对资助贫困生，成为一名支教走访志愿者，一边工作一边做公益，回馈社会。

回溯他短短几年的职业生涯，可以发现，目标、态度、资源、兴趣、坚持、感恩等构成了他奋斗的主题。大学期间，他目标清晰，把握各种学习机会，锁定造价专业，并且充分整合老师、同学的资源。在专业学习的过程中，他脚踏实地，稳步前行。毕业后，凭着对工程造价行业的兴趣，他坚定"精深意味着一条艰难的路，定位高端，坚持必不可少"的信念，勤奋刻苦，做强自己，等待更好的发展机会，最终成就了现在的自己。

三、造价师在职场上能走多远？

王波是中晨工程咨询有限公司的董事长和总经理，也是一级造价师、高级工程师，是金华职业技术大学2002届工程造价专业的毕业生。刚毕业他就进入金华的一个甲级工程造价咨询公司工作，成为一名普通的造价员，跟在师傅后面做一些简单的项目。这种小项目能锻炼能力，但是收入较低。他不满足于当下，为自己设置了一个更大的目标：成为一名项目负责人。

项目负责人需要更强的业务能力，还有一张能证明自己的执业资格证书。在工程造价这个行业里，只有造价工程师才能成为大项目的负责人，才能签署有法律效力的文件。为此，他除了努力工作、精进业务能力，还利用工作之余勤奋学习，顺利考取造价师执业资格证书。公司老板认为这个小伙子在专业领域进步很快，不仅业务做得好，考证也不耽搁，就提拔他当部门经理。部门经理可以接触更多的人，可以负责更大的项目，王波的职业之路就这样被打通了。

中期，老板为了留住这个优秀的人才，还转让了部分股份，让这个年纪轻轻的技术骨干成为公司的股东。即便如此，他仍不满足，觉得自己可以做更多的事情。出乎老板的意料，他辞职了。他在杭州创建了浙江康平项目管理有限公司，自己当老板。

杭州是一座美丽的省会城市，项目投资多、投资金额大，机会比金华更多，他的公司发展得很快。但是在杭州做了几年之后，他觉得国家的经济形势变化很快，造价管理的相关文件、规范变化也很快，在这种情况下，公司面临更大的挑战，要想继续发展，必须拓展业务，拿到更多更大的项目。

怎么办？

去更大的城市！

于是，他在北京成立了中晨工程咨询有限公司，经过几年的发展，公司取得甲级资质。如今公司有员工 150 个人，年营业收入 6 000 万元，业务范围辐射全国。即便如此，他仍不满足，"6 000 多万元是我新的开始，企业要继续做大做强"。

在他的职业生涯中有一句箴言："埋头拉车，抬头看路。"正因如此，他能不断地完善自己，从一名业务骨干成长为一个优秀的管理者，继续迎接新的挑战。究竟能赚多少钱已经不重要了，他想的是公司的发展、员工的成长，还有为社会创造更大的价值。

他对在读的学弟学妹们说："来吧，跟我做造价，今天你是造价的'小白'，明天就是业务骨干。如果你是业务骨干，那么接下来就有可能成为我的合伙人。今天你是我的合伙人，也许明天你就能自己开公司了。只要你努力，就可以超越我。"

四、为何选择造价专业?

造价工程师是一个重要的职业，但并不为普通人所知晓，业内人选择这个职业，不是受环境的影响，就是有自己的想法。

1. 专业选择：因缘际会

每年新生入校时，老师都会和大家讨论他们中学时期的学习经历和专业选择的心路历程，大致有以下几类。

学生A：因为中学阶段没有好好思考过自己的将来，所以选择专业时陷入迷茫。经过对众多工科专业的广泛比较和深入了解，千挑万选后，在父母的建议下，最终选择了工程造价专业，理由是有技术傍身，未来就业不愁。

学生B：叔叔是水电工，假期安排我跟他学水电安装施工。因为家人对水电工程比较了解，我一边当学徒一边在网上搜索与水电相关的专业信息，就是没有找到让我感兴趣的。叔叔说："实在不行你就学做造价吧，我的水电安装工程向业主要钱的时候，都是要经过造价审核才能拿到钱。"当时，我就对工程造价产生了兴趣，所以后来我选择了工程造价专业。

学生C：我的学生时代一直在懵懂中度过，选择造价专业纯属偶然。我看历年造价专业的录取分数线都比其他专业高，而我的分数刚好合适，想着分数高肯定有它的道理，但是不知道造价专业是学什么的、学出来后是干什么的、能有多少的收入，算是"跟风"学了这个专业。

学生D：我是个女生，家人及自己的期待就是未来不要做太辛苦的工作。恰好表哥是学这个专业的，他以自己的经历告诉我在建筑的各个专业里，造价更加适合女孩子，主要工作是坐在办公室里整理文件，工作环境好，收入比较高，如果能考下造价工程师证书，工资水平还会有所提高。表哥现在的收入不错，恰好这个专业的就业方向也符合我的预期，所以我就选择了这个专业、选择了这所学校。

各位同学选择工程造价专业的原因各不相同，有遵循父母建议的，有偶然接触到的，还有看到专业光鲜亮丽的外表而来的。总的来说，大家选择工程造价专业大多是考虑就业环境、经济收入、择业空间三个方面，这体现了专业选择时的结果导向。

结果导向是我们前进的重要推动力，人本来就是要生活在现实中，大学专业的选择有点类似"盲婚哑嫁"，明确知道自己将来要从事什么行业，并有目的地选择相关专业的只是少数人，更多的同学是因为各种各样的"巧合"才选择工程造价这个专业。

2. 就业方向：机会属于强者

开启职业人生，源于学习，始于就业。

在房产公司工作，造价工程师需要思考怎样花最少的钱做想做的事情、达到想要的效果，这叫成本控制。房产成本控制主要分为两个部分：一是物资采购的成本控制，这需要深入市场，了解建筑材料的市场价格，预测建筑材料价格的变化趋势，审核相关部门报送的采购方案，确保采购的物资在合理的价格区间内。二是施工合同的管理（包含施工进度款支付），这对造价管理人员的综合素质要求更高——要能管理、懂施工、会测算。施工合同的管理是业主和施工方依据合同博弈的过程，围绕良好的施工质量、合理的施工成本和保证施工进度而展开。

　　入职建筑公司也是工程造价专业毕业生的一个就业去向。工程的造价管理是建筑施工企业管理活动的重要内容，科学管理可以实现中标价格合理、施工成本较低的目标，从而获得较高的收益。企业经营的目的是营利，工程造价管理是施工企业营利的必要措施（图5-3、图5-4、图5-5）。建筑公司有一个叫经营科的部门，专门负责公司的招投标工作，包括编制投标报价，合理价格中标；负责施工合同管理（工程造价管理），在合情合理又与合同相符的情况下，争取施工单位利益的最大化。

▲ 图 5-3　建筑施工场景 3

▲ 图 5-4　建筑施工场景 4

▲ 图 5-5　建筑施工场景 5

工程造价专业毕业生还有一个就业方向——咨询公司。前面两位学长就是在咨询单位就业，他们运用自己的专业知识，一手托两家，做好专业的协调人。

房地产、建筑单位、咨询公司属于收入不设上限的行业，只要足够努力、有丰富经验，就可以赚取合理的佣金。造价人员也可以在相关的审计部门、城投公司等有国资背景的单位工作，其特点是收入有上限，以用好纳税人的钱、为人民谋福祉为职责。

3. 工作晋升：考取造价工程师

造价工程师是指通过职业资格考试取得中华人民共和国造价工程师职业资格证书，并经注册后从事建设工程造价工作的专业技术人员。造价工程师有一级和二级之分，一级造价工程师职业资格考试全国统一大纲、统一命题、统一组织，二级造价工程师职业资格考试全国统一大纲，各省、自治区、直辖市自主命题并组织实施。

凡遵守中华人民共和国法律、法规，具有良好的业务素质和道德品行，具有工程造价专业大学专科（或高等职业教育）学历，从事工程造价业务工作满 5 年；具有土木建筑、水利、装备制造、交通运输、电子信息、财经商贸大类大学专科（或高等职业教育）学历，从事工程造价业务工作满 6 年，可以申请参加一级造价工程师职业资格考试。具有工程造价专业大学专科（或高等职业教育）学历，从事工程造价业务工作满2年；具有土木建筑、水利、装备制造、交通运输、电子信息、财经商贸大类大学专科（或高等职业教育）学历，从事工程造价业务工作满3年，可以申请参加二级造价工程师职业资格考试。

一级造价工程师职业资格考试合格者，由各省、自治区、直辖市人力资源社会保障行政主管部门颁发中华人民共和国一级造价工程师职业资格证书。该证书由人力资源社会保障部统一印制，住房城乡建设部、交通运输部、水利部按专业类别分别与人力资源社会保障部用印，在全国范围内有效。

二级造价工程师职业资格考试合格者，由各省、自治区、直辖市人力资源社会保障行政主管部门颁发中华人民共和国二级造价工程师职业资格证书。该证书由各省、自治区、直辖市住房城乡建设、交通运输、水利行政主管部门按专业类别分别与人力资源社会保障行政主管部门用印，原则上在所在行政区域内有效。各地可根据实际情况制定跨区域认可办法。

考证说难也不难，但只是对于勤奋者而言。造价师资格是理论知识和实践经验积累的成果，只要好好学、认真做，就可以成功考取证书。

要顺利通过考试，学习方法很重要。无论是哪个行业或专业，学习方法是相通的。有一个"3+1"的学习方法，需要考取造价师职业资格的从业者可以一试。

"3"指的是将培训教材看3遍。第一遍，逐字逐句地看，不漏过任何知识点，画出重点、难点，并尽量理解、记住，把书看厚。第二遍，复习重点、难点，做相应知识点的习题，巩固重点、难点。第三遍是做完习题之后回归培训教材，"温故而知新"。这时候遵循的是"早睡晚起"的原则。良好的作息时间是学习效果的保证。平常也许23：00以后才上床睡觉，备考阶段争取22：00左右就上床休息。躺在床上，回想看过的每一个知识点和做过的习题，如果有想不起来或者有点模糊的地方，就赶紧起来翻书、翻习题。第二天要"晚起"。早上醒来之后先回忆昨天晚上复习了哪些知识点、重新翻书查阅的内容是否已经掌握。

"1"指的是最后的自我综合测试，选择历年的执业资格考试卷和模拟试卷，在规定的时间内完成并批改，最后进行自我总结和反省。

坚持"3+1"的学习方法，可以提高拿到执业资格证书的概率。

五、生存原理：如何赚信任的钱？

什么叫信任的钱？不是说别人信任你就给你钱。在利益博弈的夹缝中，从业主的角度来说，我请你来施工，你给我报价，我会完全按照你的报价给你支付费用吗？不会。如果业主乱压价，施工方会做赔钱的买卖吗？也不会。一个担心买贵了，花冤枉钱；一个担心卖便宜了，赚不到钱。这中间的平衡需要有一个双方都能信任的人——造价工程师——来促成双方利益的合理实现。造价工程师经过测算、审核，会给出一个双方都能够接受的价格，而且双方都愿意为造价工程师的服务支付合理的佣金。

一名造价工程师如果只维护一方的利益，生意是做不成的。造价工程师必须保证交易双方都乐意，生意才能愉快地做成。因为工程造价师的存在，双方建立了交易关系，而且顺利地完成了这场交易，当双方的目的都达到了，才愿意从各自拿到的利益中以佣金的形式支付一些给造价工程师。

淘宝网发展初期，业务难做的原因之一是商品挂在网上，犹如"镜中花，水中月"，消费者摸不着，无法真实感受商品的存在。在线下实体店，商品看得见、摸得着，衣服可试穿，可以摸一下布料、看看工艺。在网络上只能看照片，消费者凭什么付钱？付了钱，不要说商品，最后连商家都不见了，消费者找谁理赔？

那就制定一个规则，先发货，满意后再付款。这样做确实能让消费者放心，东西拿到后试穿，确保没问题再付款。可商家放心吗？万一不给钱怎么办？或者以质量问题为借口退还，影响商家口碑怎么办？

无论怎么定，商家和消费者都有不放心的理由。

市场经济一定是建立在信任的基础上的，无信任，不交易。电子商务的兴起离不开第三方支付。

支付宝作为电子交易过程中的第三方，起到保证资金安全、保障交易顺利进行的作用。

支付宝意味什么？成立之初，支付宝扮演电子交易中间人的角色。消费者把钱打到商家在支付宝的账户里，货没到手，钱已付了，但没有直接给商家，而是转到商家的支付宝账户。商家看到消费者已经付钱，才敢发货。消费者收到货物后，如果没有问题，点击确认收货，支付宝就会把钱打给商家，超过约定的时间，不用消费者点击确认，支付宝也会把钱打给商家，所以商家不怕拿不到钱。如果消费者收到的货物与描述不符，或者与自己所想的有差距，或者后悔了，可以选择无理由退货。这时候，消费者也不用担心商家不予退款，因为钱在支付宝账户里，只要退货，钱就会原路返回到消费者的账户中。为什么电子商务对一般商品必须承诺退货？因为退货意味着消费者能把钱要回来。

六、人生目标：如何在夹缝中活得滋润且坦荡？

在双方缺少信任的情况下，人为设计第三方，由第三方把交易所需要的信任给补上，最后不是双方彼此信任，而是共同信任第三方。双方能顺利完成交易，是因为有第三方，双方都信任他（它），这样交易自然就达成了。

在交易过程中，如果任何一方只要塞钱给第三方，第三方就会帮着克扣对方，那么第三方享有的信任就不复存在。行贿的目的无非舍小钱赚大钱，而且每个行贿者都会想到对方也可能采用同样的方法来损害自己的利益。结果，两方都对第三方失去信任。如果第三方非但没有增加市场需要的信任资源，反而损耗了信任基础，那么从业者必定丢失自己在市场经济中的立足之地，砸了饭碗，毁了声誉，甚至锒铛入狱。

造价工作直接与钱相关，在工作中要特别注意所做的每一件事情都必须有理有据，一旦被问到价格是怎么来的，务必说得出理由和依据。对于造价师来说，这是获得职业信任的前提，只有达到足够的技能水平，才能以理服人，才能让人相信报价是透明的、是经得起检验的。

造价工程师要赚安心钱，必须恪守职业规则。作为第三方，只赚取合理的佣金，不拿佣金之外的不义之财，不私下拿别人的好处，这不仅是职业道德，更是纳入法律法规的行为准则。

遇到客户私下给好处的时候，造价工程师必须拒绝，这没有任何问题。问题只在于怎样拒绝。有时候不是说造价师想拒绝就能拒绝的，那又怎么办？

最简单的办法是开展业务时，如果去业务相关的单位或者同相关的人员一起出去办事，一定要有同单位的人员陪同，这样遇到送礼等情况就容易拒绝，而且对方也会觉得环境不够私密，会自行打消送礼的念头，这样也可以避免许多尴尬。

造价工程师是一个好职业，但从业者要做好自我保护，不能掉坑里。其实每个职业都有坑，一个人要在这个职业里做下去、发展起来，千万别掉坑里。要养家，要有个体面的工作，就要堂堂正正地赚钱，钱一定要来路正。清清白白地做人、兢兢业业地做事、堂堂正正地挣钱，才能在利益博弈的夹缝中活得坦荡且滋润。滋润不能没钱，坦荡不能赚昧心钱。钱挣得再多，天天提心吊胆，梦中也会惊醒，这个日子还怎么过？所以，只有坦荡，才能真正活得滋润。

▲ 图 5-6　工程造价专业课堂教学

七、工作能力：校园里就可以起步？

造价工程师既要让业主方满意，又要让施工方满意，除了专业技能，还要有较强的沟通与协调能力。有志成为造价工程师的大学生需要尽早培养和提升自己的综合能力。

校园生活中有很多沟通与交流的机会，也有很多锻炼沟通能力的平台。大学课堂不仅在教室里（图5-6），还有课外的第二课堂，社团活动是其中重要的一种。

有一些社团活动与专业教学相关，如测量协会、造价协会、建筑信息模型（BIM）协会等社团，会邀请校外行业专家讲课、组织专业技能培训等，这是课堂知识的延伸，是提升自己专业技能的机会，更是了解行业现状、接触校外专家的窗口。在社团活动中，大家平等相处，能锻炼待人接物的能力。

职业人都知道，有些技能在课堂上是学不到的，只能在课堂之外的场合学习，如实习。但实习还不够，最好是到现实生活中去学习。在大学里，社团就可以提供一个最接近现实生活的环境。如果有可能，大学生最好争取当一回社团的领导者。领导者不是"官儿"，而是社团中最核心的服务者，通过服务来获取同学们的信任。要开展社团活动，必须跟同学、老师或校外专家进行沟通交流，这绝对能助力未来的职业生涯。老师会在课堂上讲授专业知识，但是其他的素质，学校只能提供培养条件，无法用考试的方式来督促学习，只有能充分利用学校提供的条件，主动学习和自觉锻炼的同学，才能让自己在大学期间提升综合素质。

要积极参加各种竞赛，如前面提到的职业生涯规划大赛，这对于个人选择职业道路或者提升求职能力有很大的帮助。参加职业生涯大赛，可以在众多的评委、专家面前落落大方地展示自己的职业生涯规划，剖析自己的优势，分析自己的弱势，规划未来的学习，扬长补短。在这个过程中，大学生不只锻炼了胆量，还能通过竞赛督促自己做好规划，让学习更有效率，让自己被更多的人认识、关注，扩大社交范围，将来就业面试时，可以展现出更多的亮点，为自己心仪的单位所青睐。

你我都是未来的职业人，在求学期间就要做好职业准备。

 我们的"造价梦"

问题思考：

1. 造价师如何保障施工方和业主方的利益？
2. 利益面前如何堂堂正正地赚钱？

第六讲

修车和修己，哪个在先？

「主讲人」

不知不觉之间，中国汽车行业已从增量市场进入存量市场，同时从以销售市场为主进入以售后市场为主的阶段。汽修行业高速发展的时代已经到来。

一、修车和卖车，哪个更赚钱？

汽车是比较方便的代步工具之一，也是家庭的大宗消费品，汽车消费与其他商品消费的不同之处在于：消费者一旦购买了汽车，就需要定期地加油、保养、购买保险、维修等，持续性花费直至汽车报废、解体。正因为这个特点，汽车售后服务业已超越汽车制造业和汽车销售业，成为汽车行业利润的主要来源。

修车赚钱，
还是卖车赚钱

近 4 年来，中国的汽车保有量持续增长，截至 2024 年年底，全国机动车保有量已达 4.53 亿辆，驾驶人数量达 5.42 亿，新能源汽车保有量也超过了 3 140 万辆。这些数字不仅展示了中国庞大的汽车市场，也表明了市场未来的巨大潜力。

自 2009 年以来，中国汽车保有量就位居世界第一。2023 年，我国汽车产销量分别达到 3 128.2 万辆和 3 143.6 万辆，双双创历史新高。

这些增长数据的背后展现了中国汽车市场的活力，也说明在这个巨大的市场中，围绕汽车的各种服务将成为未来行业的盈利增长点。而在这么庞大的汽车市场中，修车和卖车哪个更赚钱呢？这是一个看似简单却涉及多方因素的问题（图 6-1）。

相对于修车而言，卖车具有盈利一

▲ 图 6-1　汽车维修

次性的特点，而售后服务可以在不同的时间被消费者重复购买与使用，具有一定的可贸易性。根据统计，在成熟的汽车市场中，整车销售利润占整个汽车业利润的 20% 左右，零部件供应利润也占 20% 左右，而 50%～60% 的利润是由售后服务产生。这说明汽车售后服务业已经成为汽车制造商和汽车 4S 店的主要利润来源，也成为汽车行业可持续发展的重要支柱。

进一步分析，售后服务的市场份额和利润率不断提高，主要得益于两个因素。第一，随着汽车技术的不断发展，车辆的维护和保养变得更加复杂且频繁。无论是传统燃油车还是新能源汽车，定期的维护保养和意外维修都是不可避免的，这为修车行业提供了稳定的客源。第二，随着人们生活水平的提高，车主更加重视汽车的保值性和安全性，这使得他们愿意投入更多的资金购买高质量的维修和保养服务。

在售后服务方面，燃油车和电动汽车有所不同。燃油车的售后服务包括定期保养、轮胎服务、零部件更换、车身修理与美容、电气系统维修等，而电动汽车的售后服务包括电池维护与更换、充电系统服务、机械系统维护、车身维修与美容、电气系统维修等。虽然电动汽车的机械结构较为简单，但其核心部件如电池和电机的维护与更换成本较高，因此在售后市场上同样具有很大的盈利空间。

随着用车年限的增加，养车成本也逐年增加。从售后保养维修的角度来看，最佳的换车周期为 5～6 年，行驶里程在 8 万～10 万公里 [①]。据公安部统计，2024 年我国汽车保有量为 3.53 亿辆，如果车辆的置换周期为 10 年，那么未来二手车市场将是一个庞大的黄金市场（图 6-2）。

二手车市场的发展也带动了售后服务需求的增长。购买二手车的消费者通常更加注重车辆的维修保养，这使得二手车的售后服务市场逐渐壮大。与此同时，随着技术的进步，许多二手车在经过专业的维修保养后，其性能可得到极大提升，这进一步扩大了修车行业的市场需求和利润空间。

修车不仅是一个技术活，更是一个修炼自己的过程。在修车过程中，不仅要提升技术技能和解决问题的能力，还要不断磨炼心理素质和职业道德。

修车过程中的耐心和细致，磨炼了从业者的毅志，而责任感和职业道德则要求从业者对每一辆车负责。修车涉及车主的生命财产安全，任何一个微小的失误都可能导致严重的后果。因此，从业者必须具备极高的职业操守和敬业精神，确保每一次维修都达到最佳效果，在修车的过程中从业者要修炼自我，使自己成为更专业、更有责任心和创新精神的人。在这个过程中，从业者不仅要掌握各种维修技术，还要不断更新

---

① 1 公里 = 1 千米。

▲ 图 6-2　二手车市场

知识、适应时代的发展。

　　同时，随着汽车电子化、智能化的发展，修车行业对从业者的要求也在不断提高。现代汽车装配了大量的电子设备和智能系统，这些系统的维护和修理需要从业者不断学习和掌握新技术。此外，新能源汽车的普及也让修车行业面对新的挑战和机遇。如何对电池系统、电控系统等进行有效的维护和修理，使新能源汽车的使用寿命得以延长，将成为未来修车行业发展的重要方向。

　　总的来说，修车和卖车各有其独特的盈利模式和市场前景。卖车的利润集中在销售和零部件供应，而修车的利润则在售后服务。在未来的市场中，修车

行业凭借其稳定的收入和广阔的市场需求，或将比卖车行业更具吸引力。通过不断学习新技术、提高服务质量，修车行业的从业者不仅能够在激烈的市场竞争中立于不败之地，还能获得客户的信任和社会的认可。这种职业成长不仅有助于个人的职业发展，也为整个行业的健康发展奠定了基础。

　　在庞大的汽车市场中，修车和卖车哪个更赚钱，取决于多方面的因素。虽然卖车能够带来高额的一次性利润，但市场竞争激烈且利润空间有限。而修车则凭借其多样化的服务项目和持续性的客户需求，展现出更加稳定且可持续的盈利能力。特别是在汽车技术不断更

▲ 图 6-3　汽车维修

新、消费者需求日益多样化的今天，修车行业无疑具有更大的发展潜力和市场前景。

二、现代修车单纯靠手艺吗?

随着汽车保有量的增加，汽车维修人员的需求也越来越大。汽车维修行业面临着许多新的挑战和机遇，修车行业的传统观念和现代化技术的融合也日益受到关注。那么，现代修车是否仅仅依赖于手艺呢（图 6-3）？

在传统观念中，汽车维修行业被视为一项低端、脏乱、危险的工作，常常被人们忽视。维修技师也常常被称为"修车工"或"修理工"，而不是被称为技术专家或工程师。然而，随着社会的进步和科技的发展，汽车维修行业的地位正在逐步提升。现代社会对高素质技能人才的需求日益增加，汽车维修行业也逐渐摆脱刻板印象，向着技术密集型和高附加值方向发展。

20 世纪 70 年代，金华市本地有一位非常有名的汽车修理技师，他的儿子从小看着父亲修车，也许为父亲在故障修复中的执着所影响，也许为父亲得到亲友的尊敬所感染，儿子长大之后，跟父亲说："我想学修车!"

父亲问儿子："修车要爬到车底，你不嫌脏、不怕苦吗?"

儿子说："你不怕，我也不怕！"

父亲对儿子说："学修车可以，但我不会收你为徒。"

因为父亲的反对，儿子未能当上修车学徒，但兴趣是最好的老师，20年后，儿子还是与汽修结缘，成为一名汽修实训教师。

这个故事告诉我们，对待感兴趣的事情一定要坚持。只要勇敢地追逐，一定能够取得成功。

此外，要想成功也要与时俱进，需明确传统汽车维修技术和现代化维修技术的区别。传统的汽车维修更依赖于老师傅的经验和感官观察，如耳听、手摸、眼看等。这种维修方式虽然有效，但其局限性也十分明显，这种以经验为主的维修方式往往无法满足现代汽车日益复杂的技术需求。

随着汽车电子化和智能化的发展，现代维修技术逐渐占据主导地位。现代汽车维修越来越依赖于微电子技术和自动控制技术，维修人员不仅需要掌握机械原理，还要具备计算机操作、电子技术和自动控制技术的能力。这些技能对于解决现代汽车的复杂故障至关重要，而这些故障往往无法通过传统的感官观察和经验判断来解决。

通过对比传统的修车工具与现代化的修车工具，也可以明显地看出汽车维修已经从手动检验逐步转变为仪器诊断。

传统的修车工具多为机械手工工具，如扳手、螺丝刀、钳子等，技师使用这些工具进行拆装和调整。然而，随着汽车技术的进步，现代汽车维修工具已经发展到全新的阶段。现代汽车维修中常用的诊断仪器有汽车故障诊断仪、发动机分析仪、轮胎平衡机等。这些仪器能够通过计算机和电子传感器对车辆的各个系统进行全面的检测和分析，快速定位故障点，提高维修效率。此外，随着数字技术的发展，许多诊断设备已经具备联网功能，技师可以通过互联网访问制造商的数据库，获取最新的维修资料和技术支持。

随着汽车技术的进步，智能网联技术和新能源汽车技术逐渐成为现代汽车技术的两个重要发展方向。智能网联技术是指通过车载传感器、控制器和执行器的应用，实现车辆与车辆、车辆与道路、车辆与人、车辆与云端等智能信息的交换与共享。这项技术的发展不仅提升了驾驶的安全性、舒适性和便利性，还为自动驾驶技术的实现奠定了基础。

新能源汽车技术的发展同样不容忽视。随着政策的推动和人们环保意识的增强，新能源汽车的市场份额不断扩大。新能源汽车的维修方式与传统燃油车有很大的不同，除机械维修外，还涉及电池管理系统、电机控制系统等方面的维修。这要求维修人员不仅要具备传统的机械维修技能，还要掌握电气化和智能化的相关技术。

在面对现代汽车复杂故障时，维修人员不仅要具备理论知识，还要结合实践经验，准确判断和排除故障。这种知识与经验的结合，既是挑战，也是机遇。维修人员需要在日常工作中不断积累经验，提升自己的技术水平，以应对日益复杂的维修任务。

随着汽车技术的不断进步，汽车维修行业发生了翻天覆地的变化。现代汽车维修不仅需要依赖个人的手艺和经验，更需要依靠系统的专业知识和现代化的科技手段。在这个技术飞速发展的时代，汽车维修人员只有不断学习和适应新技术的发展，才能在行业中立于不败之地。

汽车维修行业的现代化转型不仅改变了人们对这一行业的传统观念，也为从业者提供了更多的发展机遇。随着智能网联技术和新能源汽车技术的逐步普及，汽车维修行业的未来将更加多元化和技术化。对于那些愿意不断学习、勇于迎接挑战的从业者来说，现代汽车维修行业无疑是一个充满机遇和前景的领域。

三、汽车维修职业人有职业发展前景吗？

在我们的认知中，什么是售后服务？售后服务不仅是简单的维修和保养，还包括车内装饰或改装、金融服务、事故保险、索赔咨询、旧车转让、废车回收和事故救援等多方面的内容。这些服务不仅可以增强客户的满意度，增加公司收入来源，还能提高市场竞争力，并通过收集市场反馈改进产品和服务。

有这么一个故事，主人公是左宗申。他在 35 年前用 5 000 元开了一家摩托车修理店，面对重重困难，他凭借自己的实力和机遇，一步一步走向成功。如今的他拥有一家价值过百亿的上市公司，是中国商界举足轻重的人物。

毕业于金华职业技术大学的姚经纬，在一次机缘巧合之下来到了义乌的一家汽车维修店，他在此不断地学习、积累工作经验，在学习技术的同时学习店铺运营的流程和管理方法，最终在几年后创业成功，开了一家属于自己的修理店。正是技术和坚持让他一步步走向成功。

我们可以看到，成功的背后绝不是偶然，而是靠技术和坚持。如果能保持初心，潜心学习，就一定离成功越来越近！

如果想要在汽车维修行业取得成功，可参考以下几点职业发展建议。

1. 具备基本的从业要求

在汽车维修师的职业发展路径上，首先要具备基本的从业素养。这些要求包括：掌握汽车维修和保养的基本知识，能够熟练操作相关工具和设备；具备良好的沟通能力和团队合作精神，能够与客户和同事进行有效的交流和合作；具备较强的分析和解决问题的能力，能够快速准确地判断和修复汽车故障；具备高度的责任心和专业素养，能够提供高质量的服务。

2. 提升技术能力

作为汽车维修师，技术能力的提升是职业发展的关键。汽车行业的技术变化日新月异，汽车维修师需要不断学习和更新自己的知识，可以通过参加培训班、课程等方式不断提升自己的技术水平。此外，定期参加汽车行业的展会和技术讲座，了解最新的汽车技术动态和行业发展趋势，也是不可或缺的。

3. 积累职业经验

职业经验的积累也是非常重要的。解决工作中的挑战和问题，可以不断提高自己的技能。在工作中多与资深维修师交流、学习，向他们请教经验和技巧，也是积累职业经验的有效途径。此外，可以通过参加一些比赛积累经验，展示维修技能，从而提升自己的知名度、树立职业形象。

4. 获得相关证书

证书能够证明个人的专业能力和素质，对职业发展起到积极的促进作用。例如，可以通过参加国家职业技能鉴定考试，获得相应的技能等级证书；还可以通过参加相关的厂商认证考试，获得汽车品牌认证证书。这些证书不仅是个人能力的象征，也是获得更好职位和薪资待遇的重要参考。

汽车维修行业的成功离不开技术的积累和自身不懈的努力。通过不断提升技术水平、积累职业经验、获取职业资格证书及积极适应行业的变化，汽车维修师有广阔的职业发展前景。无论是传统的汽车维修还是新能源汽车的维护，保持初心和不断进取的态度是取得成功的关键。我们要"不负韶华，只争朝夕"，在行业的浪潮中勇敢前行，迎接未来的挑战与机遇。

四、修车和修己哪个在先？

修车，顾名思义，就是通过具体的技术手段解决汽车故障。这些技术并非一朝一夕就能掌握，而是需要经过长期的学习和积累。在这个过程中，修车工人不仅需要理解汽车的工作原理，还要掌握各种工具的使用方法，并能应对各种突发问题。

在修车过程中，持续学习、不断精进是不可或缺的。无论是在4S店还是在独立的维修厂，从事修车工作的技师每天都在面对不同品牌、不同型号、不同故障的车辆。每一次修理都可能遇到新问题，而这些新问题往往没有现成的解决方案。这就要求修车工人在实际操作中不断积累经验，形成一套适合自己的修理方法。

　　然而，修车并不仅仅是技术的展示，它还要求工人具备强烈的责任感。每一辆车的修理都关乎驾驶者的生命安全。一个小小的疏忽，如螺丝没有拧紧，可能会导致严重的交通事故。因此，修车工人在实践中不仅要精进技术，还要培养严谨、细致的工作态度，做到一丝不苟、精益求精。

　　修己，指的是内心和自我修养的提升，如情绪管理、自我认知、沟通技巧等，这不仅涉及心理学、哲学，还涵盖个人成长的各个方面。修车虽然是对外部机械的修复，但从更深层次来说，它其实也是对从业者自身的修炼。修车是一项需要耐心和细致的工作，从故障排查到修理实施，再到最后的测试，每一步都需要从业者全神贯注。尤其在面对复杂问题时，心浮气躁是大忌。这种耐心并不是与生俱来的，而是在长期工作中逐渐培养起来的。

　　一个典型的案例是两个修车店的故事。一家华丽而昂贵，另一家简陋但工具齐全、服务贴心。人们最终选择了后者，因为大家更看重店主的真诚和诚信。这告诉我们，如果缺乏真诚的服务和诚信的经营，就会失去顾客的信任和支持。真诚待人、诚信经营，才是生意长久发展的根本。

　　在修车行业，职业道德至关重要。从业者不仅要对车主负责，还要对自己的工作负责。诚信是职业道德的基础，在修理过程中必须做到实事求是，不能因为追求利润而虚报问题或偷工减料。同时要有敬业精神，力求为车主提供最优质的服务，做到精益求精。

　　那么，修车与修己的关系如何？从本质上讲，修车和修己并非对立，而是相辅相成，缺一不可。修车是在物理世界中的具体行动，而修己则是内心世界的修炼与提升。一个优秀的修车技师不仅需要高超的技术，还需要良好的职业道德和个人修养。

　　毕业于金华职业技术大学的钟亮，在校期间成绩十分优异，后来成为一名汽修专业教师。在职业生涯中，他不仅在技术上不断精进，还在个人修养上不断提升。他指导的学生在职业能力大赛中屡获佳绩，同时他自己也多次获得教学和专业领域的荣誉，这些成就都证明了修己在提升专业素养、服务质量和创新能力等方面的重要性。

　　那么如何做到修己呢？首先，需要自我反省，定期反思自身言行，接受他人反馈。其次，要注重情绪管理，培养良好的习惯。通过阅读、参加培训、控制情绪、时间管理等方式，可以不断提升自己的内在修养。总之，修车与修己，虽然看似是两个不同的概念，但它们在汽车维修行业从业人员的生活和工作中相互交织，密不可分。修好车，离不开高超的技术；而技术的提升，又离不开内心的修炼。因此，要想修好车，必须先修好己。在追求技术进步的同时，不能忘记提升自身的内在修养，不断修己以成就更好的自我。

然而，从时间顺序来看，修车往往先于修己。大多数人在初入修车行业时，应更多地关注如何提高技术水平，如何快速修好车。随着时间的推移和经验的积累，他们会逐渐意识到技术之外，责任感、耐心、细致、诚信等品质同样重要。这时，修己才真正开始。

修车是修己的外在表现，而修己则是修车的内在需求。修车是职业发展的基础，但没有修己，修车的技术就可能停滞不前，甚至出现问题。因此，在职业生涯中，修车和修己是并行的，不能将两者分割。

五、修己就能获得顾客的信任吗？

修己就能获得
顾客信任吗

俗话说："金杯银杯，不如客户的口碑。"口碑不仅是个人发展的基石，更是企业生存与发展的命脉。一家小企业可能因为良好的口碑逐步发展壮大，甚至成为世界知名的企业。相反，一家大企业也可能因口碑崩塌而迅速消失在公众的视野中。

著名的"250定律"强调，每位客户的背后都有250个潜在客户。赢得一个客户的口碑，相当于赢得了250个潜在客户的信任。反之，得罪一个客户，就可能失去250个潜在客户。这一理论在各行业中都有所体现。例如，在汽车维修行业，良好的口碑可以使客户成为"推销员"，从而带来更多的业务和收入。而如果客户对服务不满意，就会失去其身后潜在的客户群体。尤其是社交媒体发展迅速的今天，一个差评可能会在短时间内被成千上万个人看到，从而给企业带来不可挽回的损失。因此，只有提供高质量的服务，才能赢得客户的信任，而这需要通过"修己"来获得。修己不仅是指技术上的精进，更是指道德、诚信、责任感等内在品质的修炼。只有在这些方面不断提升，才能建立起良好的口碑。

当前，汽车维修行业普遍存在缺乏严格监管的问题。许多车主只会开车，不懂得汽车维修的细节，而一些不良企业则利用这一点，以次充好、以假乱真，甚至虚报维修项目以牟取暴利。这种行为不仅损害了消费者的利益，最终也影响了企业自身的声誉和长远发展。

在这种背景下，诚信经营显得尤为重要。古人云："要使人不知，除非己莫为。"企业如果以次充好，或者虚报维修项目，即便短期内获得了一些利润，长此以往，必定会因失去客户信任而被市场淘汰。诚信的价值在于，它不仅能帮助企业赢得客户的信任，还能为企业建立起良好的口碑和声誉，这种信任和声誉是企业在市场竞争中立于不败之地的关键。

　　汽车维修关系到生命安全，任何故障都必须彻底修好，小细节也要认真对待，避免大问题的发生。有一个真实的案例：一位实习生在为一辆汽车做保养时，因为没有按照规定的力矩要求拧紧火花塞，结果导致车子在高速行驶中火花塞掉落，造成了严重的安全问题。如果说医者行医是对个体生命负责，那么修车则是对整车人甚至更多人的生命负责。因此，修车不能有半点马虎，必须严格遵守规范，确保维修质量，不能让任何一个疏忽酿成大祸。要牢记，安全是第一责任，任何时候都不能有丝毫松懈。修己就是对技术精益求精的追求，以及对每一个细节的严格把控。责任感和职业道德不仅能让从业者提供高质量的服务，还能使他们在顾客心中建立起严谨、可靠的形象，这种形象会转化为顾客的信任，使其愿意长期依赖同一个汽修人员或维修店。

　　同时，与客户的沟通是建立信任的重要环节。从业者需要运用专业的知识与客户进行有效的沟通，帮助顾客做出正确的决策，从而建立起顾客对自己的信任。例如，很多顾客由于不了解一键起停系统的电池区别，可能会选择不合适的电池。此时，从业者需要解释清楚不同电池的区别和影响，帮助顾客做出正确的选择。在与顾客沟通时，要做到真诚、耐心、细致。即便顾客执意选择其他解决方案，也要坚持原则，通过专业的解释，让顾客明白选择正确电池的重要性，从而避免后续的问题。

　　通过修己，汽车维修行业的从业者可以逐渐形成独特的服务风格和职业操守，这些品质汇聚在一起，最终会形成个人或团队的品牌。一个有着诚信、专业、负责等形象的品牌，不仅在本地市场有竞争力，还会在更广泛的范围内获得认可。

　　综上所述，修己是获得顾客信任的重要途径。从业者要注重口碑，坚守诚信，承担责任，并通过专业、真诚的沟通获取顾客的信任。只有这样，才能在激烈的市场竞争中立于不败之地。

问题思考：

1. 汽修从业者如何取得顾客的信任？
2. 职场中如何与顾客进行有效沟通？

第七讲

关爱生命也是生财之道？

金华职业技术大学畜牧兽医专业可以追溯到1933年金华农业学校的畜牧兽医专业，提到畜牧兽医专业，首先让人想到的是"养猪专业"。

甲骨文中的"家"字就是"屋里养着一头猪"。不能说没有猪就没有家，但过去家里如果没有养猪，日子就很难过得滋润。"民以食为天，猪粮安天下。"猪肉作为重要的民生产品之一，稳定生猪生产是国计民生的大事。

一、金华两头乌猪何以被称为"猪中状元"？

中国有四大名猪，分别是金华猪、太湖猪、宁乡猪、荣昌猪。排在最前面的金华猪就是金华两头乌猪。金华两头乌猪的头部和臀部的毛呈黑色、身体中间的毛呈白色，也叫"中华熊猫猪"，被农业部（现为农业农村部）列入《国家级畜禽品种资源保护名录》，是国家级重点保护的地方畜禽品种之一。

这几年，金华两头乌猪是当之无愧的"猪中网红"，甚至被誉为"猪肉界的国宝"，不仅凭借金华火腿名气远扬，还走上了G20杭州峰会的国宾餐桌。

金华养猪的历史最早可追溯到1 700多年前的西晋时期。"三面环山夹一川，盆地错落涵三江"。金华独特的地貌特征、优质丰富的生态环境资源造就了金华两头乌猪这一国宝级猪种。两头乌猪原产于东阳的画水、湖溪，义乌的义亭，金华的孝顺、澧浦、曹宅等地。20世纪六七十年代，金华农村家家户户都会养上几头猪，春节吃"猪福"、丰收"摆祭猪"等重要习俗一直延续至今，还衍生出不少食品和传说。

相传，唐朝名将程咬金早年间在金华以卖烧饼为生。有一天，烧饼做得太多，当天没有卖完，他将烧饼置于炉头，没有取出。经一夜烘烤，烧饼馅里金华两头乌猪的肥肉内油外浸，晶莹闪光，给烧饼加上了金黄的外壳，使其吃起来可口酥脆、满嘴余香。人们口耳相传，造就了如今远近闻名的"金华酥饼"。

宋代抗金名将宗泽把由金华两头乌猪制作成的火腿敬献给宋高宗赵构，其品尝后大为赞赏，并题字"金华火肉"。金华火腿从此被历代列为贡品和补品。

1949 年后，金华两头乌猪的养殖得到党和国家的重视与支持。1955 年 12 月，毛泽东主席给报道兰溪上华高级社的文章——《这里养了一大批毛猪》——加了按语，并载入《中国农村的社会主义高潮》一书，对金华两头乌猪的养殖业产生了巨大的推动作用。

除满足饮食消费以外，金华两头乌猪也被中国指定为国际交流的馈赠礼品（图 7-1）。1979 年，中国将 3 头金华两头乌猪作为国家珍品赠送给法国政府；1986 年、1995 年，浙江省政府先后两次将 3 头和 8 头金华两头乌猪作为友好交流礼品赠送给日本静冈县；1999 年 5 月，中国政府将 4 头金华两头乌猪作为诗琳通公主的生日礼物赠送给泰国。

▲ 图 7-1　作为国际交流馈赠礼品的金华两头乌猪

养殖时间长、成本高让金华两头乌猪在市场的冲击下一度挣扎在濒临灭绝的边缘。对此，金华市政府高度重视，从 2013 年开始，金华市政府进一步优化产业结构，培育产业主体，延长产业链，挖掘品牌文化，加快推进畜牧业转型升级，积极促进农业增效和农民增收。2014 年，金华市政府出台《金华两头乌猪产业转型升级行动计划》，金华两头乌猪产业振兴全面启动。2023 年，金华市年出栏金华两头乌猪 6.7 万头，全产业链产值达 6.8 亿元。2024 年，金华印发了《关于支持金华两头乌和金华火腿全产业链高质量发展的若干政策》，包含支持金华两头乌猪全产业链高质量发展的 10 条政策和支持金华火腿全产业链高质量发展的 10 条政策。两头乌精品猪成为鼓励发展品种，并销往北京、上海、广州、杭州、宁波、深圳等地。

不仅如此，金华市高度重视地理标志公共品牌的宣传。2015 年 10 月，金华两头乌猪从全国 1 700 余种农产品地理标志产品中脱颖而出，获评"全国首批国家级农产品地理标志示范样板"。2016 年 6 月，金华两头乌猪被国家工商总局（现为国家市场监督管理总局）认定为地理标志证明商标。2016 年 9 月，金华两头乌猪被选为 G20 杭州峰会晚宴上的特供食材，招待晚宴上的历史名菜"东坡肉"正是用金华两头乌猪肉烹调而成。2017 年 5 月，金华两头乌猪被认定为"首批中欧农产品地理标志互认产品"。2017 年 9 月，金华两头乌猪被认定为"2017 中国百强农产品区域公用品牌"。2020 年 7 月，在正式签署的《中欧地理标志协定》中，金华两头乌猪成为唯一入选的猪肉类畜种。2023 年 12 月，国家知识产权局发布第二批 60 个地理标志运用促进重点联系指导名录，浙江的 3 个地理标志入选，金华两头乌猪在列，是全国唯一入选的地方猪种。如今，金华两头乌猪不但告别了濒临灭绝的险境，并且有望成为高品质猪肉的代表。

近年来，非洲猪瘟重创了中国生猪养殖业，恢复生猪产能得到中央的高度重视。2020 年 2 月，中央一号文件提出保障重要农产品有效供给和促进农民持续增收，要求必须把生猪稳产保供作为当前经济工作的一件大事。2024 年，农业农村部发布《生猪产能调控实施方案（2024 年修订）》，明确要构建完善上下联动、响应及时的生猪产能调控机制，促进生猪产业持续健康发展，不断提升猪肉供应安全保障能力。

二、各界大佬怎么都来养猪行业集会？

目前，养猪已经成为热门行业，一众大企业家包括房地产商都在此领域发力。碧桂园在养猪，网易在养猪，京东也在养猪。2020 年 5 月 7 日，万科官网发布猪场招聘的 5 个岗位，有猪场拓展经理、聚落化猪场总经理、开发报建专员、兽医和预结算专业经理。

万科大手笔养猪并非心血来潮。早在 2018 年，万科就将投资方向向农业领域拓展，谋划了种养循环产业园项目，打造饲草种植、种猪繁育、商品猪育肥和屠宰、食品加工和冷链物流为一体的农业全产业链，项目总投资约 30 亿元。

从整个行业看，"跨界养猪"最出名的是互联网巨头。早在 2009 年，网易的丁磊就喊出了养猪计划。后来，网易养猪场在浙江省安吉县落户。

2018 年 2 月，阿里巴巴宣布"ET 大脑"养猪计划。同年 11 月，京东也宣布进军养猪业，并和中国农业大学、中国农业科学院合作推出了一套人工智能养猪方案。

大企业跨界养猪的理由很简单——养猪毛利率不低于其他行业。

数据显示，2019 年，在 24 家上市猪企中，有 18 家净利同比增长，没有一家亏损。与之相对，2018 年有 13 家净利同比下滑，4 家陷入亏损。其中，生猪养殖龙头企业牧原股份 2019 年实现营业收入 202.21 亿元，同比增长 51.04%；实现归母净利润 61.14 亿元，同比增长 1 075.37%。

但近两年，受持续低迷的养猪行情影响，国内养猪业出现亏损严重的现象。2024 年，25 家上市猪企共获得政府补助金额近 50 亿元，但对于部分猪企而言，政府补助金额相比亏损金额仍是杯水车薪。

三、养猪有什么新技术？

众多企业跨界进入，促使养猪成为一个资金和技术密集的产业，科技水平大为提高。在人工智能时代，人脸识别技术得到了广泛使用并逐步延伸到养猪行业，猪脸识别的应用已成新潮。

在技术先进的猪舍中，有一位 24 小时巡逻、不知疲倦的"饲养员"，它就是京东农牧创新公司独立研发的巡检机器人。机器人整天在猪舍巡检，实时盘点猪的数量，点数准确率为 100%。这还不算什么，只要通过京东农牧独有的 3D 农业级摄像头扫一眼猪栏，就能知道猪舍里每一头猪的体重，整个过程只有几秒，测量的误差可以控制在 3% 以内。

京东农牧独创的 3D 农业级摄像头采用了"猪脸识别"技术，让猪比人更早过上"刷脸吃饭"的生活。猪脸识别技术结合饲喂机器人的精细化投喂和伸缩式半限位猪栏，可以保证每一头猪单独进食，进食的数量"精准到克"，确保每头猪都获得均衡的营养，同一栏猪出栏时的体重差异可控制在 5% 之内。

此外，巡检机器人还可以为每一头猪测量体温、观察猪的进食量变化，如果检测到某头猪出现进食异常或有其他异常表现，可以利用猪脸识别算法快速关联它的生长信息、免疫信息、实时身体状况等，通过 AI 分析在第一时间找到异常原因并通知饲养员对症下药，将病症扼杀在摇篮里。

与此同时，每头猪的生长数据都会被录入系统中，这些数据从京东物流端、仓储端一直打通到消费端，展示给老百姓看。这些智能养猪的大数据还会通过互联网同步传报给畜牧行业管理部门，并将生物安全数据和生产追溯数据同轨并入防疫管理平台和"拱一拱"产品追溯平台。

我们相信，如果越来越多的养殖企业开始拥抱数字科技，进行数字化、智能化养殖，从每一头小猪的智能养殖开始踏出一小步，就可能实现农业数字化转型升级的一大步。

四、科学繁育：如何打通养猪第一关？

"金猪时代，得母猪者得天下。"利用科学技术确保母猪高效繁育小猪，事关生猪产能恢复。2024 年，我国生猪出栏 70 256 万头，MSY（每年每头母猪提供的出栏数）相比国外技术领先的国家少 5 头左右。

猪生产素有"六字真言"：多生、少死、快长。多生是提高每头母猪每年提供断奶仔猪头数的前提。在母猪排卵数、受精率、胚胎死亡率、子宫容积、胎盘效率等众多影响生育率的因素中，母猪妊娠过程中胚胎死亡数占产仔数的 30%~40%，其中 60% 的胚胎死亡发生在胚胎附植期。如二花脸猪具有世界上最高的窝产仔数，其妊娠第 12 天的胚胎高存活率是保证高产的重要指标。除了猪胚胎形态快速转变期的胚胎自身发育失败导致死亡，胚胎附植的成功与否在很大程度上是由母体子宫功能及其内环境控制的。研究阐明，调控好猪胚胎附植期母体的子宫功能对降低胚胎死亡率及提高繁育率都具有重要的科学和经济价值。

猪的繁育用到很多新技术，例如，在人工授精技术还不普及的时候，对于一头种公猪来说，能担负 20~30 头母猪的配种任务就已经十分难得了。而现在，在人工授精技术的支持下，一头公猪的精液经过稀释后足以给 500 头母猪配种，这样不仅可以省下种公猪的养殖成本，而且人工配种后母猪的产仔整齐度也要高于本交的母猪。

在过去的十年中，猪的人工授精技术有了很大的发展和突破。普及使用人工授精技术可以生产生长速度快、瘦肉率高的商品猪。从场外引种公猪的精液代替引进活体猪种的方式可以防止严重的疾病传播，同时能得到高质量的基因。

母猪要既能生，也能育。有足够的奶水哺乳猪仔，才能提高成猪产量。如果母猪乳房存奶量少，奶汁分泌"细水长流"，而猪仔食量大，永远处在索求中，母猪不堪其扰，休息不好，就会进一步影响奶水的分泌。所以，现在工厂化养猪特别给母猪配备了"自动升降产床"，哺乳时间一过，不管猪仔如何嗷嗷待哺，母猪都怡然自得地随产床上升，摆脱猪仔的纠缠而呼呼大睡。等奶水储存到位后，产床会下降，猪仔蜂拥而上，饱餐一顿。这样会实现母猪休息和猪仔进食两不误，生产效率大大提高。

人需要关爱，猪也需要关爱，母猪和猪仔更需要关爱。母猪和小猪长得好，猪场收益就好，关爱永远是互惠的。

五、养猪也能有大作为？

养猪业大有作为

前几天，在讲"猪生产"这门课的时候，授课老师被学生调侃："老师讲课的报酬太低了，不如养猪去！"

老师笑着回答道："你不妨算一算，如果你在'猪生产'课上找到一位同样立志养猪的另一半，毕业后两个人养活 50 只母猪，一头母猪一次生 10 头小猪，一年生 2 次，

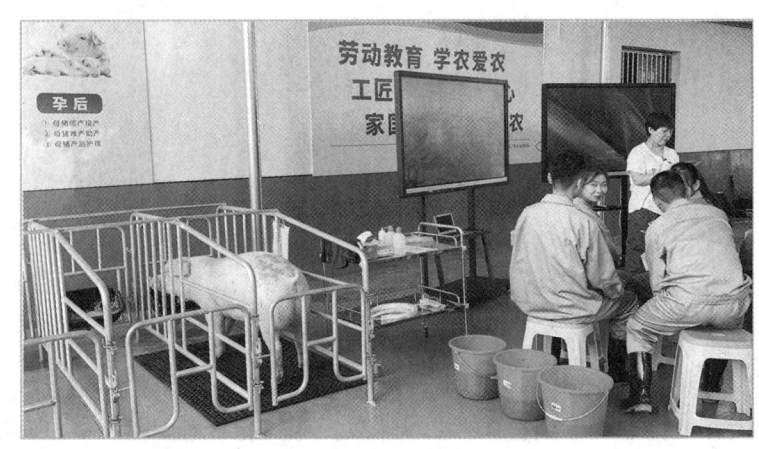

▲ 图 7-2　畜牧兽医专业学生实践场景 1

一年就能养 1 000 头肉猪，行情好的时候一头肉猪能赚 1 000 元，小两口一年能挣 100 万。我上一节'猪生产'课，40 个同学听，只要有 10 对养猪夫妻，那给一个班上课的经济效益一年就有 1 000 万产值了！"

如今，畜牧兽医专业的学生成了香饽饽（图 7-2、图 7-3）。学习两年专业知识后，学生需要参加生产实习，实习工资每月 3 500 元，包吃包住。对于岗位实习的学生，很多猪场开出了每月 6 000 元的工资。毕业后经过数年实际工作的磨炼，学生熟练掌握智能化猪生

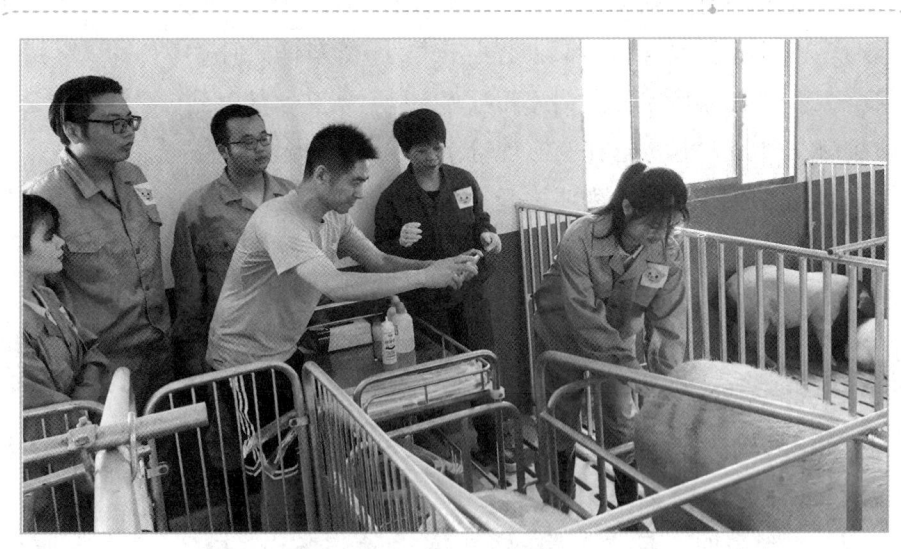

▲ 图 7-3　畜牧兽医专业学生实践场景 2

产的技术技能后，年薪 50 万都是可能的，很多大三学生还没毕业就被企业抢着要了。养猪也要高技能，绝非虚言。

六、宠物医生如何体现仁爱之心？

"超声刀"——母猫
绝育手术

心理压力和人体内的一种激素有关，它叫皮质醇。压力越大，皮质醇分泌得越多，而皮质醇又会影响免疫系统和胆固醇含量，于是压力就和心脏病挂钩。

研究表明，在心脏病人群中，养宠物的心脏病人血胆固醇水平比没有宠物的心脏病人低 20%，也就是说养宠物可以通过缓解孤独感来减少人们的压力，抑制皮质醇的过量分泌，进而降低得心脏病的概率。所以，养宠物是一件利于身心健康的好事，为宠物提供服务的动物医学专业也是造福人类社会的好专业。

除了养猪这个热门行业，城市生活中还有另外一个朝阳行业——宠物医生。

有一次，宠物医院收到一只患病的小狗，它在晚饭之后出现气喘的现象，而且越喘越厉害，主人觉着不行，赶紧送去动物医院就诊。检查下来，原来是小狗咬断笔头，笔头卡在喉咙口里了。过去遇到这样的情况只有开刀，现在有了先进的技术，使用超细内窥镜，从狗的鼻孔插进去，不但可以观测到里面的异物，还能利用前端的爪子抓取异物，直接将其取出来。前后不到 1 小时，小狗就恢复如初了。

给家养的母猫绝育也是一件善事。虽然母猫绝育听起来很残忍，剥夺了母猫做母亲的权利，而且绝育手术有一定的风险，但养过猫咪的人都会在猫咪发情的那段时间心力交瘁，原本乖巧安静的猫咪突然焦躁不安、性情大变、食欲减退，尤其喜欢在半夜闹腾，不停抓门、声嘶力竭地嚎叫。为母猫做绝育手术，不仅可以减少疾病的发生，还可以缓解猫咪的焦躁情绪。母猫绝育手术主要是摘除其子宫和卵巢。绝育可降低猫咪患卵巢囊肿、子宫蓄脓、子宫肌瘤、乳房肿瘤等疾病的概率，猫咪的性情也会稳定很多，不会再半夜哭叫、焦躁难安。

对于社会来说，猫咪绝育后可以减少流浪猫的数量。母猫绝育的最佳时间一般是在性成熟（第一次发情）前，差不多 6~7 个月时。绝育手术应尽量早做，母猫出生后 4~6 个月就可以进行手术，时间越早越能避免生殖系统患病。研究表明，绝育年龄越大，母猫将来患乳腺肿瘤的概率就越大。如果母猫已经性成熟，或者是经产母猫，应尽量避免在发情期进行手术。

母猫绝育后身体虚弱，需要主人悉心呵护。要为猫咪带好头套或手术衣，避免伤口感染，千万不能让它舔到伤口。可以喂食一些营养膏或高级罐头之类的食物，帮助猫咪补充营养。

▲ 图7-4　畜牧兽医专业课堂教学

　　过去，给母猫做绝育手术使用常规的手术刀，流程为切开腹部把器官剪掉，把里面的伤口缝合，再把外面皮肤上的伤口缝合，手术比较复杂，容易造成后遗症。现在最新的母猫绝育手术使用的是"超声刀"，整个手术是微创的，手术时间很短，不到30分钟就完成了。手术时，将超声刀头前1/2处夹住卵巢动脉和卵巢韧带，按下按钮，时长不能超过7秒钟，然后切割。使用超声刀止血非常彻底，切割也非常干净，对猫造成的损害很小，手术后，猫很快就可以行走。

　　整个手术收费在2 000元左右，用时大概15分钟，成本主要是超声刀的刀头。正规情况下，刀头属于一次性器械，重复使用容易产生交叉污染。宠物医生不能贪图利益把一个刀头用于多个母猫的绝育手术，这既是关爱生命的体现，也是信守职业道德的基本要求。

七、畜牧专业"水有多深"？

　　金华职业技术大学的畜牧兽医专业（图7-4）人才济济，大家各有所长。从职称上说，讲授养猪、养牛、养珍珠、配饲料、治猪病的教授有6名；从学历上说，毕业于南京农业大学、比利时根特大学等高校的博士有 15 名。他们从事着同生命相关的教学和科研工作，传授相应的技术技能，而学生通过学习掌握了一技之长，成为德智体美劳全面发展的社会主义建设者和接班人，回报父母、服务社会。

畜牧专业的一位学生毕业后在台州开设了一家宠物医院，离校 10 年后第一次见到当年的班主任时十分激动："老师，金华职业技术大学真真切切地改变了我的人生，您当初说的一点都没错，'专业学得好，生活没烦恼'！我现在开宠物医院很赚钱，我决定让我儿子以后也来学畜牧兽医专业！"对于他的这个目标，老师笑着说："那得让你儿子刻苦学习，将来才能以优异的成绩考上金华职业技术大学。"

我自己就是"一考定终生"的。2000 年高考时填写了"动物科学"专业，当时被戏称为"养猪专业"。顺着专业学习的惯性，2004 年我考上了"饲料生产加工技术"硕士专业，2006 年来到金华职业技术大学从事"畜牧兽医"专业的教学工作，工作期间考取了"动物遗传育种与繁殖"博士和"畜牧学"博士后。20 年来，我在浙江大学养了 2 年的金皮杂交猪；在挪威生命科学大学养了 2 年的三文鱼、罗非鱼、水貂；在南京农业大学养了 3 年的豚鼠；在台湾屏东科技大学养了 3 个月的肉鸡；在美国宾夕法尼亚州立大学养了 6 个月的奶牛；还在美国明尼苏达大学处理了 1 年的猪场废水；眼下正在本地研究放养跑山猪。现在在学校讲授的课程全部和动物相关，如"宠物营养与食品""猪生产""动物繁殖""畜牧机械与设备"等。随着接触动物相关行业的时间越来越长，我对动物科学类专业也越来越有感情。任教 18 年，最让我有成就感的事情就是能在任何地方和任何人分享与动物科学有关的知识。除了给大学生讲授"犬猫的营养需要和饲料配方"，我也给幼儿园小朋友讲"动物包括人在内为什么要喝水"，带小学生到流浪猫收留中心讲解"为什么要给流浪猫做绝育手术"，给高中生讲"畜牧兽医对社会的重要作用"。作为金华市科技特派员，我喜欢到猪场给养殖户讲"猪场废水如何进行标准、合理、合法的处理"。

总之，无论养猪还是宠物医疗，都是好专业。只要技能高超、服务到位，不但足以获得体面的收入，还能在关爱动物生命的同时让自己的生命更加有意义、生活更加充实。

问题思考：

学养猪，能学到哪些技能

1. 什么是"智能养猪"？

2. 职场中应当具备怎样的职业道德？

睡着了还能赚钱?

「主讲人」

认识数据分析师

在数字化技术日新月异的今天,企业积累的客户数据、交易数据、管理数据等呈爆炸式增长。据麦肯锡的数据显示,当企业将数据分析与业务深入结合时,其生产率和盈利率可以比竞争对手高 5%~6%。如何有效运用数据,通过数据分析为企业带来更大的经济效益,成为当下各个企业面临的新机遇。

近年来,数据分析得到学术界、产业界和政府的高度重视。在学术界,自纽约大学 2013 年首次开设商业分析专业硕士课程以来,其他高校陆续增设相关专业。在产业界,越来越多的企业增设"数据科学家""数据分析师""数据产品经理"等岗位,国内互联网巨头百度、阿里巴巴、腾讯等利用自身数据优势,通过自有的数据研究中心,发布各类分析报告与数据产品,挖掘数据的潜在价值。在政府方面,我国于 2015 年 9 月发布首个大数据国家行动计划,即《促进大数据发展行动纲要》;美国政府任命 DJ Patil 为第一任首席数据科学家,其他一些国家也鼓励行业开展数据化运营,支持"数据驱动型"企业的发展,如新加坡和澳大利亚政府直接拨款赞助开设商业分析部门的企业。在此背景下,2016 年,我国教育部根据《普通高等学校高等职业教育(专科)专业设置管理办法》,确定将"商务数据分析与应用"专业设为高职电子商务专业大类下的增补专业。以上这些无不彰显数据分析的重要性与迫切性。

数据分析风靡全球,做一个成功的数据分析师正当其时!

一、数字时代,数据有多重要?

数据分析创造价值

每一次时代变革都有自己的标志,如 19 世纪的煤炭和蒸汽机,20 世纪的石油和电力。进入 21 世纪,随着技术的进步,产业变革不断涌现,就像阿尔文·托夫勒在《未来三部曲》中描述的"大数据正以'第三次浪潮'的气势和姿态席卷全球"。有人说"数据是21世纪的石油"，数据将成为如同煤炭、电力和石油一样的基础资源。但有别于传统资源的不可再生性，数据是一种取之不尽、用之不竭的资源。

无论自然界还是人类社会，发生的一切如果未经记录，将会转瞬即逝，而一旦采用量化的方式记录下来，通过后续操作，就可能成为重要资源。随着数据的积累和处理海量数据技术能力的提高，许多看似无用的数据，也越来越显示出其价值。

一个人哪怕是在最无所事事时也会产生各种数据，如体温、血压、心跳、呼吸频率、入睡时间、起床时间、睡眠时长、脑电波、梦境、梦呓、眼球转动、翻身、起夜，如果再加上与睡眠有关的室温、湿度、噪音强度、卧室面积等，数据就更多了，能够从中获得的信息也更多了。大家还会想到很多来自人体、环境、设备及人与环境、设备交互的数据。所有这些数据是否有价值，既取决于用于何处，也取决于如何处理和使用。就此而论，如果一个人在睡眠中形成的数据的价值能归数据产生者所有，那么睡觉也能赚钱！

二、从资源到资产，睡梦中的数据如何开发？

通过对人们睡眠中产生的数据进行持续地采集和多方位分析，可以得到一些特征性描述，如睡眠时长、体温变化、心跳节奏、血压和血糖波动等。如果数据采集的时间跨度足够长，还可以在时间序列上得到个人各项指标的变化趋势，如随着年龄增长，起夜的次数增加、睡眠质量下降等。

然后，寻找具有相似特征和指标值的群体，如将相同年龄段或在睡眠时长、起夜次数、血压、心率等指标值上相近的个人归为同一类型，然后加以分析，可以找到不同特征之间的关联性，以及同环境因素的关联度，如年龄与睡眠质量的相关性、床垫软硬程度与睡眠时长的相关性等。这样，数据就被激活了，可以用作产品设计、优化的参照依据，为消费者带来合乎需要的产品，为企业创造利润，为社会增加财富。

目前，上海市作为国家居家养老的试点城市，已开展各类基于数据分析的支持项目。例如，睡眠数据采集：为每位志愿者分发一张特殊的床垫，这个床垫装有各类传感器，可以记录睡眠者的各项人体参数。大规模数据采集完成以后，可以绘制出各类人群的睡眠画像，获得各项指标的正常运行区间，为工作人员提供判断依据。当居家老人的某些指标出现明显变化，如体温血压骤然升高、起夜次数突然增加、翻身次数明显减少等情况时，系统就会预警，接到信息的社区工作人员可以及时采取措施，防止危险情况的发生。

此外，我们也可以从商业的角度来分析。例如，晚上翻身次数的增加，是否意味着难以入睡，睡眠质量下降，或是身体有异样？资讯类 App 或电商 App 稍后就会推送保健资讯或者推广相关非处方药。通过这些例子可以发现，要让数据产生价值，就需要对数据进行加工、分析和利用，让数据实现从资源到资产的转变。

三、字节跳动，数据如何产生财富？

"刷完这条抖音我就睡觉。"这是当下流行的一句玩笑话。抖音仿佛有一种无法抗拒的魔力，让人停不下来、走不出去。《中国网络视听发展研究报告（2023）》显示，抖音用户的日均使用时长约为 2.5 小时。抖音的母公司——字节跳动，是一家成立于 2012 年的公司，目前其市场估值已经高达数千亿美元，仅用了 10 余年时间就达到传统企业要花几十年、甚至是上百年才能达到的规模和市值，而它的成功来源于对数据资源的运用。

字节跳动旗下除了抖音，还包括新闻类、社交资讯类、社区类、小视频类、生活场景类等产品。这些产品全方位地收集用户信息，构建全面且丰满的用户画像。字节跳动借助独特的算法，源源不断地向用户推送符合其偏好的资讯，构建为用户定制的"信息茧房"，刺激其满足感和愉悦感，视频制作者由此获得高收益率，应用程序获得高黏性，而旗下各类产品通过精准的信息流广告，提高营销效果，进而调动商家投入广告的积极性。这一切得以实现的基础是数据和在挖掘数据的基础上运行的个性化推荐算法。

个性化推荐算法本质上是一个由人工智能技术驱动的拟合函数，通过内容（如主题词、兴趣标签、热度、质量等）、用户（如兴趣、职业、年龄、性别等）、环境（如地理位置、时间、天气、场景等）三个维度的变量输出推荐结果。结合企业获取的三个维度的海量数据信息，平台会运算出一个预估结果，然后对小批量相同标签的用户进行实时推荐；如果用户反馈的达到设定标准，则将此内容进行大规模推荐。依靠这套推荐系统，字节跳动使平台长尾内容实现了有效的分发和触达。

中国互联网信息中心公布的第 54 次《中国互联网络发展状况统计报告》显示，截至 2024 年 6 月，我国网民规模近 11 亿人；根据字节跳动的官方数据，抖音的日活跃用户达 7 亿人。运用数据和算法理解"人性"，通过个性化推荐实现用户与内容的准确连接，字节跳动抓住了"人性"，自然也就抓住了市场。

四、数据分析师，从哪里来，往何处去？

通过字节跳动这个例子，我们发现，数据资源的有效利用可以为企业创造巨大的财富价值，促使这个转化发生的是当下的一个热门职业——数据分析师。

其实，从数据中寻找隐藏的信息，是一个古老的行业，只是过去没有冠以数据分析师的称呼而已。在许多古老的行当里都能发现今天所说的"数据分析"的影子。例如，古代用于指导农业生产的谚语，包括二十四节气等，都包含了古人通过有限的数据（在那个年代称之为"迹象"更加合适）为生产生活寻找参照的智慧。古代技术与今天的数据技术相比，主要区别在于其数据量较小、量化水平较低、数学运用能力的有限甚至完全缺乏——毕竟"掐指一算"不是任何数学意义上的运算——其背后的科学理论支撑是薄弱的。

随着互联网、大数据、云计算的广泛应用，过去需要成百上千年才能积累起来的数据，现在变得唾手可得。2011 年，全球共产生 1.28×10^{12} GB 的数据，2012 年这个数字翻了一倍多，达到 2.8×10^{12} GB。国际数据公司（IDC）预测，预计至 2029 年，全球将产生 527.47×10^{12} GB 数据。通过统计模型和人工智能的算法，我们可以验证过去看似不确定的、感性的经验。只有掌握了数据采集、数据探索、数据建模、可视化等技术后，我们才能挖掘和发挥数据的价值。但是，数据再多、算法再精、计算机速度再快，如果没有人的参与，数据分析就没有方向，数据的价值也无法体现。

数据是死的，人是活的。同样的数据在具有不同思维的人的处理下，可以产生截然不同的结果。

数据时代，最重要的不是数据本身，而是能从数据中"榨出油"来的数据分析师（图 8-1）。

▲ 图 8-1　数据分析师的工作场景

五、数据相同，何以结论不同？

运营过网店的人都知道，促销活动后复盘很重要。通过回顾促销活动期间的核心数据，获得投入产出比等指标，据此判断促销活动的效果，分析存在的问题及其原因，可以推断出后续应采取的措施。如果缺少网络零售行业的知识背景，即使将数据摆在面前，也无法得出有价值的信息。对于一个分析网络零售市场数据的数据分析师来说，必须具有电子商务的相关知识。而对于一个面向股票市场的数据分析师来说，必须具有金融行业的专业知识。但是，这并不是说不是行业从业者就不能分析相关行业数据。数据分析师有能力在任何行业——包括熟悉或不熟悉的行业里开展工作，但要是具备相关专业知识，必定如虎添翼、更胜一筹。

金华启创文化有限公司的总经理翁毓龙是金华职业技术大学 2017 届的毕业生，他创设的"电商协同体"模式被媒体广泛报道，他所用的主要技术就是数据分析。求学期间，他参加校内实训课程时被要求分析教学公司旗下天猫店的促销活动运营数据，其中"接待转化率"这个指标在活动期间波动较大，从平时的 25% 下降到活动期间的 6.7%。换句话说，这家店铺平时的接待支付转化率是 25%，即 4 个咨询的客户中会有 1 人下单，这个数据高于店铺所属的园艺家居类的平均值，但在活动期间，这个数值一下降到 6.7%，即每 10 个来询单的客人里还不足 1 人下单。

在对促销活动进行复盘总结时，大部分同学将这个数值的变化归因于客服服务能力的欠缺。因为通常情况下客户主动询问客服就表明其对产品有浓厚的兴趣和较强的购买意向。从这个角度来看，认为客服工作不到位导致活动效果不理想，也不是不能成立。如果顺着这个思路，下一步的工作应该是在下次活动期间增加客服的数量，前期加强客服的专业知识培训，改进客服的话术等。

但是，翁毓龙给出了完全不同的答案，他认为活动失利的原因不在客服，而在运营。他的理由是"咨询—回复比"和"咨询—回复条数"这两组数据的不相匹配。

"咨询—回复比"是指顾客问、客服答这两者之间的比值，一问一答的比值是 1，一问多答的比值会大于 1。企业希望看到比值大于 1，即一问多答，这说明客服在回答咨询时，还进行了关联销售、交叉推荐等。店铺促销活动期间"咨询—回复比"值达到 1.4，而平常值差不多是 1，也就是说，活动期间客服并没有消极怠工，而是主动回答并积极推荐。相应地，"咨询—回复条数"是指客户咨询、客服回复条数的绝对值。平时店铺的客户咨询数量大概是 1 200 条，活动期间达到 3 100 条，近乎是平时的 3 倍。

　　根据这两组数据，翁毓龙认为活动期间客服的工作状态没有问题，不但积极主动推销，而且工作量是平时的 3 倍。所以，失利的原因应该是活动前咨询量没有上升，而通过大促平台流量吸引进店的客户把关于活动的咨询提问留到了活动开始以后，这造成客服的工作量暴增，但效果不如人意。

　　顺着这个思路，他得出下一步工作要点是修改店铺的促销活动预热策略，活动前做好蓄客、答疑等工作，这样在活动期间就能主攻转化、催单等工作。

　　翁毓龙之所以能提出自己独到的见解，原因在于他从大一就开始在教学公司的天猫店、京东店、速卖通店等轮岗，因此积累了丰富的电商运营知识。2017 年毕业时，他创办的公司年销售额已达到 1 000 万元，"电商协同体"还为师弟师妹们提供了实习和创业的机会。在最高峰时，协同体内有 22 家淘宝店、88 家拼多多店、18 家速卖通店。

　　只有具备行业领域知识才能真正掌握平台规则、产品特点，准确理解指标的含义及其背后的逻辑，选择适合的分析指标，并正确指导活动复盘和运营优化。数据分析师只有具备行业领域知识，才能读懂、用对手头的数据，成为合格的职业人。

六、优秀数据分析师是如何养成的？

数据分析师的职业
修炼之路

　　掌握行业领域知识，每日按部就班地完成分析任务，还称不上是优秀的数据分析师，在数据驱动产品优化的技术环境下，数据分析师还需要更上一层楼，优秀的数据分析师正是在一次次的专业学习中成长起来的（图 8-2、图 8-3）。

　　网络游戏是当下年轻人热衷的休闲娱乐方式，也是利润丰厚的互联网行业之一。金华职业技术大学 2014 级学生曾俊毕业后进入本地一家网络游戏装备交易公司，做"游戏装备交易险"项目的产品经理助理，业务性质类似于淘宝平台的运费险，每天的工作就是收集装备交易险的销售情况，对部分客户进行回访。但是，他并非机械地完成常规工作、被动地等待任务，而是利用手头数据，主动分析出售的"交易成交险数量"和"交易装备成交价格带"之间的关系，发现了一个很有意思的现象：网络游戏玩家在购买高价格（3 000 元以上）和低价格（100 元以下）的游戏装备时通常不购买交易险。这是什么原因呢？

　　当时游戏公司只提供覆盖交易完成后 3 天的 1 个保险品种，他对部分客户进行回访后发现，低端装备交易玩家认为装备本身不值多少钱，购买交易险不划算，没必要；而高端装备交易玩家则认为该险种有价值，只是覆盖时间太短，他们希望该险种覆盖的时间再长一点。

通过一个简单的交叉分析，他获得了产品优化的灵感，在企业"金点子系统"里提交了游戏交易装备险分级销售的建议，即将当前的游戏交易装备险细分为覆盖1天、3天、7天，售价随覆盖周期的延长而提高。分级策略付诸实施后，仅游戏装备交易险这一个产品，每个月就为企业增加近200万元的营收。当然，曾俊的产品业绩提成也水涨船高。

曾俊之所以能有所发现、有所突破，得益于其主动探索的职业精神。"交易成交险数量"和"交易装备成交价格带"这两个数据之间的关系是客观存在的，但要能看出并解释这样的关系，除了需要敏锐的眼光、扎实的专业知识，还需要强大的内驱力。内驱力是职业人精益求精、出类拔萃的重要推动力，一个优秀的数据分析师一定是一个有着强大内驱力的职业人！

▲ 图8-2　数据分析专业教学场景1

▲ 图8-3　数据分析专业教学场景2

七、数据分析如何攻坚克难？

用户在网上购买高价产品时，自然会有"是否买贵了"的担忧。这很正常，互联网带来收获的扁平化，其中就包括价格的扁平化，既然可以"货比三家"，为什么同样的商品要多花钱？想法很好，但真要判断有没有买贵了还是有一定难度的，不然就不会出现这种担心。事实上，一些平台宣称的"最低价"未必真实，虚假促销或"大数据杀熟"等现象始终存在。

消费者的需要就是技术创新的动力，第三方比价系统应运而生。

第三方比价系统的原理是不间断地抓取各个平台的标品价格，然后找到历史最低价，把这个最低价格告诉消费者。这个项目是首届"中国大学生软件杯"竞赛的题目。研究团队本以为建立这样一个系统不会太难，使用开源框架 Heritrix 和 Sphinx 就可以搭建起来。在后续的数据抓取过程中却碰到一个困难：某个电商平台部分商品的促销价不是数值，而是一张张图片！并且，当时只有这家平台是这样，其他平台都没有这个问题。这该怎么办？放过这一家，只管其他平台，还是对所有平台一视同仁，一个都不能少，想方设法抓取数据？

经过反复思考和讨论，团队决定还是要把这个平台的价格抓取下来，因为这很有可能就是"历史最低价"。况且，如果因为爬虫系统运行的效率低、抓取速度慢，导致没有抓取到最低价格，那是产品性能的问题；如果明明看到了这个价格，却因为某些原因没有抓取，那就是产品设计缺陷的问题。前者如同战术的问题，而后者则相当于战略的问题。决心已下，接下来就要解决"怎么抓取"的问题了。

放在当下，我们有各种图像识别"OCR 接口"可用，但当时并没有这类接口服务。另外，即便现在使用的这类图像识别工具也有免费识别的次数限制，低精度的图片一天也只有几万张的额度。如果每天 24 小时不间断地抓取处理这样的图片，数量肯定远远不止几万张。参赛的同学上网查阅了大量资料，也没有找到好办法。后来还是通过仔细阅读页面原码，找到了生成图片价格的 JS 代码，发现价格数值会生成在 CSS 样式表中，这才最终解决了这个问题。

数据分析师在具体分析数据的过程中会碰到各种各样的问题，包括各种并未学过的知识和技术，甚至可能进入技术文献、参考资料都无从获取的未知领域。在这样的情况下，只有保持攻坚克难的精神，独辟蹊径，才能走出一条思路和技术创新之路。娴熟地驾驭数据，突破性地使用数据，创造出有价值的产品，这种精神不仅适用于数据分析师，也适用于其他职业。

八、数据分析如何在不同行业中发挥作用?

今天,如果被问及数据分析在个人的专业领域中有没有应用价值,大部分人的回答是肯定的,毕竟数据之重要已经深入人心。但如果真要回答有什么具体价值,有多大价值,很多人的答案还是很模糊,这是大部分人的认识现状。

其实,数据分析在各领域中除了用于描述现状、协助预测和决策,还能有很多我们意想不到的用处。某次暑假外出学习,我碰到生物专业的一个朋友,得知我讲授数据分析的课程之后,她非常感兴趣,还告诉我,她的主要工作也是数据分析,主要用数据分析的方法解决生物的问题。例如,她研究生阶段的工作是研究手指尖的透光度与血氧饱和之间的联系,通过手机的摄像头对手指尖拍照,利用图片数据判断分析血压、心跳、血氧饱和度等指标。而她目前做的项目是跟浙江省高速公路合作,调取高速公路路口高清摄像头拍摄的视频来预测司机酒驾的概率及路段发生交通事故的概率。据说一个人有没有喝过酒,是可以通过呼吸频率和面部表情分析出来的,而目前高清摄像头的图像已经具备提供分析所需数据的能力。过去,需要专业仪器、停车检查等方法才能实现的功能,今后通过图像识别和数据分析就可以做到。数据分析在许多专业领域都有了突破性的应用,给原有的工作思路、方法和流程带来颠覆性的变化。

如果有心,你还可以收集更多类似的案例,如通过数据分析的方式帮助农民进行病虫害防治、传统企业利用信息流广告创新宣传手段等。数据分析无处不在,各行各业都需要。无论从事哪个职业,学一些数据分析,掌握基本的理论和方法,都一定会为职业的发展提供帮助!

数据分析师,
人人皆可为

问题思考:

1. 数据分析如何为你的专业所用?
2. 如何提升职业内驱力?

03 职业之艺
篇首语

职业诞生于人类生产活动的专门化。"让专业的人做专业的事",是提高生产效率、提升产品和服务品质的最便捷有效的方式。做好、做精、做到极致,是所有职业的必然要求,而市场是让这个要求达到顶峰的最大推动力量。要想在职场中取得成功,技艺上出类拔萃是必不可少的,但只看到技艺,看不到人,也无法使产品或服务更大限度地满足人的需求。技艺需要人的传承与创新,尊重技艺之"形",守好技艺之"魂",厚植文化之"根",这样才能使技艺实现创新性发展。

"一招鲜,吃遍天"是旧时手艺人的经验和心得,至今仍然有效,只是现代职业人不但手上要有绝招,头脑里还要有创意。无论是调和五味、创制新菜、协同团队,还是经营酒店,职业人都能见招拆招,因为他们深知"职业不只是手艺"。职业人立足于手艺,但又不局限于手艺。

职场如赛场。有些新项目可以提供很多创造世界纪录的机会,而有些经典项目如跳高,横杆早就升到令人生畏的高度。面对行业里堆积如山的技艺财富,能否传承下来,再开发创新,是许多历史悠久的职业给新生的职业人提出的共同挑战。"中药是穷讲究吗?"答案是:如果不讲究,就没有数千年的绵延,也就没有今天职业人的创新发展。

人类生产的历史经历了从以满足物质需求为主,到以满足精神需求为主的演变。物质需求比较明显,而精神需求较为隐蔽。技艺最高的职业人不但能够在物质产品的生产中精益求精,还能发现消费者未曾明说的精神或心理需求。满足需求有价,发现需求无价,"设计产品"有价,"传承文化"无价。

职业人需要传承,让自己少走弯路;职业人更需要创新,为后人留下坦途。站在巨人的肩上,才可能有好的发明创造,但要比巨人高出一头,职业人就需要有更高的才艺。真正出类拔萃的职场人一定是善于创新、乐于创新的。

▎学习目标

① 明确工匠的地位，形成尊敬工匠、争做工匠的职业意识，强化传承中华优秀传统文化的意识与举措。

② 强化技能改变人生、技能改变命运、技能改变生活的职业认知，培养重视创新创造的职业素养，发扬创新精神，提升创新能力。

③ 树立重视基本功、追求极致和拼搏进取的职业精神，努力成为卓越人才。

厨师以烹饪为职业、以烹制美食为主要工作内容。厨师这一职业出现得很早,在人类社会出现分工之后,就有了专门从事烹饪的人。随着经济的增长和文化的繁荣,厨师职业迅速发展,专职厨师队伍也不断扩容。据统计,21世纪初,全世界厨师队伍已发展到数千万人,而中国素以烹饪王国著称,厨师的规模十分可观。厨师作为一个历史悠久的职业在新时代正迎来新的机遇!

一、厨师的白帽有何玄机?

世界各国的厨师,工作时穿的工作服可能不一致,但戴的帽子一般是一致的,都是白色的高顶帽。戴上这种帽子烹饪食品,可避免厨师的头发、头屑掉进菜中,有利于保持卫生。不过厨师最初戴这种帽子倒不是因为卫生,而是作为一种标志。

中世纪的希腊,动乱频繁。每遇战争,城里的希腊人就逃入修道院避难。有一次,几个著名的厨师逃入修道院,为安全起见,他们打扮得像修道士一样,黑衣黑帽。他们与院里的修道士相处得颇为融洽,每天为修道士做饭。日子一长,他们觉得应该从服饰上把自己与修道士区别开来。于是,就把修道士戴的黑色高帽改为白色,其他修道院的厨师也纷纷仿效。到今天,几乎全世界的厨师都戴上了这种帽子,白色的高顶帽成为厨师的特征性标志。

除了白色高帽,厨巾也是这个职业的标志,不过内涵有所不同。厨巾的主要作用是围在厨师的脖子上挡汗,因为厨房里热火朝天,厨师汗如雨下,需要有擦汗的东西。不过,与厨师的白色高帽不同,厨巾的颜色会有所区别,因为它被用来区分不同工种或岗位。例如,有些酒店把红色确定为总厨色,有些酒店则把黄色确定为总厨色。用什么颜色来表示岗位没有统一的规定,由酒店自行确定,只要能让人分清其工作岗位就可以。外人如果看到厨师围着有颜色的厨巾,可以询问是哪个岗位的,但厨师一般不会直接明说。所以,厨巾的色彩具有不确定性,不能自动表明厨师的职业岗位。

二、厨师帽子的高低也有讲究?

厨师帽子的高低有讲究吗?有。厨师有不同的类型和级别,可以从帽子上看出来。

常见的厨帽有两种样式:一种呈方形,一般是西式厨师戴的;另外一种呈半圆形,一般是中餐厨师戴的。

方形白帽的高低表明厨师级别的高低,帽子越高表明厨师的级别越高、厨艺越高。据了解,法餐厨师戴的帽子最高达 35 cm,所以,在法国人们总爱用"大帽子"这一称号称呼那些技术水平高、有名气的厨师。

厨师的帽子按高矮分为厨师长帽、厨师帽、厨工帽。除此之外,帽褶的多少也有讲究,与帽子的高矮成正比。厨师长帽一般高约 29.5 cm,帽褶较多,是总厨、大厨戴的;厨师帽的高度则低得多,帽褶也少;厨工帽则基本没有高度,帽褶也更少。总之,从厨帽高低和帽褶多少可以大致看出厨师的级别,甚至粗略估计厨师的厨艺高低。

在业内高手聚集的场合,帽子的高低直接影响话语权。帽子还象征着荣誉,同样在酒店工作,能戴上最高帽子的工作者,通常已经做到行政总厨或厨师长的职位,除了工资高,还有荣誉感。顾客看到厨师戴着高帽,会产生一种仰慕之情,高帽也给厨师本人带来职业荣誉感。

跟其他职业一样,厨师也是一层一层往上升任的,没有人天生就是大厨、大师。即使是天才,也要经历多年的努力才能成为一个高级厨师。

三、"高帽子"有那么好戴?

厨师帽为何有高低

在日常生活中,给人"戴高帽"是一种略带调侃的讽刺。明知道这个人没什么能力,却将其捧得高高的,最后等着看他出丑。"高帽子"不好戴,这是千真万确的。

厨师的高帽子因为货真价实,更不好戴。

2016 年,中央电视台《走遍中国》栏目在全国搜索经典美食,受该栏目邀请,我主理过一席"金华火腿宴",当时摄制组一行直奔金华,就是冲着火腿来的。摄制组联系了浙江省餐饮行业协会,协会推荐了我,于是我前往中央电视台料理了一桌金华火腿菜。

金华火腿名气很大，但现在吃的人不多，既不是因为价格贵，也不是因为不好吃，而是因为好多酒店或家庭不会做，所以，中央电视台别具匠心，推出的是家常版的金华火腿菜。节目播出之后反响热烈。

同年 11 月份，中央电视台《远方的家》又找到我，要求再做一次金华火腿宴。这次是在我家里做的，是真正的家庭版火腿宴。

在此之前的 2014 年，我曾带着酒店管理专业学生参加上海亚信峰会的晚宴。金华职业技术大学旅游学院曾多次参加国宴级别的接待活动，均圆满完成接待任务，学生也在国际级别的舞台上得到了充分的锻炼和展示。

2016 年，我受邀参加 G20 杭州峰会晚宴的厨房菜品研发和设计。同样，2017 年、2019 年金华连续举行两届千人发展大会，由市政府主办，邀请金华籍知名人士参加，让名流们在经济、文化、旅游等方面为家乡作贡献，为此要盛情款待嘉宾。举办欢迎晚宴，需营造家的氛围，让嘉宾们共叙家乡美味，因而宴会的主题、菜品、台面都要具有家乡特色，能引起贵宾们的"乡愁"。这场盛大的宴会由我和金华国贸景澜饭店的厨师团队共同设计，顺利地完成了菜品的制作，赢得各方好评。

荣誉来自技艺，有卓越的成果才配得上厨师的高帽子！

其实，我在大学里学的并非烹饪专业。20 世纪 90 年代初，我毕业后被分配到职校，因为学校里没有我所学的专业，时任校长看我从农村来，比较勤奋，能吃苦，让我转学厨师。说实话，当时我犹豫了，因为烧菜这个工作很辛苦，社会地位不高。但是既然领导已经决定了，年轻人政治觉悟高，服从安排就是。我暗地里给老父亲写了一封家书，说了这件事。老父亲在回信中表示反对。在父亲眼里，培养的儿子辛辛苦苦读了大学，结果出来当个厨师，恨铁不成钢。不过老人家虽然想不通，但选择尊重我的决定。

其实，我当时也有自己的考虑。一是自己对当厨师还比较感兴趣；二是觉得学习厨艺也可以提高自己的生活质量。所以，我决定改行当厨师。学校把我送去酒店，在那里待了整整三年，跟其他厨师一样，从杀鱼、宰鸭、宰鸡、洗碗、洗锅开始。三年之后，酒店内虽然仍有总厨，但总厨的权力基本上被我"篡夺"了，我有能力把总厨职责范围的一切事宜安排妥帖，原来的总厨只要在旁边监工即可。

我从事厨师职业纯属偶然，不过真要说同所学专业毫无关系，也不全对。我大学读的是动物饲养专业，从专业的延续性上看，学习的是养鸡、养猪、养羊的专业，从事的是养人的工作；学的是配饲料，干的是配餐食。说起来也算一脉相承，专业对口。当然，这是玩笑话。

厨师有三大基本功：刀工、勺功、火功。每样都是真功夫。很多时候，只要一拿刀，同行就知道这位厨师的水平如何；只要看厨师的站姿，大概就能判断是不是刚从学校出来。好的刀工节奏均匀，如骏马奔腾，刀起刀落，可快可慢，富有张力。若能娴熟掌握翻锅、旋锅、掂锅、抖锅等技术，其勺功水平也由其可知。至于火功，那只能拿起筷子尝过才知道。

四、只要会调味就能当厨师？

做中国菜，调味很重要。评判菜做得好不好的标准有四项：色、香、味、形。"味"是中国菜的核心要素。评价一个餐馆如何，最简单朴实且直击要害的标准是："味道好不好？"菜品无论多好看，摆盘无论多精致，食材无论多稀缺，准备无论多精细，最关键的还是看味道如何。

食物最终的味道来自调味，做菜的本质就是调和味道，这是评价厨师技艺的核心指标。有一次我去义乌当评委，比赛以土豆为主要原料。"土豆能翻出多少花样？"无非酸辣土豆丝、土豆泥等。厨师们大显身手，做出五花八门的土豆菜肴，不但数量多，而且都非常漂亮。最后主办方要我点评，我尝了三道菜，其实吃上去都是土豆的本味，选手说："本来就是土豆嘛！"可中国饮食文化要求的是让土豆吃不出土豆的味道，鱼吃不出鱼的味道，好的厨师不排斥原汁原味，但调味是必不可少的。

厨师给菜调味既是一件寻常的事，也是一件辛苦的事。中国菜讲究五味俱全，酸、甜、苦、辣、咸。只有单一味道，不好；缺了一种味道，也不好；五种味道都有了，但彼此冲突，更不好。融合在一起，形成一种超越任何单一味道、具有层次感和立体感的味道，达到"食无定味、适口者珍"之境界，方为高手。

厨师调味非常讲究，会因人、因季、因时、因料、因菜品特色要求等而变化。我曾经试制过一道融合菜，是由海鲜与金华本地原料融合创新制作而成，叫"荷叶鲍鱼鸡"。几年前，为了让金华市民喜欢吃鲍鱼，我反复试制，想方设法让鲍鱼呈现出最佳的口感与口味。那时的鲍鱼非常珍贵，弄得老板心痛不已，怀疑我是和他过不去，想把餐馆整垮了。

试制初期无法达到预期效果的原因是惯性思维在作祟。厨师做菜，每逢荤料都会打点底味，就是烧制之前，我会习惯性地将鲍鱼和鸡用盐酒腌渍，然后煮制时再加酒、盐、酱油调味，结果做出来的成品在口感、味道、卖相上都不尽如人意，老板急得跳脚，我也很郁闷。

有一天我突然悟到，粤菜师傅制作海鲜时最擅长用金华火腿，何不用金华火腿调味？经过几次试制，这道菜渐入佳境，口味一次比一次好，最后得出结论，鲍鱼的咸味、鲜味用金华火腿来调和，不仅能恰到好处地保持鲍鱼的口感和浓郁鲜味，还能让鲍鱼保持富足饱满的形状，卖相极好。这道菜一经上市就颇受食客喜爱，让这家酒店红火至今。

可见，调味的秘诀在于选用应时应季的原料，加上组合恰当的调配料，同时调节好火候时机，这样才能成就一道美味菜品。

原料、时间、火候都恰当，就能保证菜肴的好味道吗？

要把味道调好，功夫不能仅停留在调和食材，还需要调和人际关系。厨师在酒店内工作，即便因为技艺高而有权威，也要处理好方方面面的关系，才能把行政总厨的工作做好。厨师的职业技术性特别强，但如果只凭技术吃饭，没有调和能力，年纪轻的厨师就会向权威提出挑战。大厨要让其他人心服口服，既需要跟上面的总经理沟通协调，又要让打下手的厨师服从，没有协调人际关系的能力，菜的味道就很难调和到位。

做菜的最高境界是调和人生。人的一生都在跟社会各方进行调和，包括跟酒店同事的调和、跟原料供应商的调和等，道理同做菜是一样的。有的菜上放葱，不能放蒜，牛肉中不能放韭菜，如此等等。有些是传统的要求，有些是传承工艺，有些是科学道理。人与人的相处也是如此，每个人都有自己的脾气禀赋，不同的人用不同的方法，只有让大家协同合作，才能把事情办好、把菜做好。

五、手艺就是"守艺"吗?

刘根华的别样人生

做厨师需要不断学习。继承传统食材和工艺，这固然重要。但只有传承是不够的，时代在变化，消费习惯在变化，消费者的口味也在变化，厨师的技艺不能不随之变化。创新恰恰是新时代厨师的又一项基本素养。

金华火腿有一道名菜，叫"蜜汁火方"（图9-1），用金华国贸景澜大饭店总厨章林强的话说，"整只金华火腿只能用上方那块肉！"蜜汁火方在金华火腿菜里地位显赫，食客们都

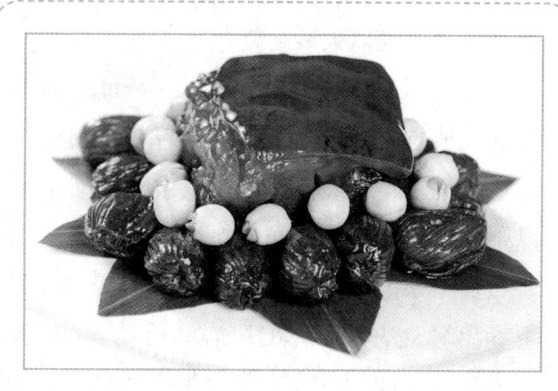

▲ 图9-1 蜜汁火方

会因为这道菜慕名来到景澜大饭店。

以蜜汁火方为拿手菜的章林强总厨从事这个行业已有 26 年，在景澜大饭店工作也已有 23 年。在跳槽频繁的厨师职业里，这是不常见的。一个厨师能在一家酒店工作那么长时间，不是厨师有绝活，就是酒店有独特的吸引力。

章林强总厨厨艺高超，能把一道菜做到远近闻名，自有其独到之处。

第一，有极致的追求。他对原料精挑细选，务必优中选精、优中选特，达不到优质要求的原料绝不用来做菜。

第二，有传承的匠心。在多年的厨师生涯中，他对任何一道菜及其中的任何一道工艺环节，都讲究精益求精。蜜汁火方选用火腿心制作，一条火腿最多只能做 4 份，价格可想而知，但只有这样才能保证传统的味道。只有传承了工艺，才能传承味道。

第三，有专业的自信。餐饮这个行业，门槛既高又不高，谁都有机会接触，谁都可以评价、指点。在职业生涯中，厨师经常会碰到顾客不专业的负面评价。这时厨师需要内心淡定，相信自己的专业技术和能力，不因为一时的褒贬而放弃自己的坚守。

厨师既是一门严谨科学的职业，又是一门接近艺术的职业，有规范、讲传承、需定力，朝三暮四、见异思迁是不可能成为厨艺精湛的职业人的。一件事情再简单，能坚持下来就不简单。如果说饮食也是一种文化，那么厨师这种职业就肩负着文化传播的使命。

时代在变化，传承不是故步自封，厨艺也需要创新。

金华有一位厨师，名字叫程华振，自己喜欢吃肉，做了几年厨师后，开始创业，专做金华煲，还推出一道菜肴叫胴骨煲。起初一片红火，维持了两年，生意渐渐地淡了。无奈之下，他舍弃了胴骨煲，改做老鸭煲。为此，他先后到杭州、江苏、广东等地取经，为了学技术什么苦都吃。学成回到金华后开了鸭煲店，在金华推出颇有知名度的"火踵神仙鸭"。与胴骨煲的命运一样，第一年生意红火，第二年生意就清淡了下来，最后也以失败告终。

心有不甘，程厨又出发了。经过多地考察学习，他决定做蟹煲。汲取了前两次的教训，他意识到不能一味地守着单一的蟹煲，要创新。他不但在蟹煲的原料和味道上进行了创新，在经营模式上也做了重大调整，他同时推出两种菜品，交替经营，冬季以蟹煲为主，夏季以龙虾煲为主。10 年过去了，锐意的创新让他生意依旧红火。

程华振的经历说明厨师是一个需要持续创新的职业，需要从业者有不安于现状、不弄出名堂决不罢休的决心和行动。"天助自助者。"程厨说过："现在大家看到的都是成功的一面，其实大部分是不成功的，只不过大家没看到而已。"在理论上，这种现象被称为"幸存者偏差"。失败者早已默默无闻，能被人看到的都是幸存者。任何一个职业要想脱颖而出，就必须想办法成为"幸存者"！

创新才能焕发生机，但创新者未必都能成功。即便技艺在身，也无法保证成功的降临。

温州的王朝大酒店，20 多年前就在业内享有盛名。酒店里的大厨在 20 多年前就能拿到 400 万元的年薪，在当时能达到这个薪资的人实属凤毛麟角，但他做到了，并且连续保持了两年。这时，他开始不安于现状，有了资金，就想自己出去创业，并开了包子铺。

餐饮业内有一个笑话，说一个人吃肉包，吃一半了，还没咬到肉，再咬一口，又咬过了头，仍然没有见到肉。在物资相对匮乏的时期，部分餐饮产品会偷工减料，但做到这份上的就不是肉包，而是馒头了。

针对这种情况，大厨推出自己的"南方大包"，个头大、肉多，刚开始生意非常好，两年时间就发展到 200 多家分店。在杭州，南方大包也随处可见。正当他以为创业成功的时候，经营开始走下坡路，很快就撑不下去了，最后欠了几百万的账。前后也就两年的时间，他把以前拿的高薪全部赔光了。

厨师靠技艺，而包子铺靠经营，两者之间隔行如隔山，不能简单地认为只要能把菜做好，就一定能把餐馆经营好，调和味道与调和市场并非同一回事。

六、厨艺高超需要高学历吗?

对于任何正规职业，从业者学历高一点固然好。但不能因此认为只有高学历才能出类拔萃，尤其不能认为学历的高低决定了未来职业生涯的成败。

金华当地有一家餐饮企业叫"楼师傅"，其创始人楼洪亮曾经是我带教的中职学生。如今许多家长不愿意孩子上职业院校，总觉得职业教育比普通高等教育矮一等。看完这个例子这些家长的观念或许会有改变。

楼洪亮在懵懵懂懂的年纪就进了职校，莫名其妙地选了烹饪专业。当时分在我的班里，听了老师一句话："如果要在某个领域里做得好、做得久，必须不断学习!"中专毕业后，他主动要求去宁波技师学院求学深造，毕业之后，他又拜师学艺，跟各个层面的人交流，最后形成了自己的厨艺风格。他的成长过程就是不断学习、不断创新的过程。十几年里，他从一个职校学生成长为大学教师和高级厨师，在相关领域里有了话语权。

作为职业导师，楼洪亮曾经参加援助非洲的项目，把中国的厨艺技术输送给当地人，把中国的饮食文化故事讲给非洲人听，并以高超的技艺令人刮目相看。他的成长

▲ 图 9-2　推广美食

故事足以让那些认为"读职校没出路，矮人一等"的人哑口无言。

特别值得一提的是，楼洪亮在原有的金华米糕的基础上创新工艺、调和口味，做成"婺式月饼"。"婺"是金华的简称，"婺式月饼"作为独具金华地方特色的月饼，外皮用米粉制成，同广式月饼和苏氏月饼的口味完全不同，展现了独特的风味，在金华当地广受欢迎，并受到各地喜欢新奇口味的消费者的追捧（图 9-2）。

曾经的中职学生，如今挂上了各种体现职业成就的头衔：中国烹饪名师、浙江省技能大师工作室主持人、浙江省百千万拔尖技能人才等。这足以证明职业的成功与学历、毕业学校、性别没有直接关系，而是跟职业视野、社会资源调和能力有很大关系。三百六十行，行行出状元。只要兢兢业业，会学习、肯钻研、能创新，手上有绝活，总会迎来事业的春天。

七、职业人如何成就大格局？

对于任何一个职业而言，成功都需要格局，而格局来自眼界。"时代抛弃你的时候，连招呼都不打一声。"

要确保职业荣光，必须与时俱进、找准方向、努力前行。在自我成长的过程中，眼界至关重要，眼界开阔，才不会出现偏差。

眼界来自个人在职业生涯中有幸进入的平台，平台有多大，平台上的人的眼界就有多高。平台能打开厨师的眼界，成就他的高光时刻。

2016 年杭州举办 G20 峰会，西子宾馆的朱总厨就是一位在这个大平台上大显身手的厨师。G20 峰会是一个重大的国际场合，宴会菜品必须基于此进行构思设计，深入了解各国来宾的饮食文化与习俗，跨越文化差异。在 2016 年的上半年，朱总厨苦苦寻求原有模式的突破，殚精竭虑，致力于把杭帮菜、西子宾馆的菜品推上国际舞台。经过半年研发，团队终于开发了既符合国际友人需求，又能展现中国饮食文化的菜品。其中的一道"东坡牛腩"，是团队选取 60 多种牛肉做试验后才确定了食材，采用东坡肉的制作工艺，才烹制出的一款精品菜。"东坡牛腩"一炮打响，赢得各方盛赞，这不仅为西子宾馆争光，也为厨师职业、为国家赢得荣光。朱总厨及其团队成为 G20 平台上冉冉升起的明星。

起步学历较低，不是问题，事在人为，只要努力，学历限制不了职业人的发展。同样，最初所学专业也限制不了职业人的道路，现代职业需要跨界人才，人才需要有跨界思维。能以一门手艺为基础在某个职业领域里获得一席之地固然可贵，但要更加成功、更加出彩，需要跨界思维，对所从事的职业看得更清、悟得更透，展现超出常人的认知和作为。所以，不用拘泥于大学读的专业与所从事的职业是否对口，能对口是好事，不能对口未必是坏事，跨界执业很可能有更好的收获。只要努力学习、不断创新、善于调和各种资源，在任何岗位上都能赢得人生的高光时刻！

问题思考：

厨师有何基本功

1. "五味调和"讲究的是什么？
2. 工作中怎样做到精益求精？

中药是"穷讲究"吗？

「 主讲人 」

　　中医药的历史源远流长，直至今日依然用于治病救人和养生保健。按照中医药"药食同源""药补不如食补"的原理，一个人在吃喝之间就可能在广义上服用了某味中药。很多家庭烹饪鱼肉时习惯放姜，其中也涉及中医药的知识，并不只是简单的调味。陈皮这味药材，用得极其广泛，制作更是考究，很好地体现了中药追求极致的特点。

　　中药是不是"穷讲究"，不妨以陈皮为例来讨论一番。

一、"橘子皮"何以贵过黄金？

道地药材

　　橘子是一种味道好吃、食用方便的水果，广受欢迎，还可以被制成橘子汁等。通常，吃完橘子，人们顺手就把橘子皮给扔了。其实在中医里，橘子皮是一味地地道道的中药，学名叫陈皮（图10-1），由新鲜的橘子皮加工而成，用途十分广泛。

　　陈皮可以燥湿化痰，和半夏配伍组成的二陈汤是中医里治疗痰湿咳嗽的基本药方。陈皮可以理气健脾，和苍术配伍可行滞消胀，用以治疗脘腹胀满、食少吐泻。陈皮还可以和补益药配伍，使补益药补而不滞，有防止壅遏作胀之功效。

▲ 图10-1　陈皮

陈皮虽是一味常见中药，价格差异却大得惊人。市售的普通橘子便宜的才2元一斤，橘子皮多半被随手丢弃。经过加工之后，普通陈皮也不贵，大概几元一斤，比橘子稍贵些，毕竟干燥也需要成本。真正贵的是陈皮家族里的一位特殊成员，叫"新会陈皮"，素有"一两陈皮一两金，百年陈皮胜黄金"之说。2013年，在新会陈皮文化节上，一份73年的老陈皮以每100克12.5万元的高价被买走，远高于当时黄金的价格。

新会陈皮的价格昂贵有其道理。

从源头上说，新会陈皮的原料品种非常讲究，采用的是新会当地的大红柑。大红柑果皮油亮，酸甜适中，挥发油的含量比较高，且挥发油的成分同其他橘子相比也有所不同，可以说是很优质的原料。

从刀工上说，新会陈皮主要采用两种剖开的方法：一种是过顶部开三瓣，留果蒂部相连的正三刀法；另一种是从两侧果肩弧对称二刀开三瓣，留果脐部相连的对称两刀法。无论何种刀法，都必须保证果皮完美，只取皮不留柑。

这只是开始，陈皮之所以为陈皮，最重要的是时间。

趁天气好的时候，把新鲜的柑皮从里朝外翻开，慢慢晒干、收藏。新制成的陈皮需要日日晒、年年晒，连续多年，成为老陈皮后，还要定期翻晒。如此循环往复，不厌其烦，年复一年。晒干的果皮用绳子串起来，置于灶台之上。灶台下干柴烈火，灶台上烟雾缭绕，柑皮在炊烟之中慢慢陈化。如此历经数年乃至数十年，方不负陈皮之名。

陈皮，陈化，二陈汤，讲究的就是一个"陈"字。陈，指的是长久的储存。新会陈皮和普通的陈皮的最大区别在于上市时间。普通陈皮只需要剥皮阴干或晒干后就可以上市，但新会陈皮必须在离墙、离地、离顶等合适的保存条件下陈化三年甚至更久的时间，如前文提到的陈化73年的拍卖品。经过陈化的陈皮表皮会焕发出檀香木般的光泽，内层附着松化又不脱落的粉末。时间赋予了陈皮新的生命，历久弥新是陈皮最好的诠释。

花大力气优选品种，革新取皮工艺，用漫长的等待来换取陈化效应，这是"穷讲究"还是古人对中药药效的极致追求？

对比普通陈皮和新会陈皮不难发现，传统文化中确实有很多值得传承的东西。尝一口新鲜的橘子皮，再试试新会陈皮，味蕾能感受到非常大的差异。新鲜的橘子皮大多带有苦味，而新会陈皮有回甘之感。陈化除了能让橘皮回甘，还可以去除橘皮原有的燥烈之性，更好地发挥去湿化痰、理气健脾之功效。

陈皮仅仅是中药里非常普通的一味药，也仅是中药"穷讲究"的普通案例，从种植、采收、加工炮制到使用，中医药中追求极致的案例数不胜数。

二、"一方水土出一方药"，有道理吗？

中药大量使用植物制备，植物生长的地理位置和气候条件至关重要。

中药制作讲究药材的产地。很多人都听说过红酒是有产地之分的，越高端的红酒，越是对产地有着极其严苛的要求。其实在很早之前，对中药的产地就是这样要求的。中药圈素来推崇道地药材，如浙江的浙八味，即白术、白芍、浙贝母、杭白菊、元胡、玄参、麦冬、温郁金。其中，白术、元胡、芍药、贝母、玄参属于磐五味，是浙江金华地区的特产。另外还有山药、牛膝、地黄、菊花四大淮药，以河南产的为佳。像淮山药，只有河南焦作产的才叫淮山药，别的地方都不能这样叫。还有祁药、广药、川药等，不胜枚举。

中药之所以要限定产地，原因有如老话所言："橘生淮南则为橘，生于淮北则为枳"。中药材受产地日照、温度甚至是土壤里伴生菌的影响，不同地区产收的中药材在药效上表现出明显差异。同时，各地在长时间栽培的过程中，因为育种的不同，药效也会有所不同。

金华有一味中药叫佛手，原产印度，随佛学的传播而传入我国，因其外形看上去与手指相似，故名佛手。金华又被称为"佛手之乡"，因为拥有连绵的黄土丘陵和冬暖夏凉的双龙洞泉水，此地出产的佛手柑成为"果中仙品，世上奇卉"。据光绪年间编撰的《金华县志》记载："佛手柑，邑西吴、罗店等庄为仙洞水所经，柑性宜之，其透指有长至尺余者，色香亦大胜闽产。"现代研究也证明，金华佛手与其他佛手相比，挥发油的成分含量有所区别。在众多中药中，因产地种植而产生不同的例子以白芍、赤芍为甚。白芍、赤芍均源于毛茛科植物芍药的干燥根，南北朝时期以前中医并未区分两者，但随着白芍产地种植品种的改良，其与野生的赤芍在成分和药效上的差异逐渐显现。宋、元以来，提出以花色、根色区分两种芍药的方法；明代提出以采收加工的方式来划分赤芍、白芍的方法。此后白芍、赤芍逐渐被分类应用，成为一补一泄两类药性不同的中药材。由此可见，中药讲究产地确有必要，这是保证药效的一种方式。

三、"冷香丸"确有其事？

生长环境很重要，采集的时间也很重要。《红楼梦》里介绍过一种叫"冷香丸"

的中药，就反映了中药在采集时间上的讲究。

薛宝钗患了一种病，是出生时就有的一股"热毒"，犯病时会出现喘嗽等症状。一个和尚给其母一个"海上仙方儿"，名叫"冷香丸"，宝钗服用后十分管用。据书中记载，冷香丸是取白牡丹花、白荷花、白芙蓉花、白梅花的花蕊各十二两，并将其研成末，用同年雨水节令的雨、白露节令的露、霜降节令的霜、小雪节令的雪各十二钱，加蜂蜜、白糖等调和，制作成龙眼大丸药，放入器皿中埋于花树根下。发病时，用黄檗十二分煎汤送服，一丸即可见效。

"冷香丸"一方未见医籍记载，或为作者杜撰，但其处方遣药之意颇有耐人寻味之处。可以想象，照方抓药，需要花费多少时间和心力才能配齐这个药方。药引的采集时间精确到天，万一那天没下雨、结露、落雪或降霜，那将功亏一篑。

"冷香丸"是否确有其物，至今存疑，但其反映了中医药的天人感应哲学和时间观，对于药材采集时间限定如此严苛的并非仅此一例。中药业有这样的说法："三月茵陈四月蒿，五月六月当柴烧。"茵陈蒿在三月份是小苗，可以拿来入药；到四月份，长大了，就只能做菜；到五月六月，老了，只能拿来当柴烧。这说明采收时间确实会对中药材的药效产生很大影响。还有桑叶，别称"霜桑叶"，必须经过霜打之后才能入药，所以采收时间一定要在霜降之后。

这些道理都是在没有现代检测手段的情况下，中医药前辈通过一代代临床试验摸索出来的，有例可证，在一定程度上是有效的。

其实，现代的制药行业同样讲究植物性药材的采收时间，并非中医药一家，现行的《中药材生产质量管理规范》《中药材 GAP 检查指南》等文件对采收时间有严格限定，而且被纳入常规项，即必须考察限定的项目。在德国、日本等国，天然药物制剂的生产也要遵守采收时限的规定，甚至会限定一天内固定的采收时间，以此保证药材质量的稳定和天然药物制剂的药效。

四、切药材也有吉尼斯纪录？

采集的中药材通常需要经过加工，在加工炮制环节，中药也传承了许多传统技艺，刀工是其中之一。

中华美食讲究刀工，给人留下非常深刻的印象，但很少有人能想象出炮制中药时老药工的刀工水平。江西樟树市非物质文化遗产项目名录中有中药材炮制技艺，其代表性传承人是中药传统炮制大师丁社如，他以 62 岁的高龄创造了中药切片技艺的吉尼斯世界纪录。一寸的白芍，宽度大约同成年人的拇指，被他切出了 360

片，用的还是铡刀。他切的药片薄如蝉翼、轻如雪花，捧在手上，轻轻一吹，即可飘舞。

白芍切得这么薄，不是为了秀刀工。中药切成片，有利于干燥储存，相同规格的饮片方便调剂，而相较于颗粒、粉末而言，切片更能保留药材的鉴别性特征。单就白芍而言，切得越薄，越有利于有效成分的煎出。在没有现代机械装备的过去，一代代中药人致力于改良工艺，把白芍切得更薄，同时要求切下的片型完整美观，如此，这门技术慢慢演变成一门手艺。

其实，白芍非常不好切，仅有刀工是远远不够的。俗话说，白芍切片，"三分刀工，七分在润"。干燥的白芍质地坚硬，切制白芍，必须软化，通过各种润法，使白芍变软，然后才能切制。润法有好几种，如"火润"，即加热后药材会变软。但最常用的还是用浸泡后的毛巾包裹白芍使其变软，这种方法叫"闷润"。白芍切制的成功与否，关键在于润的程度，而润制的难点在于白芍粗细不一，需要加多少水、闷润多少时间没有硬性标准，老药工需要靠自身的经验进行判断。丁社如师傅能切到这个水平，主要在于掌握了技艺，既不使白芍含水过多，出现连刀、翘片等情况；又不使白芍闷润不足，质地过硬，造成切片破损。润法使用得当，多年练就的刀工手法才有用武之地，才能让一根根白芍变成一片片随风起舞的白芍片。

在全国四大药都之一的江西省樟树市，切药材讲究的是"白芍飞上天，木通不见边，陈皮一条线，半夏鱼鳞片，肉桂薄肚片，黄檗骨牌片，甘草柳叶片，桂枝瓜子片，枳壳凤眼片，川芎蝴蝶双飞片，槟榔切108片，一粒马钱子切206片"。这些像工艺品的中药饮片，在向世人展示着中药之美的同时，也给道地药材、精品中药贴上了工艺名片。像丁社如先生这样的老药工不仅是手艺人，更是肩负着中医药文化传承使命的艺术家。

刀工只不过是中药饮片切制粉碎工艺里的一个技艺，在唐代以前，中药人已经掌握了用水飞法来纯化粉碎朱砂的方法。朱砂因含硫化汞，遇热不稳定，研磨朱砂会使温度升高析出汞，从而使毒性增加。水飞法就是在水中研磨朱砂，一方面可以起到冷却液的作用，另一方面，利用粒径大小影响沉降速率的原理，可以获取混悬在水中的朱砂细粉，从而提高研磨效率。

中药炮制技术体系繁杂，有净制、切制、炙制、煅制、蒸制、煮制、燀制、复制、清炒、加固体辅料炒、发酵、制霜、烘焙、煨制、提净、水飞、干馏等技术。不同技术各有千秋，或能增强药效，提高临床疗效；或能降低或消除药物的毒性或副作用，保证用药安全；或能改变药材的性能功效，扩大其适用范围；或能改变药材的某些形态，便于储存和制剂；或能纯净药材，以保证药材质量和称量准确；或能矫臭矫味，便于服用；或能引药入经，便于定向用药。

五、何首乌如何完成从泻药到补药的华丽转身？

很多人听说过何首乌，其广为人知的功效是
"乌须发，补肝肾"。何首乌是一种有传奇色彩的药
材，其药性的转变更像传说。

中药的炮制与加工

相传很早以前，顺州有一个小伙叫田儿，从小
体弱多病，骨瘦如柴，眩晕无力。一晃数十年过去，田儿已 50 有余，未曾婚娶。一
日与朋友相聚多饮了几杯，回家时在小路上醉卧不醒，朦胧中似见两株三尺^①余长的
藤蔓，彼此相交，久久不散，稍做分散，旋又再度相交，如此往复无休无止。田儿见
此情状，心生诧异，顿时酒醒，发现自己躺在路旁的藤蔓之下。出于好奇，他挖出藤
蔓下的根茎，其形状大小、粗细、长短不一，但皆如人形。

田儿回去将根块晒干研成粉，每日服之，一段时间后，自感日渐强壮，宿疾自
愈。连续服用一年，田儿的须发重新变回乌黑，容颜润泽，红光满面，犹如返老还
童。遂在花甲之年，娶一女子为妻，后生儿育女。田儿喜不自胜，将此药的服法传授
给儿子延秀，儿子又传给孙子何首乌。

首乌服了此药后，须发乌黑至老不变，体质强健，子孙满堂。首乌年至 130 岁，
仍须发未白，乌黑油亮如年轻小伙。乡邻纷纷前来请教首乌有何秘诀，首乌取出根块
介绍给乡亲，但谁也不知道为何物。一位长者说："既无名，不妨以人名为名，称之
为何首乌，可也？"

中药的传说有很多，有些真假难辨。何首乌刚挖出来的时候近似人形，根据以形
补形的理论，传统中医学认为有补益作用。在中药里，何首乌与泻药大黄一样，都是
蓼科植物，如果生用，则有较好的润肠通便、清热解毒之功效。何首乌必须经过炮
制，九蒸九晒之后，才会具有补肾、益精、乌发之功效。光是把何首乌晒干研粉，起
不到延年益寿、乌须黑发的作用。

传说归传说，何首乌能成为药品一定是一代代中医药人花费无数心血、不断探索
的结果，绝不会是偶然发现。目前，何首乌仍是保健品开发领域的热门产品，种类非
常多。但一定要注意购买炮制品，生何首乌不但没有补益作用，反而可能会有相反的
结果（图 10-2）。

---

① 1 尺约为 0.333 米。

▲ 图 10-2　何首乌

　　要让可以用作泻药的生何首乌变成具有补肝肾、益精血、乌须发等功能的制何首乌，需要经过"九蒸九晒"的炮制，这个过程称得上繁复。

　　首先用黄酒润洗生何首乌，时长大概半小时，然后上锅，加黑豆、黑芝麻一同蒸制，须蒸制 5 小时以上。在中药里，黑豆、黑芝麻具有补肾的功能，在炮制何首乌时加入这两味药材，就为了引药入肾，加强何首乌的补肾作用。蒸完之后，连药液一起放在阳光下晒干。这只是第一遍的一蒸一晒。"九蒸九晒"指的是整个过程重复九次，少说也要 30 多个日夜。虽说前后药材在外观上差异不明显，但就成分而言，制成的何首乌二苯乙烯苷成分含量会增加，补肾、益精、乌发的作用会增强。

　　炮制何首乌是一件非常费时、费力、费工的事情，但是中药人一直在坚持，为的就是确保中药的药效。正所谓"炮制虽繁必不敢省人工，品味虽贵必不敢减物力"，中药人的极致是中华民族"工匠精神"的最好体现。

六、成药也能因人施药？

采收、炮制固然不易，中药的使用同样也有讲究。普通人对中药的了解很多时候都还停留在中药汤剂上，戥秤、纸包、小陶罐煎煮，这些几乎成为中医药的标签和符号。这本身没有太大的误解，所以略过不赘。但中药材除了用作汤剂，还可用于制作成药，而且形式繁多。

中药的成方制剂出现得很早，丸散膏丹是中药的常见剂型。根据史料，至晚到宋代，就有《太平惠民和剂局方》问世，这是我国第一部中药成药药典，也是世界医药学史上第一部成药药典。

客观地说，中医更倾向于使用汤剂，而非成药，主要原因有两个。一是认为"汤者荡也，丸者缓也"，在临床用药上除了针对慢性病患者，一般情况下，更偏爱用汤剂，而少用丸药。二是中医药要求"辨证论治"，一人一方。中医诊治首先看人、其次看病，这同西医主要看病、其次看人不同。病是一样的，人是不一样的。同样是细菌感染，针对细菌的药物只要有效，大部分人都可以用，这是西医的逻辑。但在中医看来，同样处在致病环境中，为什么有的人发病，有的人不发病？关键不在致病因素，而在个人体质。所以，用药治病，不但要看外因的影响，而且要看内因的作用。针对同样的疾病开出不同的方子，或调整配伍，或调整药的用量，在中医治疗中是寻常之事。这种针对每个病人的特殊性来用药的策略和方法，用现代医学的语言来说，类似于"定制化治疗方案"。而成药无法从药材配伍上加以调整，容易给人"千人一面"的感觉，自然影响其使用。

其实，在中医药的理论指导下，成药的使用与西药的应用还是有明显区别的。例如感冒，西医治疗以缓解症状为主，不同的治疗药品虽作用于人体的机制不同，但主要服务于一个目的，就是缓解感冒症状。正是在这一点上，中医与之迥然不同。

中医在使用成药治疗表证时，一定会先确定病人到底是风寒表证，还是风热表证。所谓"表证"是中医术语，指的是风、寒、湿等外邪侵袭人体所引起的证候，与西医说的"感冒"症状类似，但内涵不同。同样是表证，中医对风寒表证和风热表证的处理区别很大。中医诊治表证，先辨寒热，是恶寒重、发热轻，还是发热重、恶寒轻，是苔白还是苔黄，是清涕还是浊涕，有没有咽喉肿痛，脉象如何，通过这些细致入微的观察，得以判断到底是风热还是风寒。确定之后，对风热者用寒凉的风热解表药，如银翘解毒散，其原理是"热者寒之"；对风寒者用温热的风寒解表药，如感冒清热颗粒，原理是"寒者热之"。值得注意的是，治疗风寒表证的药物对于风热表证而言是禁忌药。

这还只是用药的开始，不是表证用药分类的结束。风寒表证又可以根据病人发病时有没有出汗分为风寒表实无汗证和风寒表虚有汗证。更详细的是，在很多中医古籍中，还有以方药名称命名的证型，如"麻黄汤证""桂枝汤证"等，明确要求只有符合方书上所有症候的病人才适合服用这个方子的药。如此限制成药的使用病症看起来并不符合市场推广的原理，但确实符合疾病的治疗需要。

除了风热表证和风寒表证这两个基本分类，中医表证里还包括气虚外感证等，这就从病证进入病因了。病人出现了外感的表证，究其原因是因为病人正气的亏虚。中医治病首先要培养人体正气，如果自身状况良好，外邪难以侵入，自然就不会生病，所谓"正气存内，邪不可干"。如果单一治疗表证，只缓解症状，就只能达到治标的效果，即便症状得到缓解，但可能很快又会出现复感的情况。所以，中医强调，在治疗时应该兼顾外感的急症和气虚的病因。例如，有一个方剂叫人参败毒散，其组方理念就是内外兼治。中医不仅关心急症发作，更关心人体所处的状态，这就是中医整体观念的体现。

除此之外，中成药还体现了中医对兼症的考虑，且各有各的效果。例如，同样是治疗风寒表证的药物，川芎茶调散就适合治疗风寒表证引起的头痛；而通宣理肺丸更适合用于治疗风寒表证引起的咳嗽。

除感冒外，基本上每一种疾病，中医都有很多的证型分类，都有各种类型的中成药来治疗不同的证型。如失眠，心火亢盛，可以用朱砂安神丸；肝郁化火，可以用解郁安神胶囊；阴虚火旺，可以用天王补心丹；气血亏虚，可以用柏子养心丸；心脾两虚，可以用归脾丸；痰湿内盛，可以用安神温胆丸；瘀血内阻，可以用天舒胶囊等。林林总总，不一而足。

中成药有这么多的分类，是因为中医在精准治疗疾病上有着极致的追求。中医历史悠久，能绵延至今，就是因为从未放弃创新与开拓，中成药就是不断创新完善的体现。2020 版药典收入的中成药有 2 711 种，各类医疗机构的中成药制剂更是数不胜数。

七、追求极致就是"穷讲究"吗？

大山课堂里寻觅"中华瑰宝"

综上，可以看出，中药从种植、采收、加工炮制到使用都非常讲究，甚至讲究到引起人们的质疑："如此穷讲究，是故弄玄虚吧？"

当然不是！

"穷讲究"指的是没事做，故意找点事来做，并没有实际效果。但是中药的讲究，从陈皮就可以看出，旨在通过时间的积淀，化腐朽为神奇；从道地药材、采收时间可以看出，旨在遵循大自然的规律，追求天人合一，和谐发展；白芍切片则是追求实效与艺术的结合；从何首乌可以看到从无到有的传奇，也能看到不惧烦琐的工匠精神；从中药的使用可以看出对个体生命独特性的承认和尊重。

所有的这些讲究归根到底是中药人对专业的极致追求！

追求极致并非中药人所独有，既称职业，必然要求尽善尽美，说到底，极致就是专业精神的体现。服装设计师追求时装推陈出新，机电工程师追求更好用、更有效的产品，烹饪大师追求美食带来的视觉和味觉的刺激。各行各业都在自己的领域内追求极致。

问题思考：

中药是"穷讲究"吗

1. "因人施药"的理念对工作创新有什么借鉴？
2. 在工作中如何追求极致？

第十一讲

设计产品还是传承文化?

在多数人的印象中,设计师常常与"高大上"联系在一起:他们衣着时尚,言谈间流露着国际风范,拥有自己精心布置的创意空间。设计师这一职业已成为潮流与成功的象征。那么设计师在真实的工作中都做些什么呢?成为设计师需要具备哪些能力呢?让我们来一探究竟。

一、设计有哪些分类?

设计这门艺术如同一个五彩斑斓的万花筒,其中蕴含着许多内容各异的分支与类别,它们各有特色,又相互交织,共同构成了设计领域的广阔天地。设计师们是如何根据不同的需求,展现出各自的才华与创造力的呢?

首先,日常见到最多的是平面设计,在这一领域,设计师们如同魔法师一般,将 VI 标志(即视觉识别系统)、图形图案、字体字形等元素巧妙融合,创造出令人印象深刻的视觉形象。从宣传单、平面广告到海报包装,再到书装画册和幻灯片演示文稿,每一处细节都凝聚着设计师的心血与智慧。

随着数字时代的发展,纸质阅读逐渐被多功能的电子设备替代,越来越多的设计需要以电脑、平板和手机为载体,其中包括电商、新媒体、游戏领域,这些界面设计可以统称为 UI 设计(即对软件的人机交互、操作逻辑、界面美观的整体设计)。UI 设计师们在页面数字化的过程中扮演着至关重要的角色,他们专注于移动设备界面、电脑软件界面的设计,以及图标的绘制、流程的优化等。无论是游戏 UI 的创意构建,还是桌面背景的美化,都体现了他们对用户体验的极致追求。当然网页设计作为企业形象的线上展示窗口,需要网页设计师的精心布局与美化。专题 / 活动页面、游戏 / 娱乐网站、个人网站 / 微博等,更是展现了设计师们多样化的设计风格与创新能力。

插画设计师则是用画笔讲述故事的艺术家。商业插画、概念设定、儿童插画等,每一种类型都有无限的想象空间。游戏原画、涂鸦、吉祥物设计等,更是让插画艺术在各个领域大放异彩。

场景角色原画设计

剧本讨论

分镜头创作

扫描上色

软件制作

后期合成

▲ 图 11-1 动漫制作流程图

动漫设计师的主要工作职责是将静态图像转化为动态故事。从单幅漫画、短篇或四格漫画，到中长篇漫画、时事漫画，再到绘本、网络表情、三维动画，动漫设计师们用画笔和技术创造了一个又一个充满想象力的世界（图 11-1）。

此外，还有空间设计师，他们的工作涉及建筑设计领域、家装设计领域及景观设计领域，关乎日常生活的每一个空间。从建筑设计、室内设计、城市景观，到舞台美术、橱窗展示和店面设计，再到园林景观规划、导视设计，空间设计师们用他们的创意与智慧为我们打造了一个又一个舒适、美观的生活环境。

最后，工艺产品设计领域同样不容小觑。从生活用品，到工业用品，再到人机交互设备等，工艺产品设计师们将审美性与实用性巧妙结合，为我们带来了许多便捷与乐趣。

当然，设计领域的分支远不止这些，还有许多其他类型的设计，在教学过程中也经常遇到毕业生在不同设计领域里转职，他们能适应行业的新变化，做到在设计领域一通百通，用自己的才华共同推动设计艺术的发展与进步。

二、设计思维从何而来？

灵机一动、灵光一闪、脑洞大开……说的都是头脑里突然闪现了一个点子、一个主意，让人思路开拓，解决了困惑已久的问题，正如爱迪生所言："天才就是99%的汗水加上1%的灵感，但很多时候这1%的灵感比99%的汗水更重要。"这个灵感就是我们说的设计思维。

设计思维泛指在设计过程中建立在抽象思维和形象思维基础之上的各种思维形式，包括立意、想法、灵感、创意、技术决策、指导思想和价值观念等。设计思维不是天生的，必须经过有意识地培养和训练。

首先，要养成在头脑里储备自己的想法的习惯，无论是旅游日记，还是生活手账，都可以通过绘画的形式，将点点滴滴记录下来，此时准备一本草稿本就显得十分重要了。在设计师的日常训练中，经常会有速写、写生，这既是练习造型的方法，也是养成积累创意手稿习惯的方法。在设计过程中，往往有一个必不可少的环节，叫"画草图"。艺术大师达·芬奇、阿尔布雷特·丢勒有许多意义非凡的草稿图，至今都被后人留存。我国也有许多画家在创作过程中非常注重画草稿，其中最为人所熟知的是齐白石。齐白石作为近现代绘画大师，他的山水画、人物画、花鸟画等都是一绝，尤其是他画的虾和螃蟹，更是让人叹为观止。然而，这些精湛作品的背后是无数次的推敲和修改。他的家人在整理遗稿时发现，原来老先生的画作都是有草稿的，甚至每一笔都是经过仔细推敲的，有些画作经多次易稿才最终确定下来。即便没在纸上打草稿，也在他的头脑中形成了意在笔先的草稿。这种对艺术的严谨和认真是使齐白石成为大师的重要原因。此外，徐悲鸿等其他绘画大师在创作过程中同样注重画草稿。他们通过草稿来构思画面、推敲细节、完善构图，最终创作出令人惊叹的艺术作品。

其次，设计思维的核心是创意思维，它是一种打破常规、开拓创新的思维形式。创造的意义在于突破已有事物的束缚，以具有独创性的崭新观念或形式形成设计构思。创意思维是逻辑思维和非逻辑思维的结合，建立在多种能力综合发展的基础之上，如果某个环节有不足之处，那么可能会影响创造思维的发挥。在设计实践课程中，教师经常让学生们训练想象力，它是设计师最宝贵的翅膀，它让设计师超越现实的界限，飞向未知的创意天地。在这条充满挑战与机遇的设计之路上，只要你敢于放飞思绪，勇于将想法付诸实践，就能够不断前行，直至书写出专属于自己的辉煌篇章。

在设计课堂上，除了设计工具的使用和技能的提升，教师应更注重开阔学生的思维，可以通过提出"如果……会怎样？"的假设性问题来激发创意。"如果没有风会怎样？""没有水我们要如何获取？""如果你是某品牌的产品设计经理，你会怎么设计产品？"通过这种方式鼓励同学突破常规，这就是"发散思维法"。此外还有托氏训练法，如"空矿泉水瓶有什么用途？"要求列出各种可能的用途，越多越好。这种方法强调思维的流畅性和灵活性，也能联系各种应用场景。课堂上还会引入奥斯本检核表法，通过 9 个问题来检验和改进创意。

当然，观察也非常重要。拥有一双发现美的眼睛，是训练在关联和组合对象上找到某些相似的属性或形态，并将这些相似的性质迁移到另一对象中去的关键。例如，在广告创意中，可以将不同事物的形态进行组合，产生新的形象。将两个或两个以上的事物进行组合，产生新的想法或产品。这种方法强调事物间的关联，由此创造出全新的解决方案。处理复杂问题时，使用思维导图来厘清思路，显示思维过程，有助于激发灵感，并衍生出更多创意。

课堂之外，教师也会让学生们观察生活、采集素材，如本地的传统人文特色、地方建筑及非遗文化都是创作的源泉。通过实际的项目来锻炼设计思维，在实践中不断尝试新的方法和思路，探索解决问题的有效途径。对设计过程和设计成果进行深入的反思和总结，发现其中的优点和不足，以便在未来的设计中加以改进。

设计的力量源自内心，创新的火花在每一次尝试中绽放。无论你是否擅长握笔作画，只要你怀揣着对设计的热爱，勇于探索未知，就能在设计的广阔天地中找到属于自己的位置，绽放出独一无二的光彩。

三、不会画画就不能成为设计师？

在这个创意无界的时代，人们常被一个观念所束缚——似乎不会画画，就无法成为设计师。但在今天，这样的认知是时候被颠覆了！首先，设计不仅是视觉的艺术，更是思维的火花、情感的传递。画画诚然是表达创意的一种方式，但它绝非设计师的唯一语言。想象一下，那些在数字世界中编织梦想的用户体验设计师，他们用代码搭建桥梁，让产品与用户心灵相通。他们的画布是屏幕，画笔是代码。他们不懂传统意义上的画画，却用科技的力量绘制出令人惊叹的交互体验。再看品牌策划师，他们以文字为刃，以策略为矛，深入市场，洞察消费者心理。他们的创意体现在品牌的每一个细节之中，从名字到标识，从口号到故事，无不透露着他们的智慧与匠心。这样的设计同样震撼人心，何须画笔？当然，设计界还有一群"空间魔术师"——室内设计师，他们运用色彩、材质、光线创造出既实用又美观的生活空间。他们是在三维空间作画，通过其作品表达对空间的深刻理解与巧妙利用。这样的设计又岂是画画所能替代？

未来的设计师将是跨界融合的先驱。不必拘泥于是否会画画，而应广泛涉猎，不断学习，掌握数据分析、心理学、市场营销等多个领域的知识，使设计更加全面、深入、有力量。让我们携手打破界限，共同创造一个更加多元、包容的设计生态，让每一位有梦想、有才华的人都能在设计的广阔天地中自由翱翔。当然，有一定的美感和美学基础是更好的。设计之美，其精髓不在于笔尖流淌的色彩，而在于无尽的创新与独到的构思；设计之魂，深深植根于设计师那颗细腻敏感、不懈探索的心中。

因此，请摒弃"不会画画即无缘设计殿堂"的陈旧观念。在这个日新月异的时代，设计师的角色与定位已远远超越了传统画笔所能描绘的范畴。随着职业领域的日益细分与融合，市场对复合型、创新型设计人才的需求愈发迫切。这要求我们要以更加开放包容的心态去拥抱跨界学习的可能，以更加坚定的步伐跨越传统的界限，迈向设计的新纪元。

四、团队是如何开展设计任务的？

随着社会分工的日益精细化，设计领域已深刻体现出团队合作的重要性。单一设计师已难以独自承载复杂多样的设计任务，取而代之的是团队协作。无论是精妙严谨的平面设计、宏伟壮观的建筑设计，还是新颖独特的产品设计，乃至细致入微的环境美化，众多大型且杰出的项目都凝聚着设计团队的心血与智慧。这种团队协作的模式不仅促进了设计思维的碰撞与融合，更推动了作品质量与影响力的飞跃提升。所以在设计学院的课堂上，我们经常把教师比作客户，让学生分组模拟真实的设计情境，下面来看看设计师是如何开展团队设计任务的吧。

1. 深入准备，精准对接客户需求

很多初入行业的设计师一旦接到方案就急于画图纸、做效果图，反而事倍功半。所谓"磨刀不误砍柴工"，在进行设计之前，设计团队要学会像侦探般细致入微地搜集客户或品牌方的资料，力图勾勒出需求的全貌。这不仅是对客户表面需求的探寻，更是深入内核，理解其之前的设计理念、所处的行业背景及产品所承载的核心价值，

用老师教授过的思维去反向思考，横纵向对比产品或品牌的优劣势所在，深入分析其存在的设计问题。同时，再把精力集中在设计方案上，如同匠人般精心打磨直到确保它们如同量身定制的战袍，能够精准地解决客户的痛点，彰显其独特的魅力，并带来实质性的价值提升。

2. 深度倾听，洞察客户需求

在与客户交流的过程中，要化身为耐心的听众，用心捕捉客户言语中的每一个细节。通过巧妙的提问与真诚的倾听，努力构建一个无障碍的沟通桥梁，确保自己能够准确把握客户的真实需求与期望。这样的深度交流能够更加贴近客户的心灵，为后续的方案设计奠定坚实的基础。充分的前期调研有利于做好项目汇报或者设计提纲，这能够帮助设计师赢得客户的信赖与认可，进而对现有的方案进行调整以更贴合客户需求，或是针对某个具体问题提供解决方案。明确的目标如同航海时的灯塔，指引着客户与设计团队的航向，确保每一次交流都能高效且富有成效。

3. 自信阐述，展现方案魅力

当准备好向客户介绍方案与设计时，应如同艺术家展示自己的杰作一般充满自信与激情，主要围绕方案的优势、创新点及其如何精准地解决客户的问题等方面进行阐述。同时保持开放的心态，虚心听取客户的意见与建议，不断优化与完善方案。在课堂上，教师会从经验出发，分析点评设计方案存在的问题，帮助学生思考更好的创意和更全面的解决办法。当然，初学者做不到面面俱到很正常。从天马行空的创意到最终的落地实施，这一过程需要经过千锤百炼，才能显示出创意的精髓。

4. 智慧应对，化解客户疑虑

面对客户可能提出的反对意见或疑问，设计团队应展现出高度的耐心与智慧，解释每一个细节，用充分的证据与案例来支撑自己的观点。要相信，真诚与专业是化解疑虑的最佳武器。

5. 灵活应变，找到最佳解决方案

如果客户对方案或设计有不满意之处，设计团队不要回避或推诿，相反，应迅速响应并灵活调整策略。设计团队要从客户需求出发，与客户紧密合作，共同探索最佳的解决方案并对方案进行必要的修改与完善，确保最终呈现的方案能够满足客户的需求与期望。

6. 携手并进，共创辉煌未来

当双方对方案与设计达成共识后，应签订正式的协议或合同以明确双方的权利与义务。但这仅是合作的开始。在接下来的实施过程中，设计团队要与客户保持密切的沟通与协作，确保项目能够顺利进行。同时积极收集客户的反馈意见，以便后续进行

改进与优化。设计团队不仅要具备卓越的创意思维与设计能力，更要学会团队协作与沟通，成为客户最坚实的后盾与最可靠的伙伴。

五、卡通形象设计有什么价值？

你童年的"伙伴"都有谁？孙悟空、葫芦娃，还是黑猫警长？这些动漫形象是卡通形象设计师通过奇思妙想进行了无数次修改创作才获得的鲜活造型，因为有这些经典造型，我们的童年才充满了美好回忆。

卡通形象设计师都是多面手，掌握着多样技能。他们敢于想象，勇于创新，善于将生活中的点滴融入卡通形象中。同时，他们有敏锐的市场眼光，明确什么年龄段的观众分别喜欢什么、需要什么，使卡通形象设计既有艺术性又有商业价值。卡通形象设计师不仅让角色活灵活现，还使场景设计和角色设计相得益彰，再加入炫酷的视觉特效，让动画看起来更吸引人。此外，团队合作也非常重要。在卡通形象设计的过程中，设计师只有和编剧、导演、音效师等人紧密合作，才能把项目做好。

优秀的卡通形象具有多方面的价值，这些价值不仅体现在文化娱乐领域，还体现在商业、教育、社会交流等多个层面。

1. 文化传播与认同

卡通形象往往承载着特定的文化背景和价值观。它们能够以生动有趣的方式传播文化，加深人们对某种文化或观念的认同。例如，孙悟空作为深受国人喜爱的人物，近年来多次被搬上荧屏，如《西游记之大圣归来》及近期大热的游戏《黑神话：悟空》。孙悟空这一角色通过丰富的故事和鲜明的个性，在全球范围内传播了机智、勇敢、忠诚、执着的英雄精神及其代表的中华文化。

2. 商业价值与品牌推广

优秀的卡通形象具有极高的商业价值，常被用作产品标志，能够有效提升品牌形象和知名度。哆啦A梦、小黄人、大头儿子和小头爸爸、光头强及熊大熊二等经典卡通形象不仅为原创团队带来了巨大的商业利润，还成为跨界合作、衍生品开发的热门选择。

3. 教育启迪与正面影响

卡通形象可以通过故事情节和角色行为传递正能量，对观众尤其是儿童产生积极的影响。它可以传授道德观念、生活常识、科学知识等，激发儿童的想象力和创造力，促进其全面发展。如经典动画片《黑猫警长》就传递了正义、团结、勇敢的价值观。

4. 情感寄托与心理慰藉

卡通形象往往具有鲜明的个性和独特的魅力，能够成为人们的情感寄托。在压力较大或情绪低落的时候，观看动画片可以带来心理的慰藉和精神的放松，帮助人们缓解负面情绪。

5. 社会交流与话题创造

优秀的卡通形象往往能够引发社会的广泛关注和讨论，成为社交媒体的热门话题。人们可以通过分享对卡通形象的喜爱和看法来增进彼此的了解和交流，形成共同的兴趣爱好和话题圈。

6. 艺术创新与审美提升

卡通艺术作为一种独特的艺术形式，其创作过程涉及绘画、设计、动画等多个领域。优秀的卡通形象不仅展示了艺术家的才华和创意，还推动了卡通艺术的不断发展和创新，同时提升了观众的审美水平和艺术鉴赏能力。

优秀的卡通形象具有多方面的价值，卡通形象的传播与深入人心，促进了社会价值的多元化发展。

六、卡通形象如何影响我们的生活?

随着国潮、国漫的崛起，中国的动画电影备受关注，近两年大圣、哪吒的形象深入人心，尤其是打破常规、个性鲜明的哪吒，创新性十足。再比如，宫崎骏的系列动画电影，以细腻唯美的风格和富有人文情怀的角色形象给人们留下深刻的印象；欧美动画电影中卡通形象也在市场上得到了充分的验证，像猫和老鼠及迪士尼系列的动画角色已被观众熟知。同时，卡通形象兼具文化输出的作用。《花木兰》《西游记之大圣归来》具有中华优秀传统文化特色，而《一千零一夜》具有异域风情。通过不同的卡通形象，观众能领略到不同国家、不同文化背景的艺术特色。

如今，一些独立设计团队创作出很多优秀的卡通角色，并在市场中通过不同的形式对卡通角色进行了成功的运营和推广。随着社交网络的迅猛发展，表情包成了日常生活中必不可少的部分，一批以表情包为基础的 IP[①] 形象迅速流行起来，亚洲国家在这方面表现得尤为突出。近几年，国内众多企业都进行品牌动漫化，如天猫的黑猫、京东的京东狗、腾讯的 QQfamily 等。这些 IP 形象赋予了品牌更鲜明的人格魅力，加

---

① IP：Intellectual Property 的缩写，直译为"知识产权"，现可以理解为所有成名文创（文学、影视、动漫、游戏等）作品的统称。

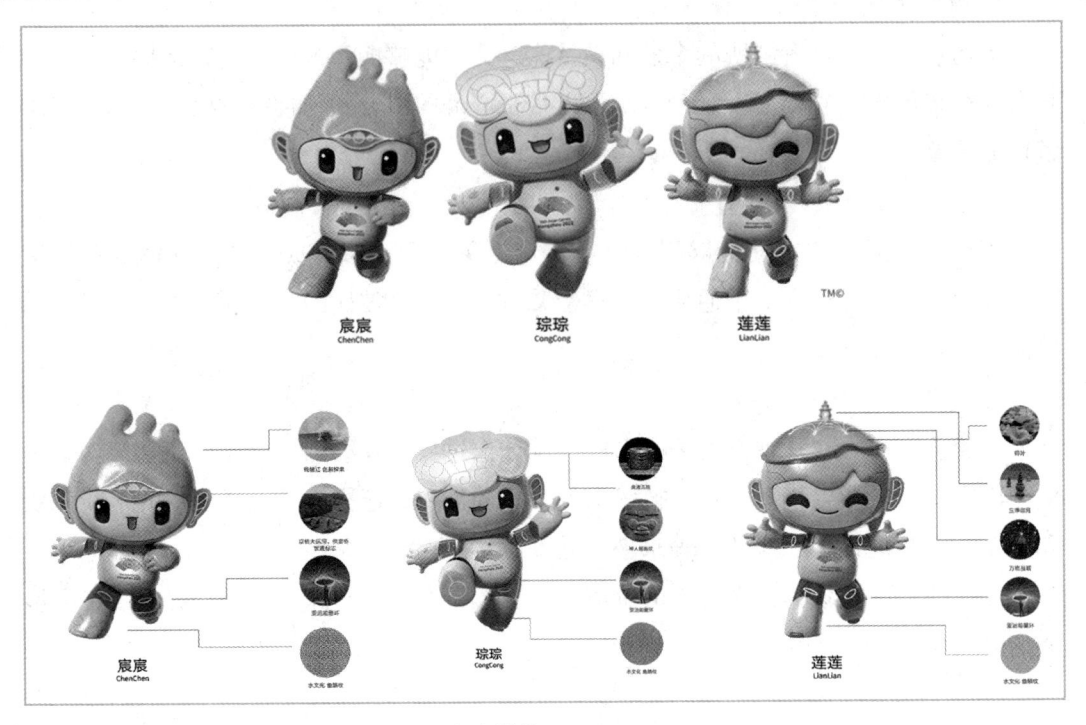

▲ 图 11-2　杭州 2022 年第 19 届亚运会吉祥物

强了品牌的商业衍生力。随着卡通角色被制作成表情包，趣味诙谐的卡通形象越来越流行。它们通过即时通信软件，如微信、QQ、飞书等进行传播，日均使用量十分惊人，人们一看到表情就能理解对方的意思，这也演化为一种社交语言，帮助人们建立联系和认同感。此外，一些特定的卡通形象也代表了特定的群体或文化，使得人们能够表达自己的身份和归属感。卡通形象除了在日常的生活中被授权和使用，还起到了一定的心理陪伴的作用，特别是以可爱、萌宠、惊喜为主要特征的"拆盲盒"，已经随着国内品牌"泡泡玛特"深入年轻消费群体之中。一个看似不起眼的摆件，却像有魔力一般，让人不断收集购买，展现了使用价值之外的魅力。

2022 年杭州第 19 届亚运会吉祥物"江南忆"（图 11-2）出自中国美术学院张文及其团队的无数次灵感碰撞与精心雕琢，这组吉祥物不仅是深厚文化底蕴与时代活力的巧妙融合，更是以机器人的形态生动地诠释了杭州的独特魅力与未来展望。

"江南忆"由三位各具特色的成员组成——"宸宸""琮琮"与"莲莲"，它们分别承载着世界文化遗产的深厚意蕴。宸宸巧妙地借用了京杭大运河上标志性的元素——拱宸桥，以科技感十足的蓝色为基调，寓意着上善若水的智慧，象征着亚洲乃至全球人民间深厚友谊和广泛交流。琮琮的设计灵感源自良渚古城遗址中庄严的玉琮，不仅象征着坚忍不拔的奋斗精神，更激励着人们勇于探索、不断超越。莲莲则以西湖中亭亭玉立的荷叶为原型，一抹清新脱俗的绿意传递出和谐共生、开放包容的人文精神，让人仿佛置身于杭州那如诗如画的景致之中。

张文及其团队的设计理念深植于对杭州这座城市的理解与情感之中。良渚博物院、运河广场、西湖等杭州地标，不仅是市民休闲娱乐的常去之地，更是承载了无数温馨的回忆，见证了城市的发展历程。在被数字化浪潮席卷全球的今天，杭州以其卓越的科技创新能力著称，"江南忆"吉祥物以机器人和人工智能的形态呈现，正是这一时代特征的生动体现，展现了杭州作为智慧城市的无限可能。这组亚运会吉祥物卡通形象的创作与推广，促进了竞技运动的普及，使广大观众深刻了解杭州的城市精神。它们以独特的姿态向世界讲述着杭州的故事，传递着亚运会的人文温暖与力量。同时让观众理解创意的内涵，增加审美的情趣，提高赏析的能力。

七、一套校园 IP 形象是如何完成的？

在数字化发展迅猛的时代，校园文化的传播方式日新月异，其中，IP 形象的崛起作为一股创新力量，正逐渐占据校园文化宣传的核心舞台，成为众多院校竞相探索的新风尚。面对这一趋势，如何巧妙运用 IP 文化为校园宣传注入新鲜活力、解锁多元化传播的新途径，成为宣传部门和设计团队的重要课题。

近期，我们团队有幸接受了学校宣传部的委托，任务是设计一组富有代表性的校园吉祥物。团队由经验丰富的教师与"卡通创意工作室"的学生们携手组建，旨在通过紧密合作，共同打造兼具文化深度与视觉吸引力的校园 IP 形象。

在追求创新与品牌文化建设的过程中，设计团队深刻认识到校园 IP 形象设计的重要性。为塑造一个既彰显深厚学术底蕴、又融入现代科技元素的独特形象，设计团队围绕风格定位、形象设计、宣传推广及用户体验四大核心要素，精心策划并实施了一系列创新举措，最终确定以卡通形象"小金"为纽带，连接学校与广大师生的心。

1. 风格定位

通过匿名调研，设计团队了解到不同年龄层的需求和对校园文化的不同理解，从中找出可用的元素，通过设计元素的选择和组合，传达校园文化所代表的价值和取向，增强师生对校园 IP 形象的认知和认同。同时，通过设计丰富的故事背景，使校园 IP 形象更加生动、有趣，增强其与受众的情感连接。这里需要集思广益，征集不同方案，最终对卡通形象的风格进行定位。

▲ 图 11-3　小金形象的表情包

2. 形象设计

在形象设计方面，通过前期的初稿设计、不记名投票和多次的修改完善，"小金"这一校园 IP 形象终于得以呈现。小金以鲜明的蓝色为主色调，象征着科技与希望；其形象巧妙融合了校徽宝相花元素与活泼可爱的卡通形象，既体现了综合性职业院校的特色，又展现其面向未来的科技追求。小金一经问世，便凭借其超萌的年轻态风格和积极向上的寓意赢得了师生及社会各界的广泛喜爱。学校顺势推出小金系列表情包、文创产品，如文具、服饰（图 11-3、图 11-4、图 11-5）等，进一步扩大了校园文化的宣传影响力。

3. 宣传推广

金华职业技术大学充分利用微信公众号、视频号等新媒体平台，构建全媒体矩阵，围绕小金发布了一系列趣味横

▲ 图 11-4　小金形象的校园文创产品 1

▲ 图 11-5 小金形象的校园文创产品 2

生的内容，包括小金的成长故事、校园活动等，得到了广泛的关注与互动。同时，学校还举办"小金创意大赛"，鼓励师生围绕小金进行创意创作，通过线上线下相结合的方式，让更多人参与校园 IP 形象的文化建设中，形成了正反馈的传播效应。

4. 用户体验

IP 形象的生命力需要多元且丰富的内容来滋养延续，通过微信表情包、迎新活动、志愿者活动等增加小金与师生们的联动，让形象更具有人性和真实性，成为师生日常生活中的一位伙伴。

设计团队通过前期的调研、定位、设计和宣传推广，以及以用户为中心的服务优化，共同塑造了"小金"这个校园 IP 形象。这一形象无形中成了宣传的得力助手，为校园文化和品牌建设注入了新的活力与动力。

八、如何成为一名优秀的设计师?

成为一名优秀的设计师需要综合多方面的能力和不懈的努力，要有团队协作精神，还要能把不同领域的专业知识整合运用到设计领域中。以下几点建议能够帮助初学者在今后的学习和工作中不断提高和完善自己。

1. 强化专业知识与技能

持续学习：设计领域日新月异，新技术、新趋势层出不穷，设计师要保持对行业动态的关注，定期参加工作坊，阅读专业书籍，学习相关设计样例，不断提升自己的专业知识水平。

掌握技术工具：熟练掌握设计软件（如 Adobe Photoshop、Creative Suite、Sketch、illustrator 等）和硬件操作（如 3D 打印、CNC 加工等），这些工具将大大提高工作效率和创作能力。

2. 培养审美与创新能力

广泛涉猎：艺术、设计、建筑、摄影、电影等各个领域都能激发灵感，要多欣赏优秀作品，培养敏锐的审美眼光。

实践与创新：不断通过实践来锻炼自己的创新能力，尝试不同的设计风格，勇于突破常规、挑战自我。

反思与总结：每次完成设计后都应进行反思和总结，分析成功与不足，从中汲取经验，为下一次的设计提供借鉴。

3. 增强市场敏锐度与沟通能力

市场调研：了解目标用户的需求、喜好及市场趋势，确保设计作品既符合美学标准又满足市场需求。

有效沟通：与客户、团队成员及供应商保持良好的沟通，清晰地传达设计意图，确保设计方案的顺利实施。

商业思维：学习基本的商业知识，理解成本效益分析、品牌定位等概念，使设计更具商业价值。

4. 培养耐心与毅力

面对挑战：设计过程中难免会遇到困难和挫折，设计师要保持积极的心态，勇于面对挑战，不断寻找解决问题的方法。

持之以恒：设计是一个需要长期积累的过程，只有保持对设计的热爱和执着，坚持不懈地努力，才能取得长足的进步。

5. 建立个人品牌与作品集

个人品牌：在社交媒体和专业平台上展示作品和设计观点，建立个人品牌，吸引潜在的客户和合作伙伴。

完善作品集：一个优秀的作品集是职业发展的有力支撑。要定期更新和整理作品集，确保它能全面展示设计师的设计能力和风格。

6. 保持健康与平衡

健康生活：设计工作需要长时间地面对电脑，因此要注意保护视力，进行适当的体育锻炼，保持良好的身体状态。

工作与生活的平衡：合理安排时间，确保工作之余有足够的休息和娱乐时间，避免过度劳累影响工作效率和创造力。

如果你怀揣着设计之梦，那么请鼓起勇气，带着创意和努力，不断充实自己，提升自己的专业技能和综合素质，在成为一名优秀设计师的道路上越走越远，创作出更多优秀的作品。

问题思考：

1. 在设计产品时，如何平衡创新设计与文化传承的关系？
2. 在设计产品时，技术革新如何影响着文化传承的方式？

随着科学技术的飞速发展，各种高端的机电装置纷纷涌现。现如今，工业机械手灵活自如，能替代人类完成各种复杂动作，在很多领域里得到广泛应用。战地救援人员装备上人体外骨骼后，就能背负伤员奔跑，这大大提高了急救效率，还不会造成自身腰椎和膝盖的损伤。

仅从这两个复杂的机电产品就可以看出，制造改变世界，并将继续改变世界。

一、制造有多伟大？

纵观人类历史，工具的制作水平始终是文明发展的重要标志。从旧石器时代到新石器时代，人类使用的工具除了形状不同，在制造方式也有很大的区别。旧石器采用打制的方法，而新石器采用研磨的方法，因此后者更加精美。

在新石器时代末期，人类发明了一种合金，称为青铜。青铜有着较低的熔点，适合用来制造兵器、礼器和各种工具，辉煌的青铜文明由此诞生。

在青铜文明的晚期，古人发现了比青铜性能更好的金属——铁，冶铁技术首先被运用在农业和军事领域，如出现了犁、锄等铁制工具，还有各种箭镞、刀剑等铁制兵器。人类自此进入铁器时代。

历史以制造来划分，时代以制造来命名，制造在人类进步中发挥着巨大作用。

从古至今，人类使用的工具发生了翻天覆地的变化，现在已进入广泛使用自动化、智能化工具的时代，具有标志性意义的是高度自动化的机床，这是先进的制造工具。

工具再重要，也要由人来掌握，更要由人来创造。第一批掌握工具的人了不起，但率先制造工具的人更了不起。中华文明史就是以那些最伟大的制造者为里程碑而串联起来的。

中国现存最早专门记载手工技术的文献是《周礼·考工记》，书中有一段记载："有虞氏上陶，夏后氏上匠，殷人上梓，周人上舆。"意思是有虞氏即舜和他的部落擅长制作陶器，夏后氏即大禹和他的部落擅长营造工程，殷人即商朝的始祖和他的部落擅长制作木器，周人即周朝的始祖和他的部落则擅长制造车辆。这说明工匠在当时已经是一种相当普及的职业，各地皆有不同专业的能工巧匠。

距今 4 000 多年前，夏朝有个叫奚仲的人，因为发明了马车而受到分封，他的封地在薛地，即史书记载的薛国。奚仲是中国有历史记载以来第一个因为发明创造而受到册封的人。

古代的工匠运用聪明才智创造了许多工具，其原理在现代机器上同样可以体现。四川自贡自古以来以出产井盐而闻名，要开采埋藏于地下 200~300 米的井盐需要钻探机械和起重机械。古代工匠利用木材和铁件，制造了专门用于开采井盐的钻探机械和起重机械"天车"，开创了机械钻井的先河。工匠用冲击式钻井技术破坏岩层，再注水将岩盐融化，通过起重汲水的方式将深埋于地下的岩盐开采上来。据考证，古代自贡地区钻探的盐井超过 13 000 口，累计深度相当于人工打穿了 400 多座珠穆朗玛峰，最高的"天车"高达 113 米，累计生产食盐 8 000 万吨，有效保证了内陆地区的食盐供应。

农业生产关乎国运。中国是农业大国，也是农业古国。为了观测星象和制定指导农业生产的历法，古代工匠发明了浑仪、水运仪等各种天文观测仪器。为了保障农业水利灌溉，古代工匠又制造出水车、筒车等水利设施，较好地满足了农业的生产需求。古代工匠不但发明了用于纺织棉、麻、丝等天然纤维的纺车、织机等机械，还发明了提花机，使古人不但穿得暖，而且穿得美。此外，古代战争频发，工匠还制造了许多武器装备，如攻城车、弩炮等，在抵御侵略等方面发挥了巨大作用。

总而言之，中国古代制造技术的发展对中华文明的传承和发展起到了重要作用。

二、制造业对国家意味着什么？

制造业听起来概念宽泛，让人难以把握，但其实现代人在日常生活中接触的大量物品都属于制造业的范畴，小到吸尘器、自行车（图 12-1）、按摩椅，大到用来制造这些物品及其零部件的加工机床和组装线，还有修路、造桥、挖隧道需要用到的挖掘机、盾构机及快速交通工具等，都是制造业的成果。

▲ 图 12-1 自行车

总的来说，制造业是立国之本、强国之基，是国家经济命脉所系。在构建新发展格局的过程中，推动制造业高质量发展是重中之重，也是建设现代化经济体系、建设社会主义现代化强国的重要一环，在参与国际竞争中发挥着不可替代的重要作用。

制造业强国不是靠自然禀赋成就，而是靠一代又一代难以计数的一流工匠以不懈的努力和奋斗支撑起来的。今天的中国已是制造业大国，正在向制造强国迈进。

三、为什么说工匠之魂在于创新？

工匠之魂在创新

说起工匠，人们自然而然地想到"手艺人"，似乎只要技艺高超就能称为工匠，有人干脆认为"工匠精神就是精益求精"。

如此说法虽然简洁明了，其实欠妥。

工匠确实要有精益求精的精神，但只有精益求精不一定能成为工匠，能够实现历史性突破的卓越工匠不但需要手上的精湛功夫，更需要大脑的思考创新。手脑并用是人类进化的奥秘，也是新时代对工匠的要求。虽有精益求精，却无自身技艺和技术领域的突破，往往会使人陷入无意义的"内卷"之中。

中国和世界推崇有创新能力和创新成就的工匠乃至巨匠！

詹天佑是中国近现代史上一位杰出的铁路工程专家，毕业于耶鲁大学土木工程系，主持修建了著名的京张铁路，这是中国人主持修建的第一条铁路。詹天佑创造性地采用了人字形轨道的设计方案，解决了火车爬坡的难题。京张铁路在施工过程中遇到了许多困难，除了铁路的爬坡难题，最难的就是隧道挖掘施工。铁路伸展到北京八达岭时，必须开凿隧道，才能继续前行。由于花岗岩的地质结构过于坚硬，隧道施工异常困难。当时施工人员发现，通过在花岗岩断面上打眼、预埋炸药爆破和人工掘进相结合的方式来挖掘隧道，比单纯靠人工挖掘的劳动强度降低了许多，效率也提高了许多。依靠中国工程技术人员的聪明才智和众人的共同努力，隧道终于被打通，京张铁路最终被建成了。

一个多世纪过去了，为了提高隧道掘进的效率、安全性与工程质量，西方发明了专门用于挖掘隧道的大型机械——盾构机，现在这一设备已在世界范围内得到广泛使用。盾构机涉及复杂的设计与制造技术，在很长一段时间里，我国并不掌握这一制造技术。由于集中开建各种工程，我国对盾构机有着巨大的市场需求，每年都要花费巨额外汇从国外引进盾构设备。好在我国拥有一支非常优秀的科学家、工程师和技术工

▲ 图 12-2　盾构机

人队伍，通过借鉴先进技术、群策群力，成功实现了盾构机的国产化（图 12-2）。

国产盾构机的诞生不仅基于科学家的理论研究、依托工程师的技术构想，还有赖于一大批工匠的制造技能，他们共同造就了数以万计的创新成果。当年陈毅元帅说过："淮海战役的胜利，是人民群众用小车推出来的。"国产盾构机的诞生也是千万工匠用头脑、双手和汗水铸就的。工匠之魂，在于创新！

四、微创新也能带来改变吗？

在盾构机这样的大体量的创新成果面前，人们会不自觉地产生折服感。而对于日常生产和生活中的细微创新，人们则不容易恰如其分地评估其价值。其实，大体量的创新通常是大量细微创新所整合的结果。没有小创新，何来大突破？大体量创新能够带来改变，微小的创新同样可以带来意想不到的效果。

几乎无人不知电动螺丝刀这种工具，很多人还亲手使用过，但很少有人在这个不起眼的工具上开动脑筋，进行改进创新。

目前市面上销售的各种电动螺丝刀，大部分跟电钻很像，使用的时候都会遇到同一个问题，即由于螺丝的型号各种各样，一把螺丝刀无法适用于所有的螺丝。通常，生产厂家会给一把电动螺丝刀配上十几个螺丝批，以适应不同型号和规格的螺丝。毫无疑问，这是一个有效的解决方案，但使用的效果不尽如人意。新买的螺丝刀用不了多久，十几个螺丝批就只剩几个了。因为很多人使用工具后没有及时整理的习惯，电动螺丝刀尚且随手乱放，更何况小小的螺丝批？老问题解决了，新问题又来了。那么有没有一劳永逸的解决办法呢？

中国宝时得科技有限公司开发了一款外形和结构类似左轮手枪的 WORX 电动螺丝刀（图 12-3）。在类似于用来装子弹的左轮中，设置了十几个螺丝批，面对哪个型号的螺丝，只要将左轮转到对应的螺丝批的位置后使用即可。这样既不会错，也不会丢，彻底解决了用户在使用中丢失螺丝批的问题，而且通过左轮结构快速切换不同的螺丝批，既方便，又高效。这个设计获得了世界设计三大奖之一的"红点奖"，还被授权为国家及国际发明专利。

▲ 图 12-3　WORX 电动螺丝刀

"左轮"电动螺丝刀巧则巧矣，销售情况如何呢？

在北美市场，WORX 电动螺丝刀虽单价最高，但卖得最好，击败了包括博世电动工具在内的一批世界知名品牌。这说明创新不一定非得"高大上"，微创新同样可以取得大成功。

此外，WORX 电动螺丝刀在北美地区的高销量与设计者的别具匠心有很大关系。左轮手枪是美国西部片牛仔的标配，也是美国个人英雄主义的象征。WORX 电动螺丝刀不但借鉴了左轮手枪的构造，还移植了左轮手枪的外形和气质，在解决螺丝批丢失问题的同时，为自己打开市场注入了文化创意，可谓是一举两得。

五、我也能创新吗？

看过成功的商业案例之后，不妨再看看金华职业技术大学机械专业学生的创新发明。

逢年过节时，大家在集市或庙会中常常能看到有老师傅"以糖为墨，以勺为笔"，片刻工夫，就画出栩栩如生的糖画图案。造型生动、色彩鲜艳的糖画是中华民族的非物质文化遗产，作为一种民间

学子创新：
无人水稻除草机

艺术深受广大群众尤其是儿童们的喜爱。现如今，糖画艺人越来越难寻，同时受限于糖画艺人的手艺，糖画的图案越来越单一，选择性也越来越少。

学生小×创新设计的这款产品，能够将3D打印机的工作原理应用于糖画，使用者能自如地使用铅笔在纸上进行绘画，但若把铅笔换成装糖浆的勺子，糖浆的流量和线条勾勒就会变得难以控制。但如果使用机器，就可以随意地设计我们想要的图案。使用者只需要在平板电脑上用笔进行手绘或者直接输入图片，机器就会通过电机的转动，控制装满糖浆的"笔"精准地移动。另外，机器也能精确地控制糖浆的用量。想要糖画的线条粗一点，就让糖浆的流量大一点；想要细一点的线条，就让流量小一点。相较于人手控制，机器的控制更加精准、便捷，可以快速画出更好看的糖画作品。这样通过不同环节的相互配合，就能将想要的图案以糖画的形式"画"出来，即便是儿童，也可以轻松体验糖画的乐趣。这个作品参加了浙江省大学生工业设计竞赛，获得了一等奖的好成绩。

另外，我们小时候经常能看到父母用一块细长的磨刀石打磨菜刀，或许我们也曾亲自体验过，事实上，这件事远没有看上去那么容易。前后推刀不仅费力，还要全神贯注地控制推刀的力度。推重了，会磨掉太多；推轻了，则没有效果。不熟练的人很容易把刀刃打磨得弯弯曲曲，或是一边打磨得太过锋利，另一边却还很钝，而且在打磨过程中也容易伤到手。某学生细心观察后，结合所学知识，发明了电动磨刀器，省略了来回磨刀这一步骤。目前市面上的电动磨刀器只能实现半自动化，仍然需要人进行辅助，如调整刀片的角度、位置等。该学生设计的磨刀器，通过结构的创新，真正实现了全自动磨刀。整套装置采用机电结合、磨刀石弹性接触的设计方式，使用者仅需装夹刀具并按下外置按钮，等待2分钟，即可完成打磨，并且该器械几乎能够适应各种类型的厨房刀具。该学生在老师的指导下，不仅完成了这个作品的全套设计，还撰写并发表了相关论文。

生活中，许多人都喜欢吃羊肉串，但是做起来麻烦，需要将羊肉切块、腌制、穿串，最后再烧烤。某学生在老师的指导下设计了一个自动切肉穿串机，将羊肉串制作流程中最麻烦的部分交给机器解决。使用者操作时只要把羊肉切成片腌制完成后再放到机器上，机器就可以自动完成切块和穿串的动作，最后使用者拿出串好的羊肉串放在炭火上烤制即可，非常方便。这个设计已经申报了实用新型专利和发明专利，目前

已得到受理。

这些事例足以说明，只要勤奋学习，认真参与实践、富于想象、追求卓越，高职学生成长为卓越工匠并非幻想，许多学生已经做出了表率。近年来，金华职业技术大学智能制造学院的学生在老师的指导下，通过创新已经收获了一批成果，参与创新的有 2013 到 2023 级的学生。机械制造与自动化 158 班获得的各类创新大赛奖项共有23 项，且奖项均为省级以上。在杨绍荣教授的指导下，机械制造与自动化 174 班的蔡为钱和 162 班的潘青良设计的"圆周运动健身器"，更是获得了世界三大设计奖之一的"红点奖"。由杨绍荣教授指导的机械制造与自动化 142 班的杜凌霄、洪显爵和唐杰瑾设计的"加速滑行分离式代步车"在德国的纽伦堡国际发明展上获得银奖。高职学生获得世界大奖不是传说！

六、创新也有方法？

能创新固然好，但对于尚未有过创新经验的大学生而言，有没有什么方法，让更多的学生也能成为创新高手？

一蹴而就、一劳永逸的方法是没有的，如果有，那就不用人类创新，直接交给机器人或人工智能就行了。

创新没有一定之规，但是有迹可循，掌握一些基本要点，确实有助于提高个人的创新能力。这里仅以制造为例，提供一个创新的思考方向。

所谓制造，指的是人类通过有意识加工生产某种非自然形成的物品的过程，概括起来，大致由三个阶段或环节组成。

首先得有想法，思考要做什么样的东西？有什么用？怎么把它做出来？

其次，把想法固化下来，呈现在图纸上，标注清楚性状、尺寸和功能实现方式，此时虽然还看不见实物，但产品的二维形态已经有了。

最后，按图索骥，将图纸上画的物品变成实际可用的产品。

所有制成品都是经过这三个阶段生产出来的，想法、图纸和加工是制造业无法绕开的三道关卡。

创新在这三个阶段中都有体现，但在小产品制造的范围内，创新主要表现在第一阶段和第二阶段。

创新首先要有想法，没有想法，一切无从着手，最后也什么都不会有。

想法从哪里来？从人的需要中来。创新者一定是对人的需求特别敏感，并时刻准备用自己的方法来满足人们需要的人。

例如，乘坐高铁时经常会遇到这样的情况，口渴了去接水，但高铁上提供的开水温度比较高，不能马上饮用。通常人们都是端着杯子吹气，以此来降温，但效果较差，往往吹了许久才能喝上一小口。有没有方法能让口渴的人立刻喝上水呢？

发现需求，找到了问题，再思考解决的方法，这就进入了创新的天地。

其实，市面上销售的 55 ℃杯就是一种解决方法。55 ℃杯采用化学介质热传导的方式降温，事先在杯子的夹层里注满能吸热的化学介质，杯子倒入开水后，将热量通过不锈钢杯体传递给化学介质，水温就降下来了。问题是杯子的制造工艺相对复杂，且存在化学介质泄露的可能，不够安全。

鉴于通过化学介质降温的方法有不尽如人意之处，老师要求机械专业的学生采用纯机械的方法来解决这一问题。在师生的共同努力下，最终设计完成了一款可以快速降温的保温杯。

这个与众不同的保温杯在杯底安装了增速齿轮系，用手转动杯底，可以使轮系的主轴转速达到每分钟 600 转以上，再以主轴驱动微型气泵，吸进外部空气，经由滤芯和单向阀，从杯底的气泡发生器进入水中，气泡从自然升腾到液面再重回大气中，能把携带的热量释放出去。实验证明，采用这种方式，一杯开水只需 1~2 分钟就能降到可饮用的温度，即 40 ℃左右。

这个杯子用起来颇具趣味性，学生称其为"魔趣转转杯"。这款杯子的设计申请了专利，并于 2017 年获得浙江省大学生工业设计大赛的一等奖"。

再如，浙江临安出产的山核桃，俗称"小核桃"，深受国人喜爱，但是剥壳这道必经的程序十分麻烦，有人索性直接买核桃肉来吃，有没有办法让剥壳的过程变得不那么麻烦呢？

金华职业技术大学有个学生，老师担心他荒废学业，就给他布置了一项任务——解决山核桃剥壳的难题。设计要求是制作一台手动机器，可以一次装入较多的山核桃，用手摇动使山核桃的外壳互相撞击破损，再用手剥除，轻松取出核桃仁。

在老师的悉心指导下，学生经过两个多月的努力，终于设计完成一台手摇撞击式山核桃破壳机（图 12-4）。机器主要由自动送料结构、弹簧蓄能

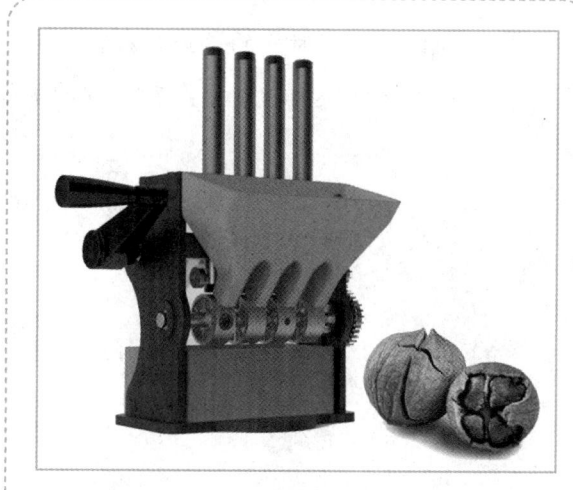

▲ 图 12-4　山核桃破壳机

结构和凸轮顺序联动机构等组成,实现了山核桃的自动送料和破壳。这个设计拿到了国家实用新型专利,学生获得了极大的成就感。

这名学生叫陈澄磊,2018 年获得金华市"十佳工业设计师"的荣誉称号。当时站在台上的领奖人中,只有他是 20 岁出头,其他设计师都是 45 岁以上,老师们都为这个年轻的设计师感到骄傲。

这两件产品的制造难度不大,创新之处主要体现在想法及其实现上。关注社会需求,善于发现问题,找到工作原理,切中技术要害,创新就在眼前。

七、高职,"高"在何处?

通过上面的案例可以看出,现在的工匠应至少具备三种能力:产生创意的能力,将创意固化为设计方案的能力,以及将设计方案变成产品的能力。

工匠不仅是"手艺人",他们不但要会动手,更要会动脑。有人比较了本科、高职和中职的不同,认为本科以动脑为主,主要学习理论知识。中职以动手为主,主要学习操作技能。唯有高职既要动脑,又要动手;既需要有想法,又需要有技能,需要用自己的双手将想法变成现实。高职之"高"正在于此。

要成为能独立解决技术问题的复合型创新人才,高职学生必须好好学习、手脑并用、努力实践、知行合一,积累自己独特的优势!

问题思考:

1. 如何理解新时代的工匠精神?
2. 你未来的职业领域中有哪些方面亟须创新?

04 | 职业之术
篇首语

　　每个成熟的职业都有一套公认的规范，这是一代代职业人的心血和结晶，不允许随意改变。其中最为核心的规范是凝结了无数经验和教训的规则，从操作规程、行业准则到法律法规，或小或大，都是"铁律"。在一个行业里，无论技术多精巧、多新潮、多先进，如果操作人员违背了这些规则，那就有可能功亏一篑。职业之术是职业人行稳致远的安全保障。

　　大楼建起来了，能否长久，地上建筑的质量当然重要，但地基更加关键。在松软的沙滩上是无法建造摩天大楼的。辛勤劳动的成果最后对职业人来说到底意味着什么，是功德碑还是耻辱牌？首先取决于是否遵守了规则。失之毫厘，差之千里，不可不慎。

　　人在职场不自由，这是实情，因为职业人承担不起犯错的"成本"。越是重要的场合，越是容不得任何闪失；越是规则林立，越是不许越雷池一步。药能救命，也能夺命，生死在一念之间，更在职业人的举手投足之中。

　　规则是一种职场智慧。懂得这个道理的职业人，不但恪守别人制定的合理规则，还会自我制定规则并严格遵守。因不遵守规则而犯下小错误，才是最大的"自找麻烦"。规则的本意就是以小麻烦免去大麻烦，体现最高的性价比。

　　职场规则从来都是"双刃剑"，既可以管住职业人的随意或任性，也可以用来规范被服务者。职业人要自觉遵守规则，还要善于制定规则，维持职场和市场秩序，实现职业人与消费者的双赢。"规则是用来制约职业人的"，这个说法显然不够全面。但不能约束自己的职业人，是不可能通过规则约束服务对象的。记住，在为消费者制定小规则的同时，一定不能违反大规则。

　　人类需要集体生活，集体生活需要秩序，秩序依靠规则维护。规则分属不同的层次，覆盖不同的范围，彼此间有一致之处，也有相互冲突的地方。处理规则与规则的关系也是一种职业，职业人必须保持高度的分寸感，过犹不及。要问如何"在规则的博弈中守住底线"，遵纪守法永远是第一条职场法则！

学习目标

① 了解与职业保护相关的法律法规和行业细则，确保职业活动的效率和职业人的权益。

② 认识职场规则的重要性，增强敬畏之心和规则意识，培养遵守规矩、讲究信用的职业素养。

③ 了解职业人必须遵守的"底线"，以及不能触碰的"红线"，保障职业活动进退有据，行稳致远。

功德碑还是耻辱牌？

「主讲人」

　　房子是人们生产生活的必需品。在一些建筑的门口或者墙根部位，会树立一块石碑或镶嵌着一块铭牌，上面刻着建设单位、设计单位、监理单位、施工单位的名称，这个牌子意味着主要参建单位要对这栋房子承担相应的责任。如果房子成为百年建筑，甚至成为一个地方的地标建筑，那么这块牌子就是"功德碑"；如果房子没到预期寿命就坍塌了，甚至导致灾难性后果，那么这块牌子就成了"耻辱牌"。

　　牌子上面虽只有公司的名称，但工作是由人来完成的，建筑的寿命最终由参与建造者的能力水平决定，建造水平不同，建筑的使用寿命就不同。从前些年的统计数据来看，我国建筑的平均使用寿命与欧美发达国家相比有较大的差距，这一现状为未来可能从事这一行业的人带来了机遇和挑战。

一、房子都安全可靠吗？

居安思危：被风刮走的窗户

　　房子是给人住的，一般人不会怀疑自己所居住房屋的安全性，说明公众对建筑人员的工作还是信任的。我国每年建造的房屋数量比世界上任何一个国家都多，但由于建造者的素质参差不齐，房屋质量也参差不齐。在建筑行业，房屋在建造过程中倒塌，或者在使用过程中倒塌的事例并不鲜见。

　　2020年3月7日晚上，福建泉州的欣佳酒店倒塌，后果非常严重，事故共造成29人死亡，42人受伤，导致5 000多万元的直接经济损失。同年8月29日，山西临汾的聚仙饭店发生坍塌，造成29人遇难，7人重伤，21人轻伤。半年时间里，先后发生两次楼房倒塌并造成重大伤亡，人们不禁质疑：事故到底是怎么造成的？我们居住的房子安全吗？

二、理当坚如磐石的房子怎么会倒塌？

　　房屋的建造是很多人共同劳动的结果，在整个过程中，你可能只是一个普通的角

▲ 图 13-1　建筑行业的职业道德

色，你也可能是一个非常关键的角色，如设计师。每一个参建人员在建设过程中都会做出一些行为，这些行为也会对建筑产生一定的影响。

国务院事故调查组对福建泉州欣佳酒店倒塌事故进行了调查，查明事故的直接原因是事故责任单位泉州市新星机电工贸有限公司将欣佳酒店建筑物由原来的 4 层违法增加夹层改建为 7 层，这使得该建筑达到极限承载能力并处于坍塌临界状态，加之事发前责任单位对底层支撑钢柱违规加固，焊接作业引发钢柱失稳破坏，导致建筑物整体坍塌。

在整个过程中，即使参与楼房建造的工作人员有所警觉，事故很大程度上也会发生，这是因为违规之处太多。在建筑行业里，很多坍塌事故是因为建筑的质量没有达到国家建筑抗震规范的规定，即建筑应该做到"大震不倒、中震可修、小震不坏"。为什么在同样的地震中，有的建筑保存下来了，有的建筑却倒塌了？"厚德"方能"载物"，我们的建筑之所以能承重、能抗震，其中包含了建造者的汗水和职业道德。只有认认真真按照规范建造，才能筑成坚固的大厦，否则房子就有可能坍塌，建造者也会被挂上"耻辱牌"（图 13-1）。

三、为什么要求所有建造者都遵守规范?

国务院事故调查组对福建欣佳酒店倒塌事件的事故认定为,泉州市新星机电工贸有限公司、欣佳酒店及其实际控制人杨金锵无视国家有关城乡规划、建设、安全生产及行政许可等法律法规,违法违规建设施工,弄虚作假骗取行政许可,安全生产责任长期不落实。相关工程质量检测、建筑设计、消防检测、装饰设计等中介服务机构违规承接业务、出具虚假报告、制作虚假材料,帮助事故企业通过行政审批。这充分说明一次事故的发生往往不是由于某一个原因,而是多个原因叠加的结果。

另外一个案例,2020 年 6 月 27 日,位于佛山市顺德区高新区西部启动区的某项目在浇筑屋面构造梁过程中发生坍塌事故,造成 3 人死亡、1 人受伤。房子在建造中倒塌,后果同样严重。

事故的技术原因是施工单位搭设的屋面构造梁柱模板支架不合理,屋面构造梁存在偏心现象而未采取有效防范措施。当屋面构造梁柱浇筑混凝土时,随着荷载越来越大,产生的偏心力矩也越来越大,最终斜立杆失稳导致模架向外倾覆倒塌。

此次事故的责任涉及建造过程的多个环节。

(1)施工单位严重违反安全生产法律法规和有关规定;监理单位形同虚设,没有对施工方案和施工过程进行有效监管。

(2)设计单位工作存在重大疏漏,即存在设计缺陷;建设单位未依法履行安全生产职责。

(3)审图单位把关不严,没有发现设计缺陷,导致不合格的图纸投入建设使用。

(4)行业主管部门履职不到位,没有进行跟踪检查和管理。

(5)属地有关协调机构的日常服务管理不到位。

在分析灾难原因时,有一个著名的"海因里希法则":每 1 起造成重伤、死亡或重大财产损失的严重事故的背后,必然有 29 起较轻微事故和 300 起事故隐患。

一根链条断裂的时候,未必只是其中最弱的一环出了问题,而是几乎每一个环节都存在缺陷。无数事实证明,每一起重大安全生产事故的背后都有一群不负责任的人。

山西临汾聚仙饭店"8·29"重大坍塌事故的主要原因也是违章建设。饭店已经经营了十几年,在未经设计的情况下加盖扩建了五六次。饭店向地下挖了一层,用来做宴会厅,因为地下一层更凉快。然后在原有房屋的基础上加盖了彩钢房,由于所用的建筑材料质量不佳,最终酿成惨祸。事故的发生反映出当地建设行政主管部门对违章建筑管理不严，放任其随意施工。

建造是用建筑材料抵抗地心引力的过程。房屋要承重，必须要遵循建造的基本规律，否则就会造成垮塌这样的严重后果。所以，从事建筑行业必须有扎实的专业知识，知道什么可以做，什么不可以做。

有位老师讲过一个事件。家里造房子，原先叫人画了图纸，柱子里面有8根钢筋，在建造的过程当中，施工单位只放了4根钢筋。农村造房子，施工队往往凭经验行事。这位老师觉得不可靠，坚决要求按照图纸施工，采用8根钢筋。

只用4根钢筋，虽然房子未必立刻倒塌，但在建筑的使用过程中，如果遭遇特殊情况，如地震，4根钢筋的抵抗能力不可能有8根钢筋那么好，倒塌的可能性是存在的。对于设计人员来说，1根柱子到底应该放多少根钢筋，必须有依据。房子造多高，承载有多重，对应的钢筋数不能随意削减，这就是尊重规律、遵守规则。

四、为什么说遵守规则无小事？

事故有直接原因，也有间接原因。建筑是一个系统工程，需要许多专业人士协同工作，其中有业主、有勘察、有设计、有施工人员。对于施工人员来说，其自身安全就和规则密切相关。

建工学院的同学去工地实习，老师最担心的就是安全问题，所以会在实习前的培训中反复强调基本规则，如所有人员必须佩戴安全帽，必须穿工装，因为工装袖子有束口，可以防止勾到其他的东西上。对女同学还有特别要求，不能穿高跟鞋，不能穿裙子，不能长发披肩，必须把头发扎起来等（图13-2，图13-3）。

建筑工地上到处是钢管、架子，要在那里面穿行，如果穿衣不规范，有可能造成严重的安全事故。有个建筑工地曾经发生类似的安全事故，一个工人从26层直接掉到地下2楼，当场死亡。原因是工人在操作时不小心把衣服勾到了支架上，重心不稳，从电梯洞口掉了下去。楼房内原来还没安装电梯，在留出的电梯井里每隔一层设有一张安全网，人即使掉下去，也能掉到网上，这足以避免更严重的后果。巧就巧在事发之时，为了安装电梯，刚好把安全网全部拆除了，结果人就毫无阻拦地从26层坠落到地下2层，事故现场惨不忍睹。在建筑工地上这样的洞口叫作"老虎口"，意思是一旦掉入，有去无回。这告诉我们，不能违反职业行为准则。简单的着装规范也事关生命安全，不可掉以轻心。

职业行为的准则是大量实践经验教训的总结，无论哪个行业都有一些基本规则，我们只有真正理解这些规则，并在规则的指导下开展工作，才能称为入行了。否则你

▲ 图 13-2　建筑工程专业教学场景 1

▲ 图 13-3　建筑工程专业教学场景 2

就是门外汉、非专业人士。

五、专业的事为什么一定要专业的人做？

建造过程的主要参与方有设计方、勘察方、施工方，这些单位都有很多专业的人员。建工学院的同学毕业以后，可能会到施工单位或勘察单位工作，也有可能到设计单位工作。在工作过程中有很多需要注意的地方，尽管具体的工作岗位不同，但是职责有相通之处，有些事情可以做，有些事情不可以做。

在很多事故中，业主方扮演着非常关键的角色。在部分坍塌事故中，业主的错误决策是造成事故的首要原因，所以要负主要责任。业主方必须尊重技术，专业的事情必须让专业的人去做，不能瞎指挥。超载的长途巴士不能坐，因为行驶中容易发生安全问题，如刹车失灵。同样的道理，房子超载，原先的柱子无法承受这么重的东西，就会倒塌。如果业主咨询过遵守专业规则的设计人员，并听取他们的意见，事故本是可以避免的。

很多时候，业主为了获得更大的空间，会要求施工队敲掉一堵墙。其实，墙不能随便敲，因为墙体与柱子一样，也需要承重，敲掉承重墙，会让柱子超载，如果柱子承受不住，就会垮塌。

更可怕的是，有些无良装修公司为了博得业主满意，还出馊主意："这堵墙敲掉以后，空间就通透了。"三十几层的高楼，装修时，如果为了重新开个门，把承重的剪力墙敲掉，是十分危险的。高层或者超高层建筑的剪力墙里配有钢筋，用混凝土从地基一直浇到顶，这样的墙非常重要，如果把整片墙敲掉，势必危及整栋建筑的安全。施工人员不能无视风险而违规作业。

目前，装修行业进入的门槛还不够高，一些没有经过专业培训的人也进入装修行业从事这项工作。无知者无畏，敢敲掉剪力墙的人十有八九是这样的无知者。现在讲究学科交叉、专业交叉，其重要性就体现在这里。从事装饰专业的人学习一些建筑工程技术的专业知识很有必要。

作为职业人，必须要有广博的专业知识和扎实的专业技能。知识和技能是相互促进的。有了知识，就会更加清楚行为的后果，也会更加谨慎。例如，在建筑工地，临时用电是常事，带电作业有风险。如果工人清楚触电危险，那就不敢违规带电作业了。专业的人做专业的事，是社会分工的需要，也是把事情做好的需要。

六、施工人员如何防止玩忽职守？

房子要建起来最终还得靠施工。这个过程也需要严格把关。例如，工地上一定会有质检员，混凝土是否合格、能否交给施工人员，由质检员说了算，质检员必须把住质量关。

2018年10月，济南的一个房地产项目正在建设中，主体建筑已经造好封顶，马上要进入装修阶段，但车库突然整个塌陷下去，引发了轰动。房子已经预售出去，买这个小区的房子的业主很着急，对房子主体的质量也产生了怀疑，检查下来，这个房子从地下2层到地上32层的所有柱子和梁里，混凝土的合格率不到50%。建筑中由沙子、石子、水泥拌在一起而形成的混凝土是主要的受力材料。事故中断裂的那个梁里面竟然有建筑垃圾、废塑料等杂物，这说明整个施工过程出现监管失控。如果监理和质检员都认真负责的话，不可能盖到32层才发现问题，应该在开始的时候就停止施工。施工有项目经理、施工员、质检员和安全员，竟然没有一个人提出问题，这让人匪夷所思。

施工团队中每一个人都应该做好自己的事情，做好分内的工作。建工学院的学生毕业后大多去了施工一线，到建筑公司去造房子，每个人都要严格履行职责，关键时刻要问自己一个问题：假如给自己家里盖房子，你敢不敢住？如果自己对建造的房子都没有信心住，这还算负责任吗？

无论是哪个行业的从业者，要么为社会提供产品，要么为社会提供服务。产品和服务都要有益于他人，守好自己的职业岗位是工作的基本要求，否则可能害人害己。

七、建设者如何遵守职业道德？

事实上造房子有一套基本的流程，首先需要勘察，勘察工作就是要知道造房子的这块地下面的土的成分是什么。在泥土上造房子和在岩石上肯定是不一样的，所以需要勘察。后面还需要设计，画出图纸，图纸出来后还要施工，施工中需要有人监督，整个建造过程就是按照这样一个流程来完成的。

这里讲一个建筑论证的例子。有个城市建造轻轨，轨道控制中心大楼的屋顶即将施工。屋顶由钢结构框架构成，每一个构件大概有40吨。当初，施工单位认为构件重量为33吨，所以按照35吨的重量论证了吊装方案。构件出厂后，发现实际重量是40吨。要把40吨的大家伙从地面上整体吊装到6层楼高，难度不小，风险很大，需要重新论证施工方案。

参与论证的专家特别关心起重机的工作位置能否承受得了重压。专家发现施工单位提供的报告中有一项数据：吊车停车位地基承载力为 250 千帕，就追问这个数字是怎么得到的。施工方答复说，这是根据经验估计的。

如此答复让专家大为吃惊。这个数字万一估错了，实际吊装时地面就会承受不了，一旦发生翻车事故，后果不堪设想。所以，任何方案的论证都不是随便签个字就好了，专家们就得"较真"才行。

勘察工作要给设计环节提供报告，地基到底能够承担多少荷载，必须通过静载实验才能确定。如一根基桩要承受 3 000 吨的荷载，这需要把一个个沙袋堆到承台上面，堆足 3 000 吨，这可能花费十几天的时间，最后只为得到一个数据、一张图表，以确定基桩能否承受 3 000 吨，然后再把沙袋全部搬走。做这个实验要花十几万甚至二十几万元，成本不低。但这个时间和钱都必须花，因为一旦有缺陷却没有提前发现，后面的损失会更大。勘察工作必须严谨。

目前建筑行业在有些方面还存在一些问题，由于业务量太大，有的检测机构，包括勘察机构，可能提供虚假报告，没有经过实验，数据是捏造出来的。

设计人员也应遵守职业基本规范，如现在强调创新，不能把别人的设计直接搬过来，这样做叫抄袭，涉及职业道德问题。

另外，设计人员的创新不能违反规范，如房子的楼梯设置必须符合消防要求。楼梯是逃生通道，万一发生火灾，必须确保人员能够及时撤离。

设计人员需要非常严谨，如房子有多重、梁有多大承载力，都必须经过科学计算，然后才能给出结论，不能拍脑袋决定。

设计人员乃至建筑行业所有从业者要遵守法律法规，廉洁自律，不能透露商业机密，也不能在工程招投标中指定特殊材料，或者和承包商串通多用材料，造成浪费。

从业者在职业活动中不但必须遵守法律规定，也应该坚守职业道德。道德是调节个人与自我、他人、社会和自然界之间关系的行为规范的总和，渗透于各种社会关系之中，既对人们的行为产生规范作用，也是用于评价人的思想和行为的标准；既是对个人在职业活动中的行为要求，也是对一个行业所承担的社会责任的规定。建筑行业从业者需要了解建筑行业的职业道德要求，树立正确的建造观，为社会建造符合需要的"放心建筑"。现在对一般的建筑要求安全、适用、耐久、美观、经济，还要兼顾环保。其中有些属于强制性规定，有些是社会对建造企业和从业者的道德要求（图 13-4）。

▲ 图 13-4　遵守职业道德

　　良好的道德表现会反哺职业人的成长。在职业活动中遵纪守法、严谨执业，在提高个人品行的同时有助于形成良好的职业声誉，更容易获得职位的晋升。而企业有了良好的声誉，也更能在市场竞争中胜出。中国建筑行业并不缺乏杰出的人才，所以人民大会堂、国家大剧院、国家体育场、上海中心大厦这样的优秀建筑才能雄踞在中华大地。

八、时间、金钱、生命，哪个更重要？

　　打好专业基础是将来成为合格职业人的前提。在职业生涯中，专业素质都有用武之地，特别是安全知识、遵章守纪意识等。建筑人必须时刻警惕建造过程中的危险，触电、高处坠落、物体打击等事故随时都有可能发生，绝不可掉以轻心。在建筑行业，职业人要做到"四不伤害"，即不伤害自己，不伤害别人，不被别人伤害，还要保护他人不被伤害。总之，安全大于一切。

在建筑工地，很多事故的发生往往是因为鲁莽行事。杭州某工地曾发生一次事故，钢筋运到工地，卸车需要塔吊，结果在卸车过程中物体坠落，致人死亡。在建筑行业里，塔吊的操作工被列为特种作业人员，需要得到特殊上岗许可。由于当时运输车急着要走，跟车的小伙子自称以前开过塔吊，私自跑上去驾驶，把钢筋钩了起来。钢筋很重，吊运过程中，由于没有做好捆绑工作，于是吊钩脱落，钢筋从空中掉了下来，当场造成人员伤亡，酿成严重事故。

武汉曾经发生一起施工电梯冲顶事故，也是因为漠视安全规范、鲁莽行事。现在有许多高层建筑，建造中的房屋没有正式安装电梯，工人要到工作面上去，必须乘坐施工电梯。施工电梯理应由专业司机来操作，但工人为了赶时间，额定承载 10 个人的电梯挤进 19 个人，而且司机不在，工人自己开，结果整个电梯从轨道上脱落，由高处直接坠落地面，19 人无一生还。

学生实习前，老师会一再强调，不该摸的器械不要去摸，道理就在这里。时间、金钱都很重要，但生命只有一次，不能因为图方便、省时间、多挣钱，心存侥幸，违反规则，最后悔之晚矣。在职业活动中创新是值得鼓励的，但冒险蛮干必须制止。

九、如何守住法律底线？

职业人必须诚信守法。造房屋，政府给你一块地，造多少建筑面积是有规定的，不能突破这个底线，否则会受到政府主管部门的处罚。福建欣佳酒店倒塌事件，事实上就是投机取巧的行为，报批的是 4 层，实际改成 7 层。如果不出事，业主肯定能增加营业收入，所以铤而走险，结果导致了无法挽回的后果。业主方的工作人员必须知道法律底线在哪里，不能随意触犯。

现在建筑规范已经非常详细，如果所有职业人都能按照规范行事，是能保证建筑质量的。之所以还有这么多的事故，就因为还有人没有遵章守纪，未能严格按照规定去做。

建筑行业要求建筑工程师遵守职业道德，不得贿赂监管部门人员和检测机构。有的无良施工方为了牟利，擅自使用不合格的材料，贿赂检测机构，结果对社会造成很大的危害。我国建筑工程总体业务量大，检测机构的业务量也是非常大的，如果说检测机构检测到某一批钢筋有质量问题，但在接受施工方的贿赂之后把数据修改了，让这批钢筋拿到复检检验合格证，再应用于工程中，这就损害了消费者的利益，还可能造成安全隐患。

施工人员不能偷工减料。每年 8 月，钱塘江大潮如约而至。钱塘江海堤需要抵抗大潮的冲击，保护周边土地的安全。20 世纪 90 年代初，曾经发生这样一起事件。按照要求，海堤工程桩基础应该用混凝土浇筑，挖个孔把钢筋放下去，再把混凝土浇进去，桩基应该深达 50 米。由于当时检测技术不成熟，没办法检测桩插入地下的部分到底有多深。直到 20 世纪 90 年代后期，建筑领域出现一种新技术，叫桩基完整性检测技术，用这种技术去检查，发现海堤桩打得特别短，最多也就七八米深。后来还挖了一根桩出来，发现这个桩除了上面一节是混凝土，下面全是淤泥。这是典型的偷工减料，万一在大浪冲击下溃堤，后果不堪设想。

前几年杭州有个小区，居民在装修时，把原有的窗户拆掉，把上面的梁也敲破了。正常情况下，梁里面应该放钢筋，结果发现里面放的竟然是毛竹片。钢筋的强度跟毛竹片的强度天差地别，用毛竹片代替钢筋迟早会造成事故，如果构成犯罪，将被依法追究刑事责任。

施工监理承担着监督施工单位人员行为的职责，如果监理人员玩忽职守，乱管瞎管，就会把别人置于危险之中。建筑行业有一项基本规则，就是事故未经处理，绝不放过；责任人未经处理，绝不放过。每一起事故发生后都有一批责任人被处理，有的人需要承担刑事责任，有的人会被党纪政纪处分，这就是职业风险。对此，职业人必须要有清醒的认知。各行各业都有自己的特点，各行各业也都有自己的风险，只是行业不同，风险不一样而已。无论从事哪个行业，都要做守规矩的职业人。

最后，回到规则和技术的关系上来。其实，许多规则背后都有技术支撑，如果不遵守这个规则，再好的技术都没用。楼建得好好的，但是楼一垮塌，用的材料再好、施工技术再好，全部化为乌有，甚至会危害生命。规则是任何一个行业的底层逻辑，也是最基本的技术。底层逻辑出现问题，其他都等于零。为保证混凝土强度，技术上对用水、沙子等原材料都有明确的要求，但部分操作者置若罔闻，偏偏不按照规范做，所有技术要求形同虚设。至于行贿，无非是为了在技术上做手脚，本质上是对所有技术的冲击。好好干活，根本不需要行贿。做不到遵守规则，谈论技术就是多余的。所以，任何一个职业最基本的技术就体现在规则上，只有遵守规则，才能保证技术的应用效果。

问题思考：

经济利益和安全生产，孰轻孰重

1. 建筑行业的"四不伤害"是什么？
2. 职业人如何提升风险意识和底线意识？

第十四讲

药品的质量是检验出来的吗？

「主讲人」

药品是一种特殊的商品，它的特殊性体现在只有合格品和不合格品之分，不像其他商品可分为一级品、二级品、等外品和次品等。优质的药品可以治病救人；而劣质的药品，轻则贻误病情，重则致人死亡。

关于药品的质量，我们经常会听到一句疑问"药品的质量是检验出来的吗？"如果认为药品的质量仅与检验环节有关，那就是仅站在静态的角度思考问题，药品从生产一直到使用，会经过药品检验、药品经营等各个环节。所以患者用药时的质量保证需要从整个生产链出发，进行过程性的严格管理，才能保证患者用药的安全和有效。

为此，药品督管部门制定了各个环节的管理办法和规范，如《药品生产质量管理规范》《药品经营质量管理规范》《药品经营和使用质量监督管理办法》等，对药品从生产到使用的各个环节进行严格的过程管理。只有在每个环节都严格遵守操作规范，坚守药品的质量生命线，才能确保患者用药的安全和有效。

一、为什么进入生产区要穿洁净服？

穿洁净服的职场

《药品生产质量管理规范》给进入生产区的操作人员的着装提出了明确的要求，具体包括如下几点。

1. 进入生产区的人员均应当按照规定更衣

洁净服由连帽、上衣和裤子三部分组成，采用封闭式设计，能够有效阻止人体皮屑、头发、汗水、衣服上的尘埃等对生产环境造成的污染，从而确保药品的质量。同时洁净服的设计通常具备无尘、抗静电等特点，能够减少工作人员身上的微粒脱落和静电吸附，进一步降低交叉污染的风险。

穿戴洁净服时必须包住全部头发、胡须及脚部，以阻留人体脱落物。同时，洁净服的穿着人员不仅限于在生产车间的操作人员，还应包括所有进入生产车间的人员。

另外，对生产区人员的装备要求还包括：手套要扎住袖口，保证身体皮肤不暴露

▲ 图 14-1　生产区操作人员的规范着装

在空气中；戴口罩，且口罩要遮住口、鼻等，防止呼吸产生的微粒污染生产环境，以使人体对药物的影响降到最小（图 14-1）。

2. 进入生产区的人员不得化妆和佩戴饰物

进入生产区的人员不能喷香水，不能涂指甲油，禁止留长指甲，不得佩戴首饰，也不能把手机带入工作场所。

爱美之心人皆有之，为什么连手饰也不能戴呢？由于首饰常戴在身上，极易携带尘埃和细菌，并且不易消毒、容易脱落，如果掉落车间就成了异物污染物。同样的道理，香水貌似无形，但很容易挥发，极易污染洁净的空气进而影

响药品的质量。

某省药监局派出一个女专家，到某药企进行日常监督检查。该药企的质量监督员看到这位女专家画着淡妆，抹着口红，佩戴精致的项链，当即给她指定了一个放置外衣、首饰的柜子，请女专家把项链摘下来，放在保管柜中，另外提供了纸巾，让其卸妆。女专家在监督检查时故意犯的错误，其实是对该药企质量监督员的一次考试。

3. 药品生产区禁止存放非生产用物品

吸烟和饮食都可能引入污染物，如烟雾中的微粒、食物残渣等，这些污染物可能直接接触药品，导致药品受到污

染，进而影响药品的质量和安全。同时生产区内的操作人员如果吸烟或吃东西，并在接触药品前未彻底清洁双手，极易将污染物带到药品上，造成交叉污染。

除了药品的生产车间，化妆品生产、半导体制造、食品加工、航空航天、汽车制造等领域的操作人员同样需要洁净的着装，以避免尘埃、细菌等污染物对产品的影响。

每个职业都有自己的职业规范，它是一种技术要求，通过严格管理着装等细节，可以把生产人员对洁净环境的污染降到最低，从而把人对产品的影响降到最小。

二、生产前的洗手也这么严苛吗？

进入生产区的着装要求尚且如此，操作时的要求就更为严苛了。操作人员应经过专门训练并考核合格才能上岗。操作要求主要包括以下几点。

1. 洗手是生产区操作的关键环节

在洗手时，应脱去手表等饰品，最好用抗菌肥皂清洗，并且泡沫要完全覆盖直至手臂的肘关节处，同时将指甲和指间的空隙处清洗干净。在洗手时，常采用"七步洗手法"，该方法注重对手掌、手背、指缝、指背、拇指、指尖及手腕等部位进行全面清洁。为了方便记忆，可以将具体步骤概括为七个字：内、外、夹、弓、大、立、腕。

（1）内：洗手掌。用流水湿润双手，涂抹洗手液或肥皂，掌心相对，双手的手指并拢相互揉搓。

（2）外：洗背侧指缝。手心对手背沿指缝相互揉搓，双手交换进行。

（3）夹：洗掌侧指缝。掌心相对，双手交叉沿指缝相互揉搓。

（4）弓：洗指背。弯曲各手指关节，半握拳把一手的指背放在另一手掌心旋转揉搓，双手交换进行。

（5）大：洗拇指。一手握住另一手的大拇指旋转揉搓，双手交换进行。

（6）立：洗指尖。弯曲各手指关节，把指尖合拢在另一手掌心旋转揉搓，双手交换进行。

（7）腕：洗手腕、手臂。揉搓手腕、手臂，双手交换进行。

"七步洗手法"在医药领域广泛应用，可以有效清除手部污物和细菌，预防接触性的感染。另外还有在"七步洗手法"的基础上发展而成的"九步洗手法"，该方法强调对手腕、手臂的清洁及洗手后的干燥处理，有助于进一步减少细菌的传播。

2. 操作人员在生产车间不允许随意行动

操作人员在生产车间要按规定行事。例如，规定坐着的只能坐着，规定站着的只能站着。工作期间身体不能靠在任何物体上，不能跑，不能跳，不能做与操作无关的动作，甚至开门都只能用胳膊肘去触碰。在洁净区内，应避免闲谈、长时间的逗留或进行与操作无关的活动，以减少对环境的污染。

3. 操作时应避免交叉污染

在生产车间应避免交叉污染。例如，在戴无菌手套时，未戴手套的手不可接触手套外面，戴手套的手不可接触未戴手套的手及手套内侧。在操作过程中，避免双手和身体其他部位直接接触无菌服和工作帽的外表面；不要用双手直接接触药品、包装材料、器械；未经消毒的物品、手等其他身体部位不可接触无菌物品，以免污染；无菌物品与非无菌物品应分别放置，并有明显标志。

生产车间的这些操作要求虽然有些严苛烦琐，但正体现了严谨规范的职业态度。任何不规范的操作都有可能导致一批药品因受污染而报废。

三、可以用涂改液修改生产记录吗？

在进行药品生产时，每个岗位都需要完成相应的记录。药品的生产记录主要包括生产批号、生产日期、生产过程中使用的设备仪器及其运行状态、生产过程中使用的原材料的物料平衡、生产过程中的质量控制点和洁净度等环境参数、操作者和复核者的签名及特殊问题的记录等。生产记录不仅用于企业内部的质量管理和控制，还作为药品监管部门监督检查的重要依据。同时，当药品出现质量问题时，生产记录也是追溯问题源头、查明原因、采取补救措施的重要依据。但什么样的生产记录是规范的呢？

当被问及"做实验记错数据时，你会怎么做？"有的人可能会在写错的地方涂黑，在旁边重新写上正确的内容；有的人会直接在错误数字上描改；有的人怕记错数据，会先用铅笔在实验报告上填写数据，最后再用签字笔描好；还有的人会用涂改液把错误的地方涂白，再写上正确的数据。这些修改数据的方法貌似没有大问题，但在制药企业中都是违规的。

《药品生产质量管理规范》对生产记录的填写有明确的规定，具体包括：① 记录应当及时填写，内容真实，字迹清晰、易读，不易擦除；② 记录应当保持清洁，不得撕毁和任意涂改；③ 记录填写的任何更改都应当签注姓名和日期，并使原有信息仍清晰可辨，必要时，应当说明更改的理由。

对照以上要求，我们细究一下为什么上述的修改方式是违规的？把写错的数据涂黑、直接在错误的数据上描改或用涂改液把错误的数据涂白等操作会被认定为篡改数据，涉嫌数据作假。而用铅笔填写后再用签字笔描好，有编造数据的嫌疑。如果涉嫌数据做假或者编造数据，那么涉及的药品会被认定为假药。

那什么是规范的数据修改方式呢？在原数据上面画一道横线，保证原数据清晰可辨，然后写上正确的数据，再在旁边签上名字和日期。

数据填写看似是小事，却也是规范的体现。所以在学校里进行实验操作时，就要养成规范的数据记录和修改习惯，严谨规范的职业习惯会让你在未来的职业生涯中行稳致远。

四、编造生产记录的处罚有多重？

疫苗事件背后的数据

如果说生产记录的填写不规范涉嫌数据做假，那编造生产记录就属于恶劣的职业行为了。2018 年发生的长春长生疫苗事件虽说已过去多年，但至今仍有很强的警示作用。因为编造生产记录，该公司被吊销药品生产许可证，并被处罚 91 亿元。

2018 年 7 月 15 日，国家药监局根据线索组织检查组对长春长生生物科技有限责任公司（以下简称长春长生）的生产现场进行飞行检查。检查组发现，长春长生在冻干人用狂犬病疫苗的生产过程中存在记录造假等严重违反《中华人民共和国药品管理法》《药品生产质量管理规范》等法律法规的行为。

按照有关规定，疫苗生产应当按批准的工艺流程在一个连续的生产过程内进行。但长春长生为降低成本、提高狂犬病疫苗的生产成功率，违反批准的生产工艺组织生产。而为了掩盖违法违规行为，应付药品监督管理部门的检查，该企业采取了系统编造生产和检验记录、虚假填写生产日期和批号、部分批次向后标示生产日期等作假行为。

2018 年 10 月 16 日，国家药品监督管理局和吉林省食品药品监督管理局依法从严对长春长生违法违规生产狂犬病疫苗做出行政处罚。行政处罚决定书载明，长春长生存在如下 8 项违法事实：① 将不同批次的原液进行勾兑配制，再对勾兑合批后的原液重新编造生产批号；② 更改部分批次涉案产品的生产批号或实际生产日期；③ 使用过期原液生产部分涉案产品；④ 未按规定方法对成品制剂进行效价测定；⑤ 生产药品使用的离心机变更未按规定备案；⑥ 销毁生产原始记录，编造虚假的批生产记录；⑦ 通过提交虚假资料骗取生物制品批签发合格证；⑧ 为掩盖违法事实而销毁硬盘等证据。

从以上列出的 8 项违法事实可以看出，第 1 项、第 2 项、第 6 项、第 7 项都与数据造假有关。

编造生产记录的处罚到底有多重？

2018 年 10 月 16 日，国家药品监督管理局和吉林省食品药品监督管理局分别对长春长生作出多项行政处罚：国家药监局撤销长春长生狂犬病疫苗药品批准证明文件；撤销涉案产品生物制品批签发合格证，并处罚款 1 203 万元；吉林省食药监局吊销其药品生产许可证；没收违法生产的疫苗、违法所得 18.9 亿元，处违法生产、销售货值金额三倍罚款 72.1 亿元，罚款共计 91 亿元；对涉案的 14 名直接负责的主管人员和其他直接责任人员依法作出不得从事药品生产经营活动的行政处罚；涉嫌犯罪的，由司法机关依法追究其刑事责任。

长春长生疫苗事件告诉我们：药品的质量不仅是检验出来的，还是生产出来的，更是管理出来的。无规矩不成方圆。如果没有法治之心、没有守规之心，必将造成严重的后果。药品行业如此，其他行业亦如此。作业未来的职业人，我们必须对法律法规存有敬畏之心，守住职业底线，树立法治意识、规矩意识，成为合格的职业人。

五、未进行真实检验就出具报告能逃过检查吗？

生产出来的药品需通过检验才能确定是否合格。那是不是只需检验一下成品就可以了呢？按照《药品生产质量管理规范》的要求，每批药品的检验记录应当包括中间产品、待包装产品和成品的检验记录。

药品的检验工作烦琐复杂，日复一日，年复一年，极有可能因为每次检验出来的都是合格品，就让人产生侥幸心理，是不是可以少做几次检验，直接开具检验报告呢？这样既可以节省耗材，又可以节约人工。

但事实证明，这样是不可行的。

在执法检查时，药品监管部门会通过抽检药品或审查企业的自检报告、原始记录、仪器设备的使用情况等方式，监测企业是否存在未进行真实检验就出具报告的情况。

在一次执法检查中，药品监管部门就是通过审查某企业的原始记录、仪器设备的使用情况发现其生产的五味子糖浆有编造检验记录的嫌疑。主要证据有：微生物限度检查记录中无相应批次培养基的配制记录；使用的硫酸滴定液无配制及标定记录；人工牛黄、雄黄粉、盐酸小檗碱等原料药有检验报告，但无检验记录；高效液相色谱仪没有该批次五味子糖浆的 HPLC 图谱对应的电子图谱；用于含量测定的数据与 HPLC 图谱显示的峰面积数据不一致等情况。最后该企业受到了回收企业 GMP 证书、停止生产五味子糖浆、按生产假药处理等处罚。

而另外一个被发现编造检验记录的案例发生在一次药品监管部门的例行抽查中。某药企生产的山药片饮片经内部检测发现不符合标准规定，受利益驱使却编造了出厂检验报告，但在药品监管部门的抽查中被发现。最终被没收违法所得 15 707.20 元，同时被处 150 万元（即违法所得的 100 倍）的罚款。

此外，《中华人民共和国药品管理法》第一百一十六条、第一百一十八条也非常明确地提出了对生产、销售假药的处罚：没收违法生产、销售的药品和违法所得，责令停产停业整顿，吊销药品批准证明文件，并处违法生产、销售的药品货值金额 15 倍以上 30 倍以下的罚款；货值金额不足 10 万元的，按 10 万元计算；情节严重的，吊销药品生产许可证、药品经营许可或者医疗机构制剂许可证，10 年内不受理其相应申请；对法定代表人、主要负责人、直接负责的主管人员和其他责任人员，没收违法行为发生期间自本单位所获收入，并处所获收入 30% 以上 3 倍以下的罚款，终身禁止从事药品生产经营活动，并可以由公安机关处 5 日以上 15 日以下的拘留。

侥幸心理往往有惯性，一次做假未被发现，就会接连做假，最后总有出事的一天。如果情节严重的，将受到吊销许可证的处罚，那就不仅是一个车间不能生产，而是整个企业都得关门。当事人、检查核查人员、相关管理人员和企业负责人都会受到重罚，一人违规，将会让一家企业的所有员工为之买单。如果因为药品质量而对患者造成伤害，那是任谁都承担不起的责任。药品事关生命，无论是从业者还是经营方，都要全方位筑牢药品安全线。

六、为什么要给怕"热"的药品加冰袋？

给怕"热"药品
加冰袋

检验合格的药品到患者手中还要经过很多环节，要保证药品的质量，中间环节也很重要。这里先看一个案例。

张女士是 I 型糖尿病患者，每月需要到某医院开具胰岛素注射液。之前，为了解决药品从医院到家中的运输保存问题，张女士总是里三层外三层地包裹胰岛素注射液。今年，该医院的药师在发药的同时，旁边多放了一个冰袋，医院的贴心服务解决了张女士的后顾之忧，她再也无需担心回家途中药品的低温冷藏问题了。

这个案例中的胰岛素注射液是一种怕"热"的药品，它的主要成分是胰岛素，从

▲ 图 14-2　疫苗运输的专用冷链车

本质上来说是一种蛋白质。蛋白质容易变质，生活中的鱼、肉等都要进行低温保鲜。除此之外，还有很多像胰岛素一样来自生物体的生物制品，如调节胃肠道的活菌制剂、免疫球蛋白、疫苗等，都需要冷藏保存。

那胰岛素这类药品是不是在生产、检验、经营、使用等所有环节中都需要冷藏呢？

这里我们要引入冷链的概念。什么是冷链呢？就是在产品的生产、经营、贮藏、使用的过程中，各个环节都需要在保证药效不受影响的情况下进行，其中最重要的就是不间断地保持低温、恒温状态，符合规定的冷藏要求。

2016 年的山东疫苗事件就是一起疫苗未经严格冷链销售、存储、运输的典型事件。涉案疫苗均是正规的厂家生产，并非假疫苗，但其未按规定进行冷链存储和运输就直接销往 24 个省市。

疫苗作为一种特殊的药品，在运输、储存等方面有严格的冷链要求。高温会使疫苗特别是活疫苗效价迅速下降，或者使蛋白质变性，疫苗也随之失效。为了保证疫苗保持最长的有效期，疫苗的存储要在冷库，运输要靠专用冷链车（图 14-2），除极个别种类的疫苗需要在零下 20 ℃ 的低温冷库中存放外，一般的疫苗需存放在 2 ℃~8 ℃ 的常温冷库中。

疫苗未经严格冷链存储运输就进行销售，首要风险是无效免疫，如狂犬病这类致命性的传染病，本可通过接种疫苗来避免死亡，但接种问题疫苗会导致免疫无效，接种者就会发病去世。

为了保证药品质量，医院作为药品使用的主要单位，在这些方面做了很多努力。如前述的冰袋服务，就是考虑到从医院到患者家里的这段时间药品可能会处于"断链"的状态。除此之外，国内不少医院建设了药品冷链管理系统，即对送至医院的药品，经验收后在院内流通的每个过程（药库→药房→临床科室），均使用专业认证的药品冷藏箱运输，以确保 2 ℃~8 ℃ 的安全温度。库存的疫苗及冷藏药品均置于有24 小时温度监控的冷库或者医用冰箱内，若药品储存温度出现异常，管理系统会立即通过温度报警系统告知药品保管人员，及时解决问题，这实现了相关药品温度的实时监测。

冰袋虽冷，却很温情，它反映的是药学人员细致入微的服务。药品质量，生命攸关，只有从每个细节确保药品质量，才能保障患者用药的安全、有效，这也是每一个药学人员肩负的责任和使命。

七、药片是掰还是不掰？

药片是掰还是不掰

药品的使用环节同样重要。在药品的使用环节，药师要应用所学专业知识和技能指导患者如何安全有效地使用药物，如果指导不规范，可能会影响药效的发挥，甚至会引发患者的不良反应。

先从一个简单的案例谈起。降压药是很常见的药物，这类药物的服用剂量可以以服用药物后血压是否降到预设值为参考。由于每个高血压患者的情况有所不同，这就涉及有些患者一次只需服用半片降压药，那药片能掰开使用吗？

一名男性患者，34 岁，一个月前因头晕就诊于某医院心血管内科，被初步诊断为"高血压病 3 级（极高危险组）"，开始规律服用硝苯地平缓释片。一个月后，患者因血压控制良好，为减少药物费用，自行将硝苯地平缓释片掰开，服用半片，1 小时后开始出现头晕，患者自认为是因为血压控制不良导致头晕，故再次自行服用半片硝苯地平缓释片，半小时后，患者出现头晕、头痛、恶心、心悸等症状，遂到医院就医。

显然，这个患者出现的头晕、头痛等症状与掰开服用药物有关。

在儿科病房，因为小孩的用药剂量往往比较小，如果没有合适的儿童药品，医生就会把成人用的药片掰开给儿童服用。那为什么硝苯地平缓释片不能掰开服用呢？

这与硝苯地平缓释片的特殊结构有关，在这个特殊结构的作用下，药效能非常匀速且缓慢地释放出来，起到平稳降压的作用。但是掰开后，原来的这种特殊结构就被

▲ 图 14-3　用药指导模拟演练

破坏了，这个降压药的药效就从匀速、缓慢地释放变成快速地释放，所以患者出现的头晕、头痛等症状是因药效快速释放而引起的不良反应。其实这种不能掰开服用的药物是少数，大部分药物都是可以掰开服用的，只有一些具有特殊结构的药物才不能掰开服用。

药片是掰还是不掰？这是药师用药指导中很小的一个方面。作为未来的药师，如何精准地指导患者用药，需涉及方方面面的知识。例如，药物是清晨服用还是睡前服用？如果需随饭服用，那是饭前服，饭时服，还是饭后服？作用于胃肠道的药物需饭前服，因为只有当胃内容物较少时，药物才能发挥较好的疗效。但对胃肠道刺激性较大的药物，

为了减少刺激性就要选择饭后服。而一些降糖药为了改善患者餐后血糖水平就适合饭时服。当然，除了精准的服药时间，还有不同剂型的药物使用，如有通过注射给药的、有通过呼吸道给药的、有通过舌下给药的、也有通过腔道给药的，还有通过皮肤给药的等，这也需要药师指导患者精准使用。此外，还有各种药品的不良反应的防范、药物的贮存及其他用药注意事项等（图 14-3）。

药师要指导患者精准用药，需要有深厚的知识积淀，而这些知识并非一朝一夕就能获得。作为一名未来的药师，我们应在求学时努力积累知识和学习技能，时刻谨记安全至上的用药理念，用扎实的知识和娴熟的技术为每一个患者

把好安全用药的关口。

八、为什么有些疗效好的药品会消失？

药品从生产到检验再到销售和使用，是不是已完成了所有的生命周期？其实并不是，还有最后一道关卡，那就是药品进入市场后的再次评价。

2021年，国家药品监督管理局发布了停止生产、销售、使用小儿复方阿司匹林片的公告。小儿复方阿司匹林片主要成分是阿司匹林和对乙酰氨基酚，主要用于发热、头痛及感冒。

小儿复方阿司匹林片用于儿童的解热镇痛是有效的，那为什么会被撤市呢？这是对其安全性和有效性进行综合评价后而做出的决定。该药用于急性发热性疾病（如流感和水痘）时，可能会诱发患儿得瑞氏综合征[①]，严重者可致死。用药首先是要安全，安全的意义在于使患者承受最小的治疗风险，获得最好的治疗效果。安全是用药的前提，这也是为什么有些疗效好的药品会消失的原因。

药品上市后的评价可以发现新药上市前未发现的风险因素。新药虽然要经过一系列严格的动物实验和临床研究后才能被批准上市，但上市前的研究，无论是从时间上还是从临床研究的数量上来讲都有一定的局限性，如病例数少、研究时间短、试验对象年龄范围窄、用药条件控制较严等。因此，一些发生频率很低的不良反应和一些需要较长时间才能发现的不良反应容易被忽视。为确保用药安全、有效，对上市后的药品进行再评价就显得非常有必要了。

除此之外，为保障公众用药安全，国家药品监管部门要求药企对上市后存在缺陷的药品实行药品召回。2022年10月，国家药监局组织修订了《药品召回管理办法》，要求药品生产企业、药品经营企业、药品使用单位发现其生产、销售或者使用的药品可能存在质量问题或者其他安全隐患的，应当暂停生产、放行、销售、使用。通过药品召回可以防止有安全隐患的药品的危害进一步扩大，保护公众安全。

例如，2024年8月，在药品监管部门组织的药品抽查中，某药企生产的某批次氯化钠注射液存在"可见异物"问题，被责令召回该批次产品。"可见异物"是指存在于注射剂、眼用液体制剂中，在规定条件下目视可以观测到的不溶性物质，含可见异物的注射剂注入人体后容易导致毛细血管堵塞和肉芽肿，轻则影响药液质量，重则

---

① 瑞氏综合征：儿童在病毒感染（如流感或水痘）康复过程中得的一种罕见病，主要表现为不停地呕吐、腹泻、惊厥或癫痫，甚至昏迷。

影响患者的健康，甚至危及生命。

另外，国家药品监管部门对存在安全问题的药品还会采取责令修改药品说明书、限制其使用范围、将非处方药转换为处方药、撤销该药品批准证明文件等措施。

药品上市后的再评价和药品召回对保证用药安全至关重要。药品的质量再好，如果没有安全，又谈何有效？无论是药品行业还是其他行业，安全意识都是第一位的，这是一种风险意识，更是一种责任意识。在未来的职场中，我们应时刻谨记安全红线，敬畏规则、敬畏生命。

九、如何成为一名合格的职业人？

关于"药品的质量是检验出来的吗？"这个问题，相信大家应该有明确的答案了。药品的质量不是检验出来的，而是生产出来的、管理出来的、监督出来的，更是服务出来的。因为，检验只是事后证明，而严谨的设计、规范的制造、严格的管理、精准的服务才是造就优质药品的保障。只有从药物生产到药物使用的每一环节都严密衔接，才能保证患者安全有效地使用药物（图14-4）。

▲ 图 14-4　做合格的职业人

药品行业如此，其他行业亦如此。而这一切的关键，在于我们如何敬畏规则、遵守规范、执行标准、守住底线。从现在做起，只有在校努力学习专业知识和技能，锤炼精益求精的职业品德，树立严谨求实的职业态度，未来才可能成为一名合格的职业人。

问题思考：

1. 请结合你的专业，阐述一下你未来职业的职业规范有哪些？
2. 作为一名未来的职业人，请你阐述一下安全意识和精技强学之间的关系？

规则只是用来约束人的吗?

据统计,就金华职业技术大学 2018 届毕业生的工资水平而言,软件技术专业的毕业生以月薪 6 596.77 元在全校排名第一,计算机应用技术专业的毕业生以月薪 5 616.67 元在全校排名第七。计算机应用及软件技术专业的学生毕业后,大多会进入软件公司。入职伊始,公司会配备专属电脑,电脑上预先安装了工作所需的全部软件,员工不用操心电脑合适与否的问题。同时,公司要求,员工不得在公司提供的电脑上另行安装任何软件,包括 QQ、微信等聊天软件,上班期间不允许自带电脑进公司,离开工位时必须锁定电脑。

薪水较高,还配电脑,软件公司果然"财大气粗"。但为何设置这些规矩呢?

一是为了避免公司资料泄露。

二是为了防止员工在工作时间不务正业。

三是为了方便公司统一管理系统权限、软件安装及更新迭代。

四是为了避免员工个人电脑上可能存在的病毒侵入公司的系统。

软件行业规则多多,这只能算员工入职后的第一关,更重要的规矩还在后面。

一、保存与备份:举手之劳也叫规矩?

保存与备份:举手之劳也叫规矩

可能出乎许多人的想象,软件行业的第一条规则是要求程序员编写代码时必须要随时保存、定期备份。

对于这条规则,刚入职的员工和资深工程师有不一样的看法。新员工认为,保存自然是必须的,辛辛苦苦写的代码,要是丢了,加班返工,岂不是冤枉?即便公司不要求,自己也不敢掉以轻心。但频频备份就没有必要了,保存在公司的电脑里很安全,定期备份太麻烦,等项目完成后集中备份就可以了。

资深工程师认为,平时工作时随时 Ctrl+S(保存的快捷键),其必要性没什么可说的。对于备份,通常每完成一个功能就备份一次代码。如有修改,就再备份一次。一天也许会备份 N 次，无论如何，每天一次是底线。

新员工和老专家对保存的看法一致，对备份的意见却相去甚远。

学校有个毕业生从事健康医疗行业信息化工作。每当将项目交付给甲方医院时，总会要求医院将数据库每天备份一次。因为他们曾经遇到过这样的情况：一家医院没有及时备份数据，结果遇到极端天气，服务器出现故障，数据消失殆尽。事后虽经软件公司极力修复，还是有三个月的数据无法恢复。

技术在不断地革新，现在有了容灾系统，可以在相隔较远的异地建立两套或多套功能相同的信息系统，彼此之间进行健康状态监视和功能切换，当一处系统因意外（如火灾、地震等）停止工作时，整个应用系统可以切换到另一处，这使得该系统可以继续正常工作，以此防止各种意外带来的损失。但在这个案例中，如果医院能定期备份数据，便无须容灾系统，更不会出现动员全院补录数据的场面。备份的重要性可见一斑。

就其性质而言，保存和备份都是把当下的文件储存下来。区别在于：保存是储存在工作电脑上，只有一份，一旦电脑出问题，这份文件搞不好会从此消失；而备份是给文件拷贝一个或多个副本，储存在工作电脑之外的其他介质中，即便丢失一份，还有备用的，不同的介质同时出现故障的概率远比一台电脑出问题的概率要小得多。

个人日常使用的备份和程序员的备份在原理上没有区别，区别只在于备份储存的介质可能有所不同。生活中备份文件的方式，除了可以在同一台电脑中设置多份相同的文件，还可以保存在 U 盘或移动硬盘等移动存储设备中，或是利用邮箱、网盘、云端存储。

软件公司不允许员工带个人电脑，也不允许带 U 盘、移动硬盘，所以这些手段都用不上。程序员开发的代码通常备份在公司内部服务器的代码仓库里，不但存取方便，也利于软件的协同开发和项目管理。

计算机相关专业的教师在第一次课上就会反复提醒学生养成保存和备份的习惯，并上升到职业素养的高度，即便如此，仍屡屡目睹学生因不以为意而没有及时保存和备份导致文档丢失之后崩溃的一幕。

学校每学期开设的实训课都要求学生集中完成项目任务，于实训结束之前提交报告。实训报告是在 Word 软件里写的，提交的是电子版。有一年，在最后一次实训课上，学生们正在机房写实训报告，老师听见一声："好嘞！"抬头只见一个学生很有成就感地敲了一下回车，报告完成。孰料，紧接着一声惨叫："哎呀，重启了！"

老师忙问："保存了没？"

"没来得及保存，电脑就重启了。"

机房的电脑有还原卡，关机或重启后会直接恢复到初始状态，不会保存任何文件。

▲ 图 15-1 计算机应用技术及软件技术专业课堂教学 1

学生可怜巴巴地看着老师，老师报之以"慈祥"的目光，说的却是："好同情你啊，请在下课之前，重新写一份实训报告交上来。"学生只能带着沮丧的心情，在 Word 里重新写了一份实训报告，还好，赶在下课之前交了。

老师猜测，因为时间仓促，重写的实训报告没有原来的好，但就职业素质养成而言，这次经历应该比撰写报告有更长远的收获。

遭遇如此悲剧的学生绝非少数。有个学生做了一个非常复杂的 PPT 作为课程作业，里面有大量字体修改、图片精确对齐等操作，她没有保存就出去吃饭了，回来后发现笔记本电脑没电了，做好的 PPT 因为没有保存全部丢失。好在她心理素质不错，平复情绪之后，重新做了一个。这次经历让她从此养成及时保存的好习惯（图 15-1、图 15-2、图 15-3）。

还有一个学生在做班级的综合测

▲ 图 15-2 计算机应用技术及软件技术专业课堂教学 2

评表格时没有保存，这是一个复杂的 Excel 表格，制作过程中突然发生软件故障，Excel 意外关闭，表格数据全部丢失，他只能返工重来。

▲ 图 15-3　计算机应用技术及软件技术专业课堂教学 3

虽然在返工过程中，学生的软件操作水平会有所提高，但他们多花了一倍的时间，还有可能因在截止时间前无法完成工作受到较大的打击。学生们在丢失数据后往往会抱怨自己运气不好，感慨早知道就提前保存了。可是时间如同流水，不会给人第二次踏进同一条河的机会。唯一的补救办法就是重做作业，然后告诫自己下次一定要及时保存。有意思的是，有的学生丢失过一次数据之后，就再没发生同样的失误。而有的同学丢失过两次、三次甚至更多次数据！这让老师无法想象他们未来在职场上的表现和遭遇。

计算机系统小知识

其实，在第一次丢失数据后，就应该给自己制定一个硬性规则：在电脑上制作任何文件都一定要及时保存。但并非所有学生都有这样的自觉性和执行力。其实，执行自己制定的规则要比执行外部强加的规则更不容易。

有过因为疏于保存而丢失数据的惨痛经历后，绝大多数学生都在大学期间养成了及时保存的习惯，但还是容易忽略备份。

有个学生在参加全省大学生多媒体作品竞赛，临近提交作品的时候，电脑突发故障送修，作品不知所踪。事先他觉得保存在自己电脑里很安全，没做任何备份。现在没办法，只能在最后的几天里加班返工，重新制作，最后的结果显而易见。

不仅是大学生，有位作家花费几个月的时间，即将完成一本书的创作，就在这时，存储这本书稿的硬盘发生故障，数据损坏，书稿丢了。不过，他是个意志坚强的人，又花了几个月的时间把书重写了一遍。这个故事乍一听相当励志，说不定重写的作品比原来的更精彩。但仔细想想，在操作层面上看来，事先做好文件的备份工作，纯属举手之劳，重复劳动是完全可以避免的。说得残忍些，用同样的时间再写一本新书，岂不更好！

在数字化时代，人们的工作、生活离不开电子产品，但电子产品和软件的故障说来就来、没有预兆，更不会预告。在学习阶段犯这种低级错误还有补救机会，在工作中如果因此丢失重要文档，公司会允许吗？

2018年9月，某公司的一位运维工程师，在接到变更需求的指令后，操作时错选了数据库，打算删除原有的数据库语句，却因为手误，光标回跳到数据库，在没看清楚所选内容的情况下，一键执行删除，还忽略了弹窗提醒，顺手按下回车键进行确认，导致整个生产数据库被删掉。随即系统发生故障，导致系统中临时车线上的发车功能无法使用，持续时间长达590分钟。最后，这位运维工程师被开除，并在公司内部被通报批评。

当时这件事在业内十分轰动。这位工程师的错误操作错得固然离谱，属于一错再错，没有给自己任何挽回的机会，但只要他在操作之前做了备份，还有机会起用备用库，至少系统不会持续那么长时间都无法使用。这起事故造成的后果十分惨痛，公司受到严重损失，事故者也受到了惩罚。

大数据时代，数据是最宝贵的资源，小到一个Word文档、一张照片，大到一个信息化系统、一个数据库，都非常重要。而数据存在于介质中叫资源，数据从介质中消失了，就叫损失。要防止数据从资源变成损失，就要记得保存和备份。

二、代码格式：有必要随时给人添麻烦吗？

软件行业对代码格式有种种规则，例如，程序块要采用缩进的格式编写，缩进的空格数为4格。也就是说代码的左侧要按照代码的层级采用缩进的格式书写。以Web前端的HTML（超文本标记语言）为例，HTML中的标签关系有两种：一种是嵌套关系，也叫父子关系，就是子级标签写在父级标签的里面，父级标签包裹着子级标签，此时子级标签需要向右缩进4格书写；还有一种标签关系是并列关系，也叫兄弟关系，就是标签间是并列、平行的关系，书写这类标签时左侧要对齐。常见的不符合规范的代码写法是代码不换行，即在同一行里写很多条代码语句；再有就是代码不缩进或者乱缩进，从整体上看不出代码的层级关系，可读性很差。

在软件公司里，新员工和资深工程师对代码书写格式的态度也不一样。新进员工觉得，功能实现了就行，格式无所谓。而资深工程师有一种执念，在帮新同事改bug

```
204    width: 160px;height: 42px;
205    background: url('../image/sxjs_tab.png');
206    display: flex;align-items: center;
207    justify-content: center;margin: 0 15px;cursor: pointer;}
208
209⊟ .tab-wrapper .learn-history-tab .item span {font-size: 18px;
210    color: #ffffff;}
211
212    .tab-wrapper .tab-container {width: 1000px;margin: 0 auto;}
213
214⊟ .tab-wrapper .tab-container .title {letter-spacing: 0px;padding: 0px;
215    color: rgb(0, 0, 0);font-size: 20px;font-weight: normal;
216    line-height: 100px;cursor: initial;margin: 0 auto;
217    text-align: center;text-indent: 0em;}
218
219⊟ .tab-wrapper .tab-container .content {letter-spacing: 0px;
220    padding: 0px;color: rgb(0, 0, 0);font-size: 16px;
221    font-weight: normal;line-height: 40px;cursor: initial;
222    margin: 0px;text-align: left;text-indent: 0em;}
223
224⊟ .tab-wrapper .tab-container .image-list {display: flex;
225    margin: 20px 0 0 0;justify-content: space-between;}
226
227⊟ .tab-wrapper .tab-container .image-list .image-item {width: 180px;
228    height: 180px;cursor: pointer;position: relative;}
229
230⊟ .tab-wrapper .tab-container .image-list .mzd {background: url('../ima
231    background-size: cover;background-position: center 50%;}
232
233⊟ .tab-wrapper .tab-container .image-list .zel {
234    background: url('../image/zel.jpg');
       background-size: cover;
```

▲ 图 15-4　代码格式的意义

（代码错误、程序漏洞）时，如果遇到对方代码格式不规范，会忍不住在帮对方修改 bug 的同时一并修改格式，因此需要多花很多时间，所以，资深工程师特别希望新同事不仅把代码写好，还要规范格式（图 15-4）。在这一点上，软件公司的态度非常明确：必须严格执行编程规范，绝不能含糊。职场有规矩，不讲个性，讲服从。

　　新职工身上存在的种种与工作不相适应的习惯，很多是在学习期间养成的。几乎每个专业都有同学在平时撰写实训报告、小论文，甚至课堂反馈、发信息时，没考虑到格式规范的问题。

　　在 Word 中撰写报告时，有的同学常常会忽略"段落首行空两格"的要求，甚至不会正确使用标点符号，不是一"逗"到底，就是连逗号都没有。有的同学习惯用空格代替标点符号；还有的同学在发信息时，为了避免使用标点符号，写几个字就发一条，一个完整的意思通常需要好几条信息来表达，像连珠炮一样，无端打乱了信息接受方的思维节奏，甚至造成误读。如此做派不仅有违中文书写规范，还有失礼貌，在职业活动中是绝对不允许的。与其进入职场再"痛改前非"，不如在日常的学习和生活中就养成遵守格式规范的好习惯。

三、代码注释：自己做的也会忘记？

软件行业还有关于代码注释的规则，程序员在编写代码的过程中，必须写下注释。一般情况下，源程序有效注释量必须在 20% 以上。这条规则不一定为外人所知晓，但却是行业经验的结晶。

在一家软件公司里，有位员工深得老板信任，但同事都嫌弃他。评价两极分化不是没有原因的。此人业务能力出众，工作效率超高，代码错误率极低，很少有 bug，老板自然喜之不尽。问题是，代码固然写得不错，但他从来不写注释，而正是这个习惯让同事头痛不已。

给代码写注释在软件公司里是一件极为重要的事情。软件运行需要后期维护，还会有二次开发、版本升级。如果只有代码、没有注释，无论是在软件维护时，还是二次开发中，相关工作人员都无法快速了解代码的意思，只能逐条读取，工作效率太低。业务能力再强，因为习惯不好，也会经常被同事抱怨。

在购物网站首页的明显位置上，会出现一张图，点击左边和右边的小箭头可以分别切换到上一张图、下一张图，图的底部有一排小圆点，点击可以切换到对应的图上，再点击图片，就可以进入相应的页面。网页上的这个功能区域叫作大图轮播。打开大图轮播的代码，可以看到在由数字和符号构成的代码中夹杂着一些文字，有的在双斜杠 "//" 后面，有的在 "<! ————>" 中间，这些文字就是注释。

例如，有一段代码上方，在双斜杠后面有文字"循环模式"，说明这条语句执行的是循环，大图轮播在播完所有图片后，会继续循环播出。另一条程序代码的上面有"两秒"含义的字样，表示大图以两秒钟切换一次的速度轮播，如果需要修改，可以在下面的代码中修改时间。

大图轮播底部的小圆点叫分页器，在一段代码的上面写着一条注释语句："如果需要分页器。"表明下面的代码是用来添加分页器的，如果不需要的话，可以删掉。

类似的，在负责添加前进、后退按钮的代码上方也有注释文字，可以帮助人们快速了解程序代码的功能。

大型软件公司要求程序中的有效注释量必须在 20% 以上，也就是说，不需要每一条语句都注释，但关键的代码功能必须加注释。注释的作用就是对代码进行解释和说明，目的是便于人们了解代码，提高程序代码的可读性。按照行业规则，修改代码时，必须一并修改注释。

写不写注释对于程序执行没有影响。注释不是给电脑写的，而是给人写的。而且注释不只是写给同事看的，还是写给软件开发者自己看的。一段时间之后，再回看自己写的代码，开发者自己可能也记不清楚当时的编程思路。就像要不是翻出一年前的日记本，很难想起当时有过的情绪一样。编程也是一样的道理，时间久了，开发者记不清当时使用了什么方法，要重新理解，也只能逐行阅读，才能记起当时设计的代码功能。

软件工程师不喜欢写程序注释，主要有以下几种理由。

首先，过于自信："我的代码看起来就像诗集，优雅得不需要注释。"但是，他忘记人都是会遗忘的，一年之后他也未必想得起来"这首诗"是怎么写成的。

其次，嫌写注释麻烦："有这个时间不如多写几条代码！"他没想过写注释固然花费时间，但没注释从头阅读代码更费时间。

最后，说不定还有一点私心："写注释不是为他人作嫁衣吗？以后让别的同事来接替我的工作？算了算了，还是不写了吧，让他一条一条地读去吧。"如此这般操作之后，同事们看他的代码时，感受到的就不是什么"诗集"，而是一团乱麻。在逐条理解代码的过程中，同事实际上是按照自己的逻辑去理解代码的意思，与当初开发者的思路完全不一样。这个摸索的过程比自己重新编写代码还要费工夫，因此工作效率大大降低。

在软件行业中，一个编程工程师如果习惯于不写注释的话，在小公司或许会被容忍，但在大型公司里是做不长的。因为项目交付给甲方时，注释是交付内容的一部分，代码没有注释，意味着项目没有最终完成，自然无法交付。无论技术多优秀，大企业也不会聘用无法交付项目的职工。

四、软件测试：哪壶不开提哪壶？

软件上线前必须通过测试，这在行业内也是一条死规矩。

软件测试就是在软件上线之前，检查有没有 bug、好不好用、会不会出现意外状况，事先找到问题，免得上线之后被动，甚至酿成大错。

从事软件测试岗位的人叫软件测试工程师，其主要职责是找到软件中的错误或缺陷，及时给予修正，以保证软件的运行。

　　程序的调试与测试是软件生存周期中的一个重要阶段，但很多时候，软件测试容易被忽略，因为老板一心想着上线抢占市场，时间就是金钱，测试影响效率，代码编得好好的，测试快速走一遍就行，不耽误上线才是硬道理。项目没有经过测试，或者没有经过严格测试就上线的情形并不罕见。这其实是在给自己埋雷，说不定什么时候，雷就炸了。

　　2000 年，日本东京证券所开发了一个证券交易系统，里面隐藏了一个不起眼的 bug。5 年之后，在一次不经意的操作中，证券公司损失了 400 亿日元。

　　系统于 2000 年上线，2005 年的一个交易日，一个普通的股票交易员做出了一个错误操作。他原本想将一只股票以每股 61 万日元的价格出售，实际操作时指令输入有误，变成以 1 日元的价格卖掉 61 万股股票。这个系统不允许输入 1 日元这个指令，但会自动把 1 日元调整为 57 万日元。两分钟之后，当交易员发现问题时，木已成舟，交易无法撤销，最终公司损失了 400 亿日元。

　　如果软件经过严格测试，找到了 bug，即便出现错误操作，这 400 亿日元的损失还是有可能避免的。但世上没有后悔药，现在只能总结经验教训了。

　　软件开发是一项复杂的作业，在开发的各个环节都有对应的工作岗位，由相应的工作人员来担当相应的工作职责。复盘这个证券交易系统的整个开发流程，可以看到在软件 bug 的背后是开发过程本身的 bug。

　　在软件开发的前期，产品经理肯定知道"1 元是不可以输入的"这条业务要求，可是在需求设计的环节，没有给出相应的提示说明。他设计的解决方案是遇到输入 1 日元的指令时，系统自动调整为 57 万日元，但这个 57 万日元的依据从何而来？

　　在编写代码的过程中，开发工程师也没有充分考虑到异常流程的处理方式，更没有对其进行单独测试。

　　最后在软件上线之前，测试工程师的职责是找出 bug，但没有在黑盒测试中对边界值做充分验证，因此未能将这个 bug 暴露出来。

　　软件测试有多重策略，其中之一是 AB 测试。简单地说，就是对同一个软件的多个版本进行用户使用效果的收集、分析和评估，从中找到各项指标最优的版本，最后予以采用。

　　每一个软件都有界面，网站有界面，手机上的 App 也有界面，AB 测试主要适用于这些前端界面，它指的是在同一个时间段内，选择相同或相似的目标人群，如果这个系统是面向年轻人开发的，那么就找一些年轻人来测试。如果说这个网站的主要用户是中老年人，就找一些中老年人来测试。事先会给这个界面做出几个不同的版本，一般至少做出两个不同版本。经过测试之后，先收集这些数据，然后根据用户的体验效果和其他的业务数据，确定一个效果最好的版本并投入运行。AB 测试看起来只是一个好中选优的过程，其实并不尽然，处理不好，同样也会造成重大损失。

2014 年 2 月，有个销售类的网站要改版上线，改版后的网站在内容和视觉效果上都有全新的呈现，但最大的改变体现在网站首页上。旧版本网站的首页上有个区域是用户注册区，而新改版的网站首页上去掉了用户注册区，将其移到一个单独的页面上，还增加了很多内容。对于这个改变，开发者并没有全面深入地考虑，也没有针对注册步骤对用户的影响做足够的调研测试。上线之前由于时间仓促，没有准备多个版本，还觉得新版的页面设计很不错，肯定深受用户欢迎，所以就没有做 AB 测试。

新网站上线之后，管理者很快发现用户转化率降低了，访问网站并进行注册的用户相对老版出现减少的情况，与预期效果存在很大差异。起初管理者认为这不是一个大问题，按照以往的规律，每年最大注册量集中在一月，之后逐渐下降，到秋季会逐渐回升。这是因为网站系由业务的季节性所驱动，而其中很多业务在年初展开，所以新用户的注册量变化有较强的季节属性，存在所谓的淡季和旺季。

但经过一段时间的运行后发现，夏天新用户申请人数的下降幅度比往年同期大得多，而且到秋天也没有出现季节性回升，这就说明一定存在其他原因。

转眼到了 2015 年，上半年的数据仍然没有任何起色，虽然公司对此进行多次讨论，但没有采取任何改进措施。直到 2015 年 7 月，在网站首页重新上线了注册表并进行 AB 测试后才收到了立竿见影的成效：首页有注册表的注册率相比首页没有注册表的注册率提升了 16%。随后公司马上根据 AB 测试调整首页设计，效果清晰可见。

在技术层面，这个案例给出的教训是：越能让用户简单快捷地访问网站，越能促使他们成为付费用户，所以新版首页也必须设置便于用户注册的区域。这个认识虽有价值，但只具有表层的意义。

在规则层面，更需要反思的是，为什么没有针对改版做 AB 测试？这导致在很长一段时间里，管理者都没有意识到改版的效果和影响，更没有及时作出调整。若早在 2014 年 2 月进行新旧版本的 AB 测试，有可能在几周内就发现新版本数据表现差的问题，不至于造成长时间的影响。

在其他行业也都有类似于软件测试的工作环节，如质检员的质检工作。软件测试工程师就是软件的质检员。在任何一个只追求数量、进度或效率的企业中，质检工作都容易被忽视，甚至被嫌弃。结果往往是欲速则不达，效率未必提高，损失却接踵而来。

　　规则约束职业人，也保护职业人。职业人如果遵守规则，就不用返工，不容易出错，不会拖企业的后腿，也不会造成重大损失，当然更不会让自己被开除。所以，做一个职业人要从遵守规则、敬畏规则开始！

走进高薪的
软件行业

问题思考：

1. 在职场中为什么要敬畏规则？
2. 你未来的职业有哪些特殊的规则？

第十六讲

职场规则是自找麻烦吗?

随着国家经济的发展和个人收入的增加,休闲旅游成为风尚,导游职业也成为许多年轻人的选择。但真要定义导游是个什么样的职业?那就众说纷纭了。

有人说,导游是服务他人的工作,这个说法比较笼统,因为所有职业都是为他人服务,没有为自己服务的。

有人说导游的主要工作是游山玩水、吃喝玩乐。这也没错,确实导游逢山游山、逢水玩水,但绝非免费享受。

有人说导游给旅客介绍某个好玩的地方,给游客介绍风景,让游客了解文化。这种说法有点靠谱,但导游不只包括这类精神享受。

还有人说导游是地方文化的普及者,听上去像是一个地方的形象大使,但那么多导游带队前来,谁认得准哪位是正宗大使?

以上说法都是导游职业光鲜亮丽的一面,对于真正身在行业中的人而言,甘苦自知。

任何一份职业都有舒适和辛苦的地方,世界上没有完美的职业。但如果说哪个职业同时能感受到幸福和痛苦,那导游肯定名列前茅。

导游的真正特殊性在于其工作自由度很高。

导游带团出去,全团人员的衣食住行都需要导游负责。在这个过程当中,导游不像坐办公室的白领,工作有领导指导和监督,导游需要自己解决问题,甚至自己制定规则。

独自带团出行,导游需要操心的问题有很多,其中最大的莫过于安全问题。可以毫不夸张地说,这是悬在旅行社头上的"达摩克利斯之剑"。小的安全事故会耗费旅行社大量的人力和财力,给导游的身心带来严重的伤害。而重大安全事故不但会让全社员工的多年辛劳"打水漂",极端情况下甚至会直接导致旅行社停业。因此,在旅游过程中,导游必须把"安全第一,预防为主"的思想贯穿于操作的各个环节,事先做好各种查漏补缺工作,降低风险。为此,给自己和游客制定明确的规则就成为必要。立规、守法和执行融为一体,这是导游职业的内在要求。制定规则绝对不是自找麻烦,而是在保护游客的同时进行自我保护(图 16-1、图 16-2)。

▲ 图 16-1 导游工作场景 1

▲ 图 16-2 导游工作场景 2

一、人数：如何保证一个都不少？

一个人都不能少

导游带团出去，无论是坐火车、乘飞机，还是上景点、去场馆，都必须把游客安安全全地带出去，平平安安地带回来。

带团的第一步是接团，就是导游到车站、机场去接客人或团队，不能接晚了，更不能漏接了。提前到达，准时接站，才能给客人留下良好的第一印象。

导游带团前需要认真仔细地阅读行程计划单，弄清接团的时间、地点、人数、抵达或离开的交通工具及时间、团队标准，务必准备好导游证、团旗、喇叭、制服、委派单、意见表等，并提前与接团的司机取得联系。如发现行程单上有标注不清的地方，必须提前跟办公室或办事处联系好。即便是这样，意外还是会发生。

有这样一个案例。某大学举办国际会议，通过介绍人，邀请到行业领域内的一位重量级嘉宾——詹姆斯教授来作主旨演讲。这是一位75岁的英国人，年纪偏大，不懂中文，他的手机到了国内无法使用，所以介绍人对会议主办方反复叮嘱：接站人员一定要按时到达，准时无误地把詹姆斯教授接到学校。

会议主办方对此非常重视，专门派两名员工去机场迎接，即一位专职司机和一位会英文的老师。他们按照对方给的时间地点提前到达机场，在出站口等候了许久，却没有接到詹姆斯教授，一时不知如何是好。

这时，校方却接到了介绍人的电话，焦急地询问："你们的人在哪？詹姆斯教授已经在那等了十几分钟了，怎么还不见你们的人出现？现在詹姆斯教授是借了别人的手机给我打的电话！"显然，介绍人对主办方的接待工作十分不满。

明明接站人员准时、准点到达机场等候，可为什么没接到呢？

后来才知道，詹姆斯教授出站时，人流拥挤，没有注意到接站的人员，走出了出站口，而接站的人员同样没有注意到教授，结果双方错过了。

正规旅游团在接客时，一定会准备一块接机牌，把客人的名字印在上面，让人一看便知。但学校老师不是专业的导游，没想到打印接机牌，所以出现了失误。接站看上去是小事一桩，其中还有很多细节需要注意。

作为旅游专业的老师，我曾经接到任务，去机场接中外合作办学项目的外教老师苏珊，她是从加拿大飞过来的。我先跟她取得联系，获悉她到达的机场和时间。我需要从金华出发，于16：20之前到达上海浦东机场的1号航站楼，迎接苏珊老师。

上海浦东机场有1号和2号两个航站楼，每个航站楼里还有多个出站口对应不同的航班，为了避免忙中出错，我带上姓名牌，提前两个小时到达航站楼。为求保险，我还要了一张客人的照片。航班到达后，我足足等了 40 分钟，才看到汹涌的人潮出来。因为国际航班的旅客需要办理入境、领取行李、出关手续等事宜，大约需要半小时的时间。苏珊老师一出现在出口，我们几乎第一时间就看到了对方：我认出了她，她看见了我举着的牌子。没有任何波折，我顺利地完成了接机任务。

教科书上不会如此详细地介绍，但承担这项工作的人员需要提前做好细致的准备工作。一个有经验的导游在拿到接站任务单时，一定会按照自己定的规则启动整个流程。

第一，仔细阅读接待计划，包括日期、时间、地点，确认航班或列车的信息。

第二，临到接站的那一天，提前查询飞机或列车的到站信息，万一晚点，可以预先做准备。

第三，提前抵达车站或机场，手举明显的接站牌，名字务必准确，字体要大，让人一目了然。

第四，对于单个或重要的客人，应提前索要照片，预先熟悉，方便辨认。

整个流程必须细化到每一个环节，确保万无一失。

如果接团，那准备要更加充分周密。导游拿到计划和协调部门派给的任务单时，一定要仔细阅读，有不明白的地方当场询问计调人员。关注的重点通常有以下几点。

第一，核实总共接多少人，游客乘坐的交通工具、班次及到达时间。

第二，确定游客来自哪些地方，需要送去哪里。

第三，核实司机的车牌号和联系方式。

第四，提前给游客发短信，告知在出口处有人等候，举什么样的旗子，方便游客寻找，并提醒游客拿好随身携带的行李和托运行李。

第五，联系游客的入住酒店，提前到达机场，与司机师傅确认好停车地点，然后在到达出口处等候游客。

第六，抵达机场或车站时查看大屏幕上的时刻表，或者在手机软件上查看班次，看游客是否能准时到达、有无延误。若延误，则要耐心等待；若取消，与调度员联系后，方可回去。

第七，提前抵达接站地点，手举导游旗，站在醒目的位置。必要时可用接站牌，接站牌要正规、整洁，字迹大且清晰。尽量避免使用白纸黑字，这会让被接者感到不被尊重。看到游客后，要主动上前委婉询问，简单介绍自己并致意问候。

第八，在带领团队前往上车点时，导游要主动为游客拎行李，但是游客手中的外套、提包或密码箱则不必"代劳"。导游在引导时，应主动走在外侧，请游客行走于内侧。在单行道行进时，导游应走在前面，以便为游客带路。在转弯或有楼梯时，导游要提前示意或提醒游客。引导时不要影响游客观赏的视线，且要按游客的步速行进。客人上车时，导游要恭候在车门旁，搀扶或协助老弱游客上车；游客先登车，导游后登车。上车后，导游应协助游客就座。待客人坐稳后，再检查一下行李架上的物品是否放稳。礼貌地清点人数，等客人到齐后再请司机开车。

虽然接送站的工作内容不算复杂，但一旦出现问题，将产生严重后果。接站失误会影响客人的旅游情绪，增加带团过程中的沟通障碍。送站则更为关键，一旦因为导游的工作失误而导致误机误站，所产生的损失包括补票费、住宿费和餐费等将全部由导游承担。

二、时间：如何保证一分都不差？

问起旅游爱好者，什么是旅游中最糟糕的经历，有一种现象一定会被提及，那就是团里其他人都到了，就那一两个人没到。

去年1月，我去了巴厘岛。登岛后，我选择参加当地的一日游团，第一天的行程是游玩蓝梦岛。这个岛屿最著名的景点叫"恶魔眼泪"。到达景点后，导游让游客自由活动，可以进行拍照等，约定14：00准时集合，出发去下一个景点。

14：00之前，大多数游客都回到下车的地方集合，团里的两位游客让大家等了十几分钟却久候不至，导游打他们的电话也打不通。遇到这样的情况，导游该不该让全团的人等他们两个人？这就需要导游运用智慧去解决。

曾经有一位中国游客在英国跟了一个当地的旅游团，约定12：00集合，这位游客仅仅晚了两分钟，车子就已经开走了。因为迟到了，只能自掏腰包打车回伦敦，这就是英国旅行团的作风。

约定好的时间，谁都不能迟到，如果不到，导游不会打电话来找，只看时间，过时不候，开车走人。有过如此遭遇的游客，下次一定会引以为戒。英国导游的态度很明确：我按照合同规定的时间安排活动，时间到了必须出发去下一个目的地，不能因为照顾一个不守时的游客而耽误更多守时游客的时间，影响他们的旅游感受。凡事按照合同来，只要在合同里写清楚了，游客没有按时到达就属于违约，导游没有义务等候。

显然，在中国，同样的事情会有不同的处理方法。有一个旅游团，导游带大家到景点的时间是上午10：00，在告知餐厅地点的同时，约定必须在下午1：00之前到餐厅吃午饭，如有迟到，5分钟罚款100元，10分钟罚款200元。结果有游客向报社投诉，记者去采访时，导游解释事情的起因是前一天有人迟到，引起其他游客的不满，所以提出这样的惩罚办法，但只是警告，并没有执行。

国情不同，处理的方式自然不同。破解这种两难的关键在于，不要等问题发生后让自己陷入两边不讨好的困境。聪明的人会提前设置规则，避免类似情况的发生。

导游带团出行时，第一，一定要提前告知游客集合的时间。如果没有明确告知，责任由导游承担。第二，告知一遍还不够，重要的事情必须说三遍，反复强调。第三，如果住酒店，可以安排酒店给客房打电话叫早，导游在餐厅观察游客有没有来用餐。第四，可以在微信群里提醒客人早上的集合时间，以免记错或遗忘。第五，提前计算清楚多少人上车，适当提醒在用餐的客人，以防迟到。

所有这些措施都只具有防范作用，真遇到游客姗姗来迟甚至迟迟不到的情况，第一次只能与之沟通，有经验的导游会用幽默的方式化解："下次迟到，可能就没有办法等了。"加以提醒，照顾其面子。动之以情，晓之以理，让迟到的游客清楚其他游客出来旅游都希望按照合同游玩所有的景点，而且玩足时间，不应影响别人的旅游体验。

导游给自己制定规则属于自律，但给游客制定规则时，一定要注意，涉及底线的规则必须在合同中明确体现，导游不能随便制定惩罚性规则，否则即便带好了一个团队，也有可能给个人乃至旅行社带来重大损失，不可不慎重行事。

三、钱财：如何保证一分都不错？

一分都不错，是指既不多收游客一分钱，也不少收游客一分钱，财务平衡是导游带团的重要要求之一。

某年"十一"长假期间，几个游客带着孩子参加旅行团，来到安吉县的一个公园，成人必须购票进入，问题在于团里有 3 个小孩，要不要买票，怎么买票，麻烦就来了。3 个小孩的身高分别为 1.1 米、1.3 米、1.45 米。按照公园门票的规定，成人票 270 元，儿童票 175 元，身高为 1.4 米以下的儿童可使用儿童票，而 1 米以下的儿童免票。这就是说，身高从 1 米到 1.4 米都需要购买儿童票。按照这个标准，团里 3 个孩子都需要买票，而且其中 1 个要买成人票，2 个要买儿童票。虽然看上去都是孩子，但游玩公园的成本相去甚远。

在这种情况下，导游在购买门票时，如果事先不了解公园的规定，不掌握孩子的准确身高，一旦买错或者少买了门票，会造成多次往返，不仅耽误大家的时间，还会让身高超了一点就必须购买成人票孩子的家长不满意："一样是孩子，凭什么相差那么大？"

接下来，旅行团到了宁波市的一家公园，这家公园规定身高 1.1 米至 1.4 米的孩子必须购买儿童票，团里最矮小的孩子可以免费。如果导游了解不仔细，多买了一张票，事后被家长发现，将难以解释。鉴于目前不同景区对于儿童票的身高限制不一，带团的导游必须提前掌握准确信息，才能为游客免去不必要的开支，也为自己减少无谓的麻烦。

进景区后也需要了解详细规则。游乐园的所有设备都有相应的身高标准。这意味着即便买了门票，也不是所有游乐设备孩子都能玩。所以，团队里有小孩的话，一定要提前告知家长，否则会让人很生气："大人小孩都花了门票，小孩却玩不成，那进来干吗？这不要人嘛！"所以，导游需要对整个行程中所有收费项目和相应的收费标准及对游客的适用情况，预先有详尽的了解，这样才能让大家高高兴兴来、快快乐乐回。

另外，团队出行经常会遇到单房差，如 5 个人同行，两两成对，可以入住标准间。落单的人如果住单人间，就必须承担整间房的费用，相比其他人只需要付半间房的价格，就有了所谓的"单房差"。导游必须提前跟游客沟通好，避免到时出现不愉快的情况。

出行使用交通工具，在购买飞机票、火车票时也有相应的儿童票。按铁路方面的规定，每一名成年旅客可以免费携带一名身高不足 1.2 米的儿童。孩子不用买票，但是没有自己的位置，只能跟家长挤一个位置。如果一个成年人携带身高不足 1.2 米的儿童超过一名时，只能有一名儿童免费，其他儿童需要购买儿童票，而儿童票是有独立位置的。这些细节导游都需要提前同游客说明。

在带团出行的过程中，导游需要支付很多费用，餐费、住宿、门票等，所有费用都要清楚记录，一笔不落，并保管好票据，最后回公司报账。刚入职的导游最苦恼的事情就是报账，靠事后回忆发生的每一笔费用很难轧平账目，最后往往是自己吃亏。带过几次团后有经验了，导游就知道在整个过程的每一个环节，只要发生费用，就当场记录，这也是个人工作经历中总结的工作技巧。

"一元都不错"还涉及客人的财产安全。为了保证游客随身携带的现金安全，导游在接团之后宣讲注意事项时，就应建议游客每天只拿出当天可能用到的现金，放在易存取的地方，而把大部分现金放在贴身处，不要向他人特别是陌生人提起。这样可以降低风险，即使遭窃也能保住大部分现金。如果携带信用卡或使用旅行支票、手机支付来代替现金，那就更加安全。

如果游客身上携带贵重物品，导游要提醒他们不要将贵重物品连同一般物品进行托运，而应随身携带。入住酒店后，也不要将贵重物品放在客房内。外出游览时，可以存放在饭店的贵重物品保管处或小保险箱内。如此等等，带团之后，原来属于应该游客自己打理的一切细节，导游都需要为大家设想周到，这样才能保证"一分都不错"。

四、物件：如何做到一件都不落？

一件都不能落

旅游出行，人不能丢，钱不能丢，行李物品也不能落下。

有个游客去欧洲旅游，到了瑞士，早上跟着旅游团退了房，坐着大巴上了高速，突然发现昨天买的那块十几万元的瑞士表没带，好在酒店服务员发现后交到了前台。他稍稍安心之后，迫不及待地想取回手表，但高速上不能走回头路，只能等大巴驶出高速之后，他再独自打车回酒店，取回手表。国外服务业收费价格昂贵，他来回打车花了几千元。针对类似的情况，导游需要从一开始就提醒游客注意保管好个人物品，尤其在酒店退房之前，要提醒游客仔细检查清点自己的每一件物品，特别是新买的东西。在这方面，有经验的导游已给游客制定了规则。

规则1：防遗漏

离开酒店，在大巴发车前，导游会让全体游客做一套"广播操"，摸摸脖子，看项链在不在；摸摸耳朵，看耳环在不在；摸摸手腕，看手表、手镯、手链在不在。防止任何贵重物品遗漏。

规则2：防丢失

携带贵重物品入住酒店时，应及时在总台办理贵重物品寄存手续，不要使其脱离视线，离开房间须随手关门，并保管好钥匙。不让陌生人进入房间。出门时带好房间钥匙，贵重物品随身保存或寄存，不要托付他人去自己房间取东西。要求楼层服务员不要给未持钥匙的人开房门，以防不法之徒打着"钥匙忘带了""我们是一个团的"等借口偷盗财物。睡前关好门窗，搭上门扣，以防小偷入室偷盗财物。

规则3：防损坏

如玩涉水项目时，手机要套上防水袋，不要因为手机具有防水功能就大意。在泡温泉、玩漂流时，都要提前做好防护措施，防止贵重物品损坏。

规则4：防盗窃

出门在外，书包要背在胸前，不要放在背后，保证拉链拉好，口袋里不要放钱包、手机。导游不要随便替客人保管身份证、护照等重要证件，需要使用时，由领队收取，用完后及时归还。

导游带团是一项工作，也是一门艺术。从在出站口接游客开始，到最后一天把游客送走为止，整个过程的每个细节都需要导游独立处置。处置得当，各方的肯定、赞誉及后续的任务单会纷至沓来。处置不当，则是游客投诉、媒体批评、公司处罚，个人损失惨重。为了圆满完成任务，不让自己陷入被动境地，导游不仅要给自己立规矩，还要给游客制定规则，让整个团队中的每一位游客在各种场合都有规则可寻，不因个人习惯而耽误大家、影响自己。规则绝对不是自找麻烦，而是让游客满意、让工作顺利的必要之举、聪明之举。

对于一个优秀的导游来说，有一个规则无论如何都不能忘记，那就是及时总结。每带完一个团，都要抓紧写一篇心得，记录带团过程中经历的大小事宜，遭遇的意外、碰到的困难、得到的收获、汲取的教训，甚至可以详细到团队住宿饭店的评价、司机的信息、上团的收入、游客的特点，等等。坚守这个规则并使之成为习惯，经历可以成为经验，资料可以成为教材，不但在带团技能上成长得比别人快，还可以为以后成为管理者乃至创业者奠定基础。

问题思考：

导游职业的底线

1. 导游如何通过合理制定规则维护双方权益？
2. 在你的职业领域中，设置规则时应该注意什么？

如何在规则的博弈中守住底线？

在当今社会，民间借贷日益常见，少则几百几千，多则百万千万，在大量的民间借贷中，难免会碰到欠钱不还的情况，债权人苦苦哀求未必有用，暴力讨债违法犯罪，只有通过诉讼、仲裁等司法途径，才能维护自身的合法权益。问题是普通人很少接触专业的法律知识，想起诉就面临一系列问题，到哪里起诉？需要什么材料？法律法规对双方的争议有什么规定？如此等等。这时候就需要找一位律师来帮忙。

▲ 图 17-1　律师工作场景

律师是指接受委托或者指定，为当事人提供诉讼代理或者辩护业务等专业法律服务的人员（图 17-1）。律师的主要工作就是在法律规则的范围内为当事人谋求合法利益的最大化。从某种意义上说，律师是一种在规则博弈中谋求生存之道的职业，如果不能守住底线，其本身将成为规则的制裁对象。

在工作过程中，律师需要面对形形色色的利益纠纷与法律难题，可能会碰到有合法或不合法诉求的委托人，或主动或被动地卷入尖锐的矛盾之中，在这一过程中，律师如何坚守法律、在妥善地维护委托人合法权益的同时保护好自己，成为一个现实问题。

律师不是诉讼的利益相关方，之所以介入诉讼，是受人委托而为之。从流程上看，律师代理诉讼服务有四个阶段。律师执业的每个阶段各有其关键之处，坑坑洼洼、沟沟坎坎也各有其独特之处，不可不察。

第一个阶段是接受委托。律师与委托人沟通，听取委托人关于案件基本情况的陈述，审查相关证据材料，并根据了解到的事实及材料，向委托人阐述其法律意见，告知诉讼风险，在双方沟通顺畅并能够互相信任的前提下，律师接受委托人的委托，正式介入相关案件的处理。

第二个阶段是庭前准备。这一阶段律师主要完成开庭前的准备工作，如收集证据、拟定起诉状或答辩状等法律文书等，其间也可与案件的另一方沟通，尝试调解。

第三个阶段是依法参加庭审。律师可以在法庭调查、辩论等庭审流程中通过举证质证、发表代理或辩护意见等方式维护委托人的合法权益。

第四个阶段是收尾。庭审结束，律师需要完成案件结案，进行资料归档、经验总结，若需上诉，可先行帮助委托人拟定上诉材料。

无论在哪个处理阶段，律师都应该严格遵守执业规则，避免掉入职场陷阱。

一、接受委托：律师同委托人该如何互动？

委托人的话，
律师能全信吗

委托人或主动或被动进入诉讼，其主要诉求是维护自己的利益。律师接受委托，通过向委托人提供专业的诉讼代理服务从而获取报酬，也是为了利益。诉讼双方之间存在利益博弈，在委托人与律师之间也可能会出现利益冲突。想要处理双方的关系及可能出现的矛盾，律师需要从一开始就恪守基本规则，慎听慎言。

1. 委托人的话不可全信

委托人找律师，希望律师帮他争取自己争取不到的利益，自然需要向律师介绍案件的具体情况，但人有趋利避害的本性，委托人的陈述与客观事实及证据是否完全相符，其中是否有隐瞒或虚构，并不那么容易判断。若律师此时全盘轻信委托人的一面之词，在之后的案件办理过程中难免会陷入被动，甚至给自身带来法律风险。

在某起民间借贷案件中，委托人告知律师其与借款人是普通朋友关系，应借款人需要而出借款项，年利率大概为15%，实际出借金额与借条金额一致，律师审核过借条、转账凭证等材料后觉得案件事实清楚，该案就是一起普通的民间借贷纠纷，决定接受代理。

委托人见律师决定受理，立刻表示案件就全部拜托律师了，开庭那天他有事不方便出庭，希望律师好好代理，以后还有很多类似的案子要委托。委托人的最后一句话让律师有所警惕，如果只是朋友间的借贷往来怎么会有很多类似案件？

于是律师托词公章被领导带走，双方另约明天签订代理协议。委托人走后，律师立刻对该委托人的涉案信息进行了检索，发现他有大量的民间借贷纠纷，在其作为原告的案件中，借款人普遍陈述是通过资金掮客与委托人相识，实际借款的年利率超过80%，且实际出借款项只是借条金额的85%，存在"砍头息"①的情况，甚至不少案件中的借款人陈述已还款项远超实际出借金额，同时该委托人作为借款人而被起诉的民间借贷案件也不在少数。从上述案件可以看出，该委托人涉嫌非法吸收公众存款后，再向不特定人高利放贷牟利，其行为涉嫌犯罪。

第二天委托人按约又找到律师，律师就上述情况向委托人进行了询问，委托人东拉西扯说了半天，却无法提供合理解释，律师这时已经心里有数，于是拒绝代理该案件。

可以想象假若上述民间借贷案件的律师轻信委托人的一面之词，轻率地根据其陈述的事实提起了该案诉讼，甚至因律师费的诱惑而代理了该委托人其他的大量同类案件，则该律师很可能面临巨大的法律风险，在委托人被相关部门查处后，该律师甚至有被认定为同案犯的风险。

所以，律师面对委托人的时候，必须认真听取其陈述，但是一定要保持客观理智，进行独立思考，不能轻信一面之词，要立足证据，审慎推断，还原案件的基本情况，这是律师在接受委托阶段必须遵守的规则。

2. 律师不可随便许诺

委托人向律师介绍的情况不能全信，律师对委托人也不能言无不尽，这里同样需要遵守规则。

律师的经济收入主要来自律师服务费用，但对不少律师来说，案源是稀缺的，为了留住客户，有的律师刻意隐瞒委托人可能面临的案件诉讼风险，以明示或暗示的方法向委托人承诺案件的胜诉结果。用这样的方法，律师从业初期可能会多接一些案子，但其承担的压力和风险将大幅度上升。

一位律师在其职业生涯中会接手无数个案子，特定案子不过是其职业生涯中需要处理的大量案件之一，许多时候只是一件普通的工作任务，多一件不多，少一件不少。但对委托人来说，这起案件却可能关乎其身家性命，甚至一辈子心血能否保住都要看诉讼结果如何。律师信心满满地向委托人承诺胜诉结果，会无限拔高委托人对案件的不合理预期。然而，任何一个案件的诉讼结果都存在多种影响因素，其中有承办律师能控制的因素，如诉讼策略、法理分析、证据提交等，也有律师暂时不了解或者不可控制的因素，如对方当事人的抗辩策略、法官对相关法律的理解、对争议事实的

---

① 砍头息：在民间借贷中，出借人在向借款人发放资金时，预先从本金中扣除利息。这种做法在法律上是不被支持的。

判断和倾向、甚至司法政策的变化等。任一因素都有可能对案件的最终结果产生实质性的影响，而这些影响都是律师在接受案件委托时无法预料的。当案件结果因各种原因导致无法达到委托人的预期时，巨大的心理落差可能导致委托人将案件败诉的责任全部归咎于承办律师，进而采取投诉、控诉等方式来追究承办律师的责任。

律师在诉前向当事人承诺诉讼结果是一种未做职业风险规避的行为，是执业不专业的体现，它带来的风险可能远超律师的想象。实际工作中，曾有些律师为了接到案子，甚至向委托人虚假陈述其与承办法官间的特殊关系，并大包大揽地承诺案件结果，最终在案件败诉后被委托人以诈骗为由控诉到公安机关，此时该律师面对的就不仅是退回律师费的问题，甚至还要赔偿委托人损失，在行业内也将声名扫地，更严重的是，还可能承担刑事责任。

故此，对于案源暂时缺乏的律师来说，承诺诉讼结果的做法，最终未必能够增加案源数量，不如加强努力，提升自我，用专业的法律知识和认真严谨的工作态度获得委托人的信任，用扎实出众的工作能力克服诸多不确定性因素对案件的影响。

这要求律师在接受案件委托时，严格遵守《律师执业管理办法》《律师执业行为规范》中明确的规则，不仅不得向委托人就案件的判决结果作出任何形式的承诺，而且应当根据自身的专业知识，结合所了解的案件情况，向委托人书面告知其可能遇到的诉讼风险，在委托人能够接受相关诉讼风险的前提下，再与委托人建立代理关系，这不仅是对委托人负责，也是保护自身的应有措施。

二、庭前准备：律师应该选择什么策略？

法律诉讼需要斗智斗勇，所以才有诸多小说影视以此为题。作为职业人，律师在上庭之前必须做好充分准备，在法律的范围内，努力为委托人争取最好的结果。但诉讼中情况瞬息万变，律师不可能完全掌控局面，娴熟利用规则、灵活应变，是一位专业律师的必备素质。

1. 对抗到底未必是最佳策略

律师在接手案件后，所要做的主要工作是协助当事人解决矛盾。通过诉讼争取到对委托人有利的判决结果，只是实现委托人权益的方式之一，但这未必是最佳方式，律师应当思考除与委托人携手同另一方抗争到底之外，是否可以采用调解、和解等更加缓和的方法化解双方的矛盾。

官方数据显示，近五年来，浙江省成功调处各类矛盾纠纷 326.8 万件，当事人满意率保持在 98% 以上。可见调解不仅可以成为化解纠纷的重要方式，甚至可以成为主要方式，而且对于纠纷各方而言，调解结案是各方妥协的结果，达成的协议也比较容易共同遵守。因此相对判决，调解在矛盾的真正化解上有着无法比拟的优势。

尤其是在婚姻家庭类案件中，律师更要重视调解，家庭纠纷处理不当或强硬结案，不仅可能会导致当事人双方长期处于纷争之中，还可能会导致家庭成员做出极端行为。因此，律师应先尝试调解双方的矛盾，尤其对于仅因一时冲动而无深层矛盾的家庭纠纷，律师应尽量平复当事人的情绪并予以适当劝阻，只有在确实无法和平解决时再考虑诉讼这一途径。

尽量通过调解等方式在庭外化解矛盾并非律师执业过程中的硬性要求，客观地说，调解过程还会产生额外的工作量，因此部分律师对于调解工作持消极态度。但这里的底线是，律师可以不主动尝试化解矛盾，但至少不能为了个人情绪或为了无止境地追求委托人的利益最大化，通过不当或过激的言行激化当事人之间的矛盾，尤其在委托人态度有所松动时更不能如此。否则这不仅不利于案件的解决，有时甚至会因为对方当事人在感情上或者情绪上接受不了，而将怨恨转移到"寸步不让"甚至"步步紧逼"的律师身上，从而给律师自身带来风险。

查阅这些年的相关报道，对方当事人报复律师的案件每年都有发生，甚至出现非法关押、拘禁、人身伤害等恶性案件。导致这些事件发生的主因固然是对方当事人法律意识淡薄，但其中一些律师的"咄咄逼人"也是诱因。因此律师在为委托人服务的时候也应发挥平衡和沟通的作用，而不是一味地和对方战斗到底，不考虑实际情况就进行无止境的逼迫，这不仅不利于平和顺利地解决纠纷，也不利于自身的安全。

所以在代理案件过程中，律师应尽自己的能力去化解当事人之间的纠纷，至少不能因自身的不当言行而激化矛盾，这是律师必须遵守的职业规则之一。

2. 当事人说"看着办"，不能当真

当事人说"看着办"，律师该怎么办

律师准备诉讼材料时，有时会遇到当事人让律师自己"看着办"的情况。

"看着办"这三个字看上去简单，其实有两层含义：第一层含义是让律师帮忙把把关；第二层含义则是让律师帮忙决定一些事情。

当遇到这种情况时，一是要仔细认真地把案件中所有的问题思考清楚，确认各类材料甚至每个细节均无纰漏和瑕疵；二是可以向当事人提供相关建议，但最终的决定一定要当事人自己做出，相关法律文书也一定要当事人签字确认，从而避免不必要的执业风险。如果律师执业不够认真谨慎，有负当事人的信任甚至给其造成了较大损失，也会给自己带来巨大麻烦。

所以，委托人让你"看着办"，你绝不能"随便办"。

深圳市曾发生一起工程纠纷，承办律师因为一个小小失误被委托人索赔高达百万元。该律师的委托人是案件的原告，诉请被告深圳某公司支付100多万元的工程欠款，但律师在写被告名称时，误把深圳某分公司写成深圳某实业公司。该案因各种原因断断续续审理一年多，最后因为被告对象错误被驳回起诉。当原告再起诉时，已经超过诉讼时效，导致起诉被驳回，委托人一怒之下将承办律师及律所告上法庭，要求律师赔偿因其失误导致的损失，索赔金额达236万元。

2004年也曾发生过一起类似的案件，该案件的索赔金额高达900万，创下国内律师行业迄今为止遭遇的最高昂的赔偿费。2001年，河北三河某公司拟与北京某房地产公司合作开发一个住宅小区项目，为查清对方底细，三河某公司聘请北京某律所作为法律顾问展开调查，律所审查后作出结论：房地产项目确实在该北京某公司名下。三河某公司遂向北京某公司支付了1亿元项目转让费，买下该房地产项目，同时向律所支付了100万元律师费。8个月后，三河某公司却发现北京某公司并不是该项目的所有人，三河某公司支付的1亿元被人骗走，其实这个骗局并非天衣无缝，但律师因执业不够认真谨慎，未能识破。房地产开发企业承担开发项目有资质等级的要求，按规定，从事房地产开发，首先要取得房地产开发的土地使用权。但承办律师并未对项目的土地使用权状况和北京某公司是否具有资质等级进行审查，仅仅依据失效的市计委（现为发展和改革委员会）的批复，就认定北京某公司拥有该住宅项目。三河某公司认为律师工作敷衍，严重违约，遂于2004年将该律所3名合伙人告上法庭，要求返还律师费100万元并赔偿损失800万元，法院支持了三河某公司的诉求，后该律所也因此无法继续经营最后注销。

由此可见，律师对每一份法律文书、每一个细节都要高度重视，字斟句酌，以避免不必要的麻烦。"细节决定成败"这句话在律师身上有着最直观的价值体现。

此外，在工作过程中，无论现在当事人有多信任你，双方关系目前有多密切，在没有得到当事人明确书面授权的情况下，律师也不要擅自替当事人作决策，以免事后当事人在案件结果不理想的情况下，转而追究承办律师的责任。重要的法律文书在经过自身的反复审核之后还须委托人签字确认，委托人签字确认这一行为在法律上代表着委托人对陈述事实的认可或赞同，能有效减少律师的执业风险。

三、案件庭审：如何摆正自己的位置？

到案件庭审阶段，律师介入的程度更深了，严守规则、行为得当，对于确保诉讼顺利进行和自身安全而言更显重要。

1. 做一个法律意义上的好人

"好人"和"坏人"是日常生活中用来对一个人进行道德评价的用语。"好人"指的是做事符合道德要求的人,而"坏人"指的是一些从事不法活动、品质恶劣的人。那些有过抢劫、强奸、杀人、放火等犯罪行为的人,都属于"坏人"。问题是,在刑事法庭上,为这些"坏人"提供法律服务的律师应该怎么做?是为他们辩护?还是应该秉持正义,对其痛斥,要求严惩?那些帮"坏人"辩护,维护其权益的律师还是一名"好人"吗?

其实,一名通常意义上的"坏人",在法庭判决生效之前同样保有相应的合法权益,其中就有辩护权。辩护权是《刑事诉讼法》赋予当事人及其辩护人针对控诉而进行申辩活动的权利,是指法律赋予犯罪嫌疑人、被告人根据事实和法律,针对指控、起诉进行申述、辩解和反驳,提出证明自己无罪或者罪轻的材料和意见,维护自己合法权益的诉讼权利。只有赋予犯罪嫌疑人辩护权,才能有效维护程序的公平与正义,才能最大限度地防止冤假错案的发生。站在法庭上的仅是犯罪嫌疑人,未经生效判决不能认定其就是罪犯。即使被裁决为罪犯,也仍有申诉权和辩护权。

之前有起案件引起律师行业的广泛关注,案件被告人涉嫌贩卖毒品,一位律师接受指派为被告人出庭辩护,他在辩护词中写道:"可怜之人必有可恨之处,辩护人认为小大之狱,应察民情民心,自古律法只对心地善良之人宽饶其情,凡不悔其罪、不善其心之人,只能以刑罚诛其恶行恶念。然有宵小之辈,冷漠公义,甚有邪恶之徒,杀人贩毒,泯灭人性,实为国之忧,民之害也,安可恕乎? ……综上,辩护人认为一审判决事实清楚,证据确实充分,法律适用正确,定罪量刑准确。"

若是站在普通公众的角度来看,也许会认为这名律师心怀正义、满腔热血,但以职业律师的标准来衡量,其行为似有不妥。一个辩护人或者代理人在法庭上倒戈,完全以公诉方的立场发表意见,那就是对委托人合法权益的漠视,有悖于法律职业的从业规则。哪怕律师的委托人是通常意义上的"坏人",律师也应当依法维护每一位委托人的合法权益,而非带着感情色彩,公开批判委托人的行为。这是一个法律工作者的职业规则。有时候社会公众对律师的辩护工作不太认可,认为其似乎在为"坏人"说话而对抗法律。其实现代法律就是一套在规则框架内进行博弈或对抗的制度,尤其注重公共权力与个体权利的平衡。从长远来看,辩护制度有利于国家法制的正常运转和健康发展,有利于实现整体意义上的公正公平和程序正义。所以,律师不能根据通常意义上的"好人"或"坏人"来决定自己在庭审中的站位,既然是辩护律师,就必须依法维护当事人的合法权益,尽自己所能为当事人辩护,这是律师的应尽之责。

2. 法律服务不能越出法律的边界

俗语云："收人钱财，与人消灾。"很多委托人认为律师收了律师费，就得按要求办事，无论要求是否合理，律师都必须想方设法完成，否则凭什么收服务费？有这种想法的委托人不在少数，但如果律师真的为了赚钱，无原则地满足委托人的要求，事情就很可能失控，职业风险也会直线上升。

查询公开材料可见，2017 年江苏某律所的一名律师在会见犯罪嫌疑人时按照其要求，将其妻子写的一封信私自夹带给犯罪嫌疑人，后被看守所的民警发现，最终该律师被处暂停会员权利的处罚。

另有浙江省的一位律师在看守所会见犯罪嫌疑人时，违反看守所会见规定，向犯罪嫌疑人提供香烟、帮助其向外传递纸条，以及用手机免提的方式帮助其向外打电话，后经律师协会调查认定，根据《律师协会会员违规行为处分规则（试行）》，对其给予中止会员权利九个月的纪律处分。

万幸的是，上述两名律师传递的物品及信息不涉及案件情况，所以未被追究其他责任。但下述几名律师的行为就触犯了法律的底线，最终被追究了刑事责任。

第一起案件是一起货款纠纷。原告不知道是故意还是遗忘，在被告已经清偿相应货款的情况下，依然委托律师起诉被告支付货款。而在诉讼过程中，由于法院一直无法联系上被告，只能公告送达诉讼文书并进行了缺席审理。而原告的律师考虑到原告的证据并不充分，为了胜诉竟然找了两个证人作伪证，证明欠款属实且原告起诉前进行了催收，但被告拒绝清偿。法院根据证人证言及其他相关证据判决原告胜诉，并判令被告支付货款。后来，在执行过程中法院终于联系上了被告，被告大为吃惊，立刻申请再审。再审查明该律师与两名证人串通做了伪证，最后该律师因伪造证据罪被判处 6 个月的有期徒刑。

第二起案件则与"套路贷"有关。被害人向犯罪团伙实际借款 28 万元，而犯罪团伙却让被害人写下 70 万元的借条，并制造 70 万元的转账记录，在被害人无力继续偿还的情况下，该团伙根据被害人的借条和转账记录委托律师起诉。该律师在明知事情原委的情况下，仍以虚假事实向法院提起诉讼。最终警方在打击该犯罪团伙时，认定该律师是该团伙的共犯并将其移交公诉。法院最后判决该律师的行为构成诈骗罪，判其三年有期徒刑。

所以，律师应当明确行业的规范要求，时刻保持必要的警惕和自省，严格要求自己恪守职业规范，否则不仅会葬送职业生涯，严重时还要承担法律责任。对于律师而言，虽然各类规则和规范很多，但是牢记并遵守这些基本规则是对自身的有效保护，尤其是要牢记，在办案过程中，无论委托人许诺了何种诱人的报酬，一定要坚持"事实陈述不撒谎，证据提交不造假，非法利益不牟取"，从而最大可能地避免刑事风险。

3. 迟到的代价承受不起

所有工作都要求守时，能否守时也会影响他人对职业人工作态度的评价。对于律师工作而言，"守时"或者说注重委托人的期限利益保护尤为重要，如果在一些重要时间节点上"迟到"，可能会给委托人造成严重损失。

现行法律规范中有很多时限性要求。例如，上诉必须在一审判决书送达之日起15天内提起，一旦超过15天，一审判决即生效。

还有，在法院开庭时，原告必须准时出庭，无正当理由而未能按时出庭者，则视为撤诉。如果被告不按时出庭，则视为放弃抗辩，法院将缺席审理并作出判决。

再如，诉讼也有时效规定，在权利受到侵害之后，应该在知道或应当知道权利受侵害之日起的三年内行使权利，否则将因超过诉讼时效而丧失胜诉权。

诸如此类的规定不胜枚举，如果律师缺乏时间概念，在办理相关法律事务的过程中"迟到"，可能导致严重后果，给委托人和自身带来巨大麻烦。

在民间借贷案件中，借款人向出借人借钱时，找到一个有较强经济实力的保证人。在借款人还款逾期后，出借人催讨4个月多月无果后委托律师起诉，但是出借人和承办律师都没注意到保证期间只剩一个多月的情况，两个月后才提交起诉材料，导致出借人虽然胜诉，但是借款人没有能力履行，而有能力履行的保证人则因起诉时已经超过保证期间而免除了保证责任。出借人因该律师的失误将其告上法庭，法院判决认为，双方建立诉讼委托代理合同关系后，如律师及时提起诉讼，借款保证期间尚未逾期的，保证人将不会免责。律师接受委托后理应勤勉尽责，注意到该诉讼中可能存在的保证期间问题，根据诉讼立案的需要提醒、催告委托人办理书面授权手续、预交诉讼费，现承办律所未能提供相应证据证明其履行了提示催告义务，故对出借人民间借贷纠纷案的迟延起诉存在一定的过错，该过错体现为疏忽大意的过失，因而法院判令承办律所退还2万多的律师费，并赔偿出借人23万余元。

还有一起租赁纠纷同样因律师缺乏时间观念而导致严重后果。该案被告承租厂房后未按合同约定时间支付全部租金，于是出租方起诉要求解除合同，并要求被告腾空归还厂房。事实上，被告未按约支付全部租金有其正当的抗辩理由，因为原告方未按照合同约定安装货梯，导致厂房的二、三楼无法正常使用。在此情况下，考虑到被告为厂房的使用已经投入巨资进行装修且有合理的抗辩理由，法院大概率是不会判令解除合同的，但被告律师因记错开庭时间而未能出庭，导致法院仅听取了原告方的意见，并对原告方提供的证据进行书面审查后认为被告违约事实成立，进而判令被告腾空归还厂房，被告因此承受巨大损失。

古语云："凡百事之成也，必在敬之；其败也，必在慢之。"所谓敬之，就是兢兢业业，按时完成任务；所谓慢之，就是轻慢，轻慢则往往造成拖拖拉拉、不守时间，许多时候，事情失败的原因即在于此。律师要高度重视和严格遵守法律中关于时间和期限的要求，否则不仅会导致当事人的权利因逾期而受损，也会导致自身要承担赔偿责任。

律师的工作核心是防范纠纷和化解纠纷，在法律规则的框架内为委托人的合法利益而博弈。在这一过程中，律师应注重自身风险的防范，遵守执业规则，尊重事实与法律。"规则"不仅是对律师的约束，也是对律师的保护。在执业时，律师务必牢记"控制风险、严守规则、尊重事实、依法维权"的原则，在守法合规的前提下，谋求当事人的合法权益并确保自身权益。

问题思考：

守住规则底线，
实现法律公正

1. 如何运用法律武器维护职业人的权益？
2. 职业人如何守住法律底线？

后记

这是一本教材。

这不是一本传统意义上的教材。

《你我职业人》是金华职业技术大学于 2020 年开设的同名系列通识课的配套教材。"你我职业人"系列通识课以培养学生对职业教育和职业的正确认知、情感和态度为目标，以案例介绍为主要内容，有机融入课程思政元素，旨在提升学生的职业技能，培养其职业素养和职业精神。

"你我职业人"由四门课程组成，分别为"职业之道""职业之德""职业之艺""职业之术"。课程采取"项链模式"，由课程思政专家统一设计，并担任现场主持。每门课七讲，由全校不同专业的 28 位优秀教师分别主讲。课程已同步制作成慕课，在 2021 年春季作为公共选修课，以线上线下混合式教学的形式向全校各专业的学生开放。

《你我职业人》是在第一轮课堂教学的基础上，挑选 17 位教师的讲授内容，经过增删修改之后统合而成。仿照课程结构，全书由四大板块组成，保留通识性课程的定位和课程思政的价值导向，定位于混合课堂的教学用书。

通识课、课程思政和混合式课堂，既是"你我职业人"的三大课程属性，也决定了《你我职业人》的教材体例和写作风格。

首先，通识教育在中国有着深厚的文化土壤，探索有中国特色的高职通识课程和教材对于发展现代高职教育具有特别的意义。

追求通识是中国传统教育的核心目标。"通"是中国学问的最高境界，就是在日常生活中，说一个人能举一反三、融会贯通，乃至一通百通。反之，如果形容一个人学问没做到家，只需要一个词——"不通"。

对于高职教育来说，通识更加重要。现在国家高度重视职业教育，经济发展迫切需要高素质技能人才，但社会对高职教育和高职学生仍持有某种偏见，简单视之为技术教育和技术人才，动手能力强于动脑能力。其实，高职教育的定位是学生既要动手，也要动脑，要用自己的双手实现自己的创意。

由于现代教育学科分野过细，专业间壁垒森严，要实现手脑并用，不能不首先突破结构性障碍，实现跨学科、跨专业、跨行业的融合。通识因此成为高职教育的内在要求，通识课程也因此成为高职课程体系不可缺少的重要组成部分。

相比基础课和专业课，通识课不强调系统性、知识性、技能性和专业性，更着眼于拓宽学生的视野、培养他们的兴趣、激发其探究心和想象力。

人文素质培养是当下中国高职教育尤需强化的。

在应试教育的格局下，高职教育往往不是我国学生和家长的首要选择。无论学生、家长、社会，还是教育界本身，对高职教育都缺乏足够的认同。面对如此现实，高职院校在课程体系中必须加强培养学生对现代职业、职业教育和职业生涯的情感和态度。既有的"职业概论"之类的基础课虽然对现代职业的性质和特点做了系统介绍，但过于追求系统性，偏重知识传授，难以激发学生的兴趣，更难以使其形成对职业和高职教育的情感认同。现实需要新型的通识课程及其配套教材来填补这一空白。

《你我职业人》利用 17 个行业的丰富案例，将现代职业的不同面相鲜活地呈现在学生面前，让未来的职业人近距离感受和全方位认识他们即将跨入的职业领域，引导他们在认知、能力和情感上为职业生涯做好准备。

其次，课程思政是高校落实立德树人根本任务的战略举措，也是实现"三全育人"的重要载体，教学和教材建设需要同步跟进。

教育部在《高等学校课程思政建设指导纲要》中，要求各类课程"坚持学生中心、产出导向、持续改进，不断提升学生的课程学习体验、学习效果"。《你我职业人》兼顾教学的过程与结果，将着眼知识传授的"教书"和着眼人格养成的"育人"有机融为一体，在全面介绍不同职业的特点和要求的过程中，深度切入时下高职学生普遍存在的三个困惑：高职教育意义何在？专业学习价值何在？职业生涯前途何在？

当下，国家经济发展和产业升级迫切需要加强职业教育，相关政策次第出台，但许多人仍固执地认为，高职学生是高考的失败者，在就业市场上处于天然劣势地位，如果所学专业不如人意，其职业乃至人生前景将更加黯淡。如此负面乃至消极的社会心态必然影响高职学生，如若得不到转变，学校和教师花再大力气，学生也没有积极性，学习效果也会欠佳，毕业之时也难以找到心仪的岗位。学生的起薪上不去，不仅影响个人生活，更会给"职业教育不行"或"高职学生不行"之类观点提供佐证，形成典型的负反馈效应。

为了打破这种形同"预言自然实现"的魔咒，金华职业技术大学决定开设一门利用教师亲身经历和职场鲜活案例来塑造学生思想观念和情感态度的通识课程。"你我职业人"以全新的理念、内容和形式走进课堂。

根据通识课的课程属性，"你我职业人"设置在公共基础学院，但任课教师来自全校 13 个学院的 28 个专业。高职教育的突出优势即资深教师也是职场高手，他们有能力结合亲身经历将相关职业的性质、特点和要求讲实、讲活。"你我职业人"一改原有课程偏重知识、强调专业、讲究体系，而对学生实际存在的困惑把握不准、认识不透、回应不到位等不足，采取今天职业人与未来职业人直接对话的方式展现职业的现实场景，反思个人职场奋斗的经历，分享职业生涯中积累的人生智慧。

在长期的教学过程中，任课教师深切认识到，今天的高职学生虽需要培养各种知识，但更需要培养专业知识和职业技能的内生动力，而这绝对不是知识教育本身能够实现的：不把瓶塞打开，灌水再猛又有何用？要激发学生的学习动力，必须先打开学生的心结，破解"知识于我何用""学习与我何干"的难题，颐养孟子所说的"浩然之气"，是构成"提升学生的学习体验、学习效果"的第一步。

基于这样的判断，以价值引领为取向的"你我职业人"课程采取了不同于"职业概论"的教学策略，不但注重传授关于职业的"实然"知识，更强调传递支撑职业学习的"应然"观念，融"知识性课程"与"规范性课程"为一体，平衡不同的讲授内容和叙事风格，兼顾实证性与人文性、逻辑性与情感性，在推理与熏陶双重形式的作用下，于潜移默化中推动学生产生内在变化。

学校和教师的苦心造诣最后得到了学生的认可。有学生在"职业之道"最后一讲的课后作业中写道："一门课转眼就结束了，感觉没学到什么，但又感觉改变了许多。"

没感觉学到，却感觉到了改变，两者的反差正是课程思政"润物细无声"的体现。

顺便说一下，全书各讲全部以问句作为题目，目的是让学生在看到题目的瞬间就不由自主地进入思索状态。教育心理学的研究成果汗牛充栋，但对于"在教学和教材中如何用好心理学"这个问题还有很大的探索空间。

最后，混合式课堂是高等教育的教学新形态，对于优化教育资源配置、提高教学效率、培养学生的自主学习能力有明显优势，但也面临着一系列挑战。做好混合式教学的教材，填补线上线下之间的空白，既有时代价值，又有长远意义。

"你我职业人"在第一轮教学现场中就同步制作慕课，为混合式教学做好了准备。我们深知，如此集中全校优质师资打造一门课，没有教学手段上的相应变革和完善，不要说推广，连持续都成问题。即便各位教授高风亮节，自觉教书育人，坚持每学期参与"你我职业人"的教学，但以他们有限的时间和精力，也没办法覆盖全体学生。只有辅之以数字技术，利用线上教学手段来完成覆盖率，才能实现更大范围的复制和推广。

广义上，教学是课程的一部分；狭义上，课程与教学各有分工，属性也有所不同。简单地说，在线下的教学场景中，课程是静态的，教学是动态的；课程是道路，教学是路上跑的车；课程可以归入空间范畴，教学明显属于时间范畴。但一旦转为线上，教学的时间属性就消失了。

在线下教学中，一方面，下课后教师的声波消失在空气中，学生无法追回，只能在记忆中寻找，这是笔记的重要性所在。另一方面，课堂上教师与学生时刻进行互动，会自觉或不自觉地根据学生的反应调整自己，更不用说直接回答学生的疑惑和问题。这说明教学是活的，面对不同学生，即便是同一门课程的同一讲，也不会出现内容和进程完全一样的情形。

在线上教学中，教师的讲授可以回放，而教师与学生的互动却无法再现。这意味着在双重维度上，教学的时间属性不见了，教学在更严格的意义上成为狭义课程的一部分。

这就是为什么一度红火的网课没有像最初想象的那样完全取代线下教学，甚至有"出师未捷身先死"之虞。原因既有慕课在便利学生的同时，松懈了他们听课的专注度，还有缺乏师生互动、生生互动更容易让学生游离出学习的心理场。作为补救和改进措施，结合线上线下双重优势的混合式课堂应运而生。

混合式课堂要求大部分教学在线上完成，同时保持一定时间的线下教学时长。其实，当下的线下教学也已经采用大量的线上教学资源，如视频；还有各种线上技术，如弹窗。身在线下，信息却经由网络向课堂反馈。

线上线下融为一体的教学场景给教材提出了新的问题。教材本是课程的一部分，在便利教学的同时制约着教学。教材代表着教学中不变的内容，所以是固定的，而教学必须根据学生的学习习惯和接受水平在教材的基础上有所变通，所以是活的。在教学意义上，教材遵循知识的形式逻辑，而教学服从学生的认知逻辑。知识逻辑犹如运河，必须呈直线形，学习才有效率；而认知逻辑则像黄河，"九曲十八弯"才是思维的常态。

在教学属于时间范畴的线下教学中，一方面教材代表了学生的学习归宿，经由"九曲十八弯"的认知逻辑，终究还要归于"大运河"的知识逻辑。另一方面，教材也给学生提供一种安全感，虽然教师的声音会消失在空气中，但学生还可以到教材中寻找知识索引，只不过未必能够完整找回。

现在的问题是，线上教学本身失去了时间属性，可以无限次回放，而课堂讲授的固有局限呈现出进一步固化的态势，在这样的情况下，教材的功能定位和表现形式不能不有所调整和变化。除非教师完全按照讲稿照本宣科，否则表达的粗疏、逻辑的跳脱总是难免的。因此，通过教材来弥补上述缺陷成为混合式课堂的选择。

混合式课堂的教材既需要更加严谨，以弥补线上教学灵活性之不足；也需要更具可读性，以便让一时找不到视频或在视频前心不在焉的学生有一种学习路径上的替代。

由于"你我职业人"课程的通识性和思政属性，《你我职业人》不着重强调专业性、知识性和系统性，而是更致力于培养学生的内在素养。为了在补足教师课堂教学内容的前提下，保持乃至增强其可读性，让学生在言语和文字的双重传输中接受信息，优化学习效果、提升教学效率，《你我职业人》最终形成了如今的教材体例和写作风格。

对教材的编写目的加以说明后，也需要对编写过程作简要说明。集中不同专业背景的教师共同讲授一门课、编写一本教材需要有方法论保证，才能避免做成"系列讲座"。为此，课程团队从一开始就注重教材的整体策划和统筹。整个课程由我统一策划和设计，并担任各讲的学理主持，穿起专业老师的"珍珠"，保证了系列课程的结构完整、逻辑贯通和风格一致。

教材的四个板块既各有侧重，又彼此呼应，形成分中有合、合中有分的格局。"职业之道"着重展示现代职业的基本道理，"职业之德"突出成功的从业者所需要的职业素质，"职业之艺"强调的是现代职业在传承与创新的结合点上精益求精的要求，而"职业之术"则揭示了职业活动中不可须臾缺失的规则和对规则的遵守。

《你我职业人》作为高职院校探索通识教学、课程思政和混合式课堂综合建设的一种创新尝试，其价值有待检验。希望这项努力对高职教育在相关方向上的创新及高职教育本身的发展有抛砖引玉之效。

顾　骏

2021 年 1 月 18 日

致谢

教材付梓之日，内心充满欢喜。

这是一本荟萃"名家""名师"打造的精品教材，也是一本适合高职学生了解职业教育和职场生涯的通识读本。

《你我职业人》由课程思政名师、社会学专家顾骏教授策划和设计，参与教学的都是具有副高及以上职称或博士学位的优秀教师，他们当中有全国模范教师、省级教学名师、教坛新秀、优秀教师、省级专业带头人等，师资力量雄厚，阵容强大。

全书各讲均由金华职业技术大学的教师根据课堂速记稿增删而成。在此基础上，顾骏根据全书体例结构和文字风格的要求做了较大幅度的修改，增强了整体性、学理性和可读性，最后配上导读、篇首语、结语和后记。

金华职业技术大学相关领导贯彻教育部的指示精神，积极推进通识课程的课程思政建设，在课程建设和教材写作上给予信任、指导和关怀，在此表示感谢。

张雁平研究员、赵敏笑教授落实教育部要求，关心学生成长，重视通识课建设，积极探索高职课程思政之路，在"你我职业人"的课程开发中发挥了动员、组织和教学保障作用，在此表示感谢。

公共基础学院卢柯枺等老师在教务管理和联络主讲教师等方面承担了大量的后勤支持工作，在此表示感谢。

《你我职业人》还得到学校诸多领导和教师的支持和帮助，尤其是参与课堂教学但没有参与教材编写的老师，他们的成果不仅体现在课堂上、慕课中，也融入教材中，在此一并表示感谢。

上海大学管理学院刘寅斌副教授，作为有影响力的自媒体作者和大企业的咨询顾问，受邀前来授课并提供文稿。在此，为他对高职教育和未来职业人的热心

和关注致以特别的谢忱。

此外，高等教育出版社的领导和编辑不遗余力地推动这本书的出版，多次提出修改建议，在此一并表示最衷心的感谢。

最后，还要感谢每一位素不相识的读者，能在这里相遇也是一种缘分。如果本书能对你的专业学习、职业生涯起到一点点帮助，将是我们出版这本教材的最大意义！

倪淑萍

2025 年 5 月 30 日

读者意见反馈

为收集对教材的意见建议，进一步完善教材编写并做好服务工作，读者可将对本教材的意见建议通过如下渠道反馈至我社。

咨询电话　400-810-0598

反馈邮箱　gjdzfwb@pub.hep.cn

通信地址　北京市朝阳区惠新东街 4 号富盛大厦 1 座
　　　　　　高等教育出版社总编辑办公室

邮政编码　100029

资源服务提示

授课教师如需获得本书配套教学资源，请登录"高等教育出版社产品检索信息系统"（http://xuanshu.hep.com.cn/）搜索本书并下载资源。首次使用本系统的用户，请先注册并进行教师资格认证。